THE
CHILDREN'S
MACHINE

Rethinking School In The Age Of The Computer

디지털 시대 아이들의 문제해결 도구

Seymour Papert 저 / 신승기 · 김윤정 공역

박영story

역자 서문

디지털 시대의 교육 혁신 : 페퍼트의 유산과 우리의 과제

시모어 페퍼트(Seymour Papert)의 *Children's Machine*은 그의 첫 번째 저서 *Mindstorms*에 이어 출간된 두 번째 책입니다. *Mindstorms*는 1980년에 출간되어 컴퓨팅 사고력(Computational Thinking)의 개념을 정의하고, 구성주의(Constructionism) 교육 철학을 제시하며 아이들이 경험을 통해 문제 해결의 개별화된 아이디어를 창출할 수 있는 교육 방법론을 소개했습니다.

1993년에 출간된 *Children's Machine*은 *Mindstorms*가 발표된 후 개인용 컴퓨터가 일상에 대중화되었음에도, 컴퓨터가 학교에서 제대로 활용되지 못하고 있는 현실을 분석하고 있습니다. 페퍼트는 당시 학교에서의 컴퓨터 도입이 여전히 전통적인 교육방식에 머물러 있음을 지적하며, 교육 혁신의 부재가 문제임을 강조합니다.

이 책에서 페퍼트는 미래 교육에 대한 비전을 제시하며, 컴퓨터가 아이들의 학습 잠재력을 확장시킬 수 있는 긍정적인 도구임을 역설합니다. 그는 컴퓨터를 아이들의 사고의 도구로 삼아야 한다고 주장하면서도, 학교 현장에서 이러한 잠재력이 제대로 발휘되지 못하고 있음을 안타까워했습니다. 페퍼트는 진정한 교육 혁신을 이루기 위해 서는 전통적인 교육 체계에서 벗어나야 한다고 역설합니다.

페퍼트는 컴퓨터를 단순한 기계적 도구로 보는 시각을 넘어서, 아이들이 호기심을 통해 배움을 발견하고, 행함을 통한 학습(Learning by Doing)과 제작을 통한 학습(Learning by Making)을 실천할 수 있는 구성주의 학습 환경을 제공하는 도구로 설명합니다. 그는 컴퓨터가 단순한 지식 전달 도구가 아니라, 아이들이 스스로 탐구하고 학습할 수 있는 환경을 제공해야 한다고 강조했으며, 프로그래밍 언어를 통 해 창의적인 문제 해결 환경을 제공할 수 있음을 역설했습니다.

이 책을 번역하며 저는 페퍼트의 철학이 오늘날의 교육 환경에서 어떤 의미를 지니는지 깊이 생각해 보았습니다. 2010년대에 스크래치 와 같은 블록 기반 프로그래밍 언어가 도입되면서 교육 현장에서 프 로그래밍 교육이 혁신적으로 등장했으며, 최근에는 인공지능과 디지 털 기술을 기반으로 학교 교육을 혁신하려는 노력이 이어지고 있습니 다. 그러나 1980년에 페퍼트가 *Mindstorms*에서 제시한 낙관적인 교 실 혁신의 비전과, 1993년에 그가 지적한 학교의 혁신 부족은 2024년 현재에도 여전히 공존하고 있습니다.

오늘날 디지털 및 인공지능을 활용한 학교 교육의 혁신은 단순히 새로운 기술을 사용하는 것이 목적이 되어서는 안 됩니다. 페퍼트가 제시한 것처럼, 새로운 기술은 교육에 어떻게 접목되어야 하며, 학생 들이 학습의 주체로서 문제 해결의 과정에서 실제로 지식을 구성하고 활용할 수 있는 도구로 사용되어야 합니다. 이 질문은 오늘날 우리에 게 여전히 중요한 과제로 남아 있습니다.

번역 과정에서 저는 페퍼트의 메시지를 최대한 정확하게, 그리고 생생하게 전달하려 노력했습니다. 그의 언어는 교육에 대한 깊은 통 찰과 인공지능 및 학습자의 인지 발달에 대한 철학적 고민을 담고 있으며, 컴퓨터 과학적인 요소도 포함하고 있습니다. 쉽지 않은 작업이었지만, 페퍼트가 꿈꿨던 학교와 교실, 그리고 교육 혁신에 대한 그의 생각을 제대로 전달하기 위해 노력했습니다.

　이 책이 출간되며, 페퍼트가 제시한 교육 혁신의 비전이 우리 교육에 얼마나 반영되고 있는지, 그리고 더 나아가 새로운 모습으로 발전할 수 있을지 고민해보는 계기가 되기를 바랍니다. 페퍼트의 구성주의적 철학이 바탕이 되어, 우리 아이들이 컴퓨팅 사고력을 통해 미래의 주역으로 성장하고, 교육 혁신을 통한 새로운 배움의 여정을 시작할 수 있기를 기대합니다.

2024년 가을이 깊어가는 10월
서리풀의 연구실에서
역자 대표 신승기

차 례

01 변화의 열망자Yearner와 학교교육지지자Schooler _ 5

02 개인적인 사고 _ 31

03 학교: 변화, 그리고 변화에 대한 저항 _ 47

04 교사 _ 73

05 학습을 위한 한마디 _ 103

06 학습에 대한 이야기 문집 _ 133

07 주입식 교육Instructionism VS 구성주의Constructionism _ 171

08 컴퓨터 전문가 _ 195

09 사이버네틱스 _ 223

10 앞으로의 과업 _ 255

01

● ● ●

변화의 열망자Yearner와 학교교육지지자Schooler

이전 세기의 외과 의사와 학교 교사들이 100년 후 미래에 자신의 직업 현장이 얼마나 변했는지 보고 싶어 시간 여행을 떠났다고 상상해봅시다. 현대 병원의 수술실에 도착한 이전 세기의 외과 의사들은 놀라운 광경을 마주하게 됩니다. 수술 종류와 수술 부위는 추측할 수 있겠지만, 대부분의 경우 외과의가 무엇을 하려고 하는지, 수술진이 사용하고 있는 수많은 장비의 용도가 무엇인지 파악할 수 없을 것입니다. 현대의 TV 시청자들에게는 너무나 익숙한 소독과 마취 과정, 삐빅거리는 전자 장치, 심지어는 눈부신 조명까지도 이들에게는 매우 낯설게 느껴질 것입니다.

하지만 시간 여행을 떠난 선생님들은 현대의 초등학교 교실에서 매우 다른 반응을 보일 것입니다. 물론 그들 역시 몇 가지 낯선 물건들을 보고 당황할 것입니다. 교수기법이 어느 정도 바뀐 것을 알아차리고 그 변화가 긍정적인지 부정적인지에 대해 서로 다른 견해를 보일 순 있지만, 교실에서 이뤄지는 여러 교육적 시도들의 요점을 충분히 파악하고 수업 흐름을 쉽게 따라잡을 것입니다. 저는 이 이야기를 통해 광범위한 역사적 변화의 전선에서 드러난 발전의 불균형성을 이야기하고자 합니다. 최근 과학, 기술의 놀라운 성장으로 인해 통신, 엔터테인먼트, 교통, 의료 등 인간 활동의 여러 영역에 큰 변화가 찾아왔습니다. 그러나 학교는 그 변화가 비껴간 대표적인 영역 중 하나입니다. 물론 교육을 제공하는 방식에 전혀 변화가 없었던 것은 아닙니다. 하지만 우리는 시간 여행자들의 이야기에서 교육 제도에 대해 모두가 알고 있는 사실을 다시 한번 확인할 수 있었습니다. 바로, 교육 제도의 틀은 변했지만 그 성격은 크게 바뀌지 않았다는 사실입니다. 이 이야기는 다음과 같은 의문이 들게 합니다. '인간 활동에 많은 변화가 일어났음에도 불구하고 왜 우리는 자녀의 학습을 돕는 방식에서 이와 비슷한 변화를 경험하지 못했을까?'

저는 이 질문을 일상적인 대화에서 공식적인 세미나에 이르기까지 다양한 상황에서, 그리고 학교 교육을 접한 지 몇 년 되지 않은 어린이부터 평생을 학교와 함께한 교육 전문가까지 다양한 청중을 대상으로 던져 보았습니다. 제가 받은 답변들은 '로르샤흐 잉크반점 검사(Rorschach inkblot test)'에서 나타나는 반응들만큼이나 다양하지만, 양극단에 치우쳐 반응들이 집중 분포하고 있다는 특징이 있습니다.

한쪽의 사람들, 즉 학교교육지지자(Schooler)들은 제 질문에 당황하며 제가 교실혁명(Megachange)을 바라는 것 같다고 놀라워합니다. 그들도 학교에 문제가 있다는 것을 인정하고(오늘날 누가 그렇지 않겠습니까?) 문제 해결을 위해 고민하고 있습니다. 하지만 교실혁명(Megachange)이라는 것은 무엇일까요?

이런 이야기를 하면 많은 학교교육지지자(Schooler)들은 분노합니다. 교실혁명(Megachange)에 대해 이야기하는 것이 마치 그들에게는 세상 물정 모르는 투정처럼 느껴집니다. 오늘날 교육은 수많은 즉각적이고 시급한 문제들에 직면해 있는데, 교육자들이 당면한 실질적인 문제들을 컴퓨터로 해결하는 방법이 있으면 당장 말해보라고 반문합니다.

이 극단의 반대편에는 예산, 정책, 학교 관료들의 막강한 기득권, 새로운 형태의 학습에 대한 과학적 연구 부족 등 교육의 변화를 가로막는 장애물을 언급하며 반발하는 변화의 열망자(Yearner)가 있습니다. 이 사람들은 자신이 몸소 새로운 변화에 대한 갈망을 느끼고 있기 때문에 '나는 당신이 무엇을 바라는지 모르겠다'는 식으로 무책임하게 반응하지 않습니다.

학부모부터 교사, 관리자에 이르기까지 수많은 변화의 열망자(Yearner)들은 학교에서 더 나은 자녀교육을 추구할 수 없다는 한계를 발견하면 학교를 벗어날 방법을 찾습니다. 일부 부모들은 아예 자녀를 집에 머물게 합니다(미국에서는 홈스쿨링을 하는 학생이 수십만 명에 이릅니다). 어떤 사람들은 적극적으로 대안 학교를 찾거나 그러한 대안을 제공하는 학교 설립을 돕기도 합니다.

변화의 열망자(Yearner)들은 학교 내에서 일종의 '제5열*(fifth column)'처럼 활동합니다. 많은 수의 교사들이 자신의 교실 안에 관리자가 공개적으로 지지하는 교육 철학과는 완전히 상반되는 배움의 오아시스를 만들고 있습니다. 또, 변화의 열망자(Yearner)들이 관리자로 이동한 일부 공립 교육구에서는 학교 시스템 내 대체 프로그램을 설립하고, 이를 교육과정과 교수법을 제한하는 교육 정책에서 벗어나 운용할 수 있도록 허용함으로써 학교 내 변화의 열망자(Yearner)들을

---

* 제5열: 상대국의 내부에 잠입하여 모략공작을 하는 자, 간첩 또는 스파이(옮긴이)

지원하고 있습니다.

그러나 이 사회에 널리 퍼진 새로운 변화에 대한 열망에도 불구하고 대부분의 연구 커뮤니티를 포함한 교육 기관은 여전히 19세기 말과 20세기 초의 교육 철학에 전념하고 있으며, 지금까지 이러한 신성한 전통에 도전한 사람들 중 누구도 학생들을 가르치는 방법에 대한 교육 기관의 통제력을 약화시킬 수 없었습니다.

앞서 등장한 시간 여행 교사들이 교실을 거치지 않고 학생들의 집을 바로 방문했다면 훨씬 놀라운 경험을 했을 것입니다. 많은 학생들이 학교에서는 좀처럼 찾아보기 힘든 성실하고 열정적인 자세로 언뜻 보기에도 숙제보다 훨씬 어려워 보이는 규칙과 전략을 배우는 데 몰두하는 모습을 발견했을 것이기 때문입니다. 학생들은 이 과목을 '비디오 게임'으로 정의하고 자신이 하는 일을 '놀이'로 정의했습니다.

처음에는 게임에 사용된 기술 자체가 방문객들의 시선을 사로잡겠지만, 곧 그들은 교사의 시점으로 돌아와 아이들이 이 활동에 쏟는 지적 노력의 수준이 학교에서 불과 몇 시간 전에 진행된 학습 수준을 훨씬 뛰어넘는다는 것을 발견하고 놀라움을 금치 못할 것입니다. 우리의 정직하고 개방적인 시간 여행자들은 학생들이 제한된 공간에서 짧은 시간 동안 이렇게 많은 것을 배우는 것을 본 적이 없다고 입을 모을 것입니다.

부모들은 자녀들이 이토록 비디오 게임에 빠져 있는 이유를 쉽게 이해하지 못합니다. 그래서 아이들이 비디오 게임을 좋아하고 숙제를 싫어하는 이유를 전자는 쉽고 후자는 어렵기 때문이라고 속단합니다. 하지만 실제로는 그 반대의 경우가 더 많습니다. 비디오 게임이 쉽다고 생각한다면, 한 번만 컴퓨터 앞에 앉아서 게임을 플레이해보세요.

대부분의 게임은 여러 기술뿐만 아니라 복잡한 정보까지 포함하고 있는데, 기술보다 정보를 익히는 것이 훨씬 더 어렵고 시간이 오래 걸리는 경우가 많습니다.

　이 주장으로 게임이 유해하기만 한 것은 아니라고 여러분을 설득하지 못했다면, 보다 설득력 있는 두 번째 주장으로 넘어가려고 합니다: 비디오 게임은 전자오락기, 즉 '장난감'으로, 아이들이 숙제보다 훨씬 큰 흥미를 느끼는 대상입니다. 놀이는 재미있지만 숙제는 그렇지 않죠. 부모들은 비디오 게임이 컴퓨터 기술을 장난감 제작에 활용한 최초의 사례이며, 아이들이 컴퓨터의 세계로 들어가는 통로 역할을 해왔다는 사실을 깨닫지 못하고 있습니다. 이 장난감은 다른 장난감이 절대 할 수 없는 방식으로 학생들이 정해진 규칙과 구조 내에서 작동하는 아이디어를 시험하고, 역시나 어른들은 할 수 없는 방식으로 새로 등장한 시스템의 가능성과 결함을 탐구하게 합니다.

　비디오 게임은 컴퓨터가 어른들에게 가르치기 시작한 것, 즉 어떤 형태의 학습은 빠르게 진행되고, 엄청나게 매력적이며 보람이 있다는 것을 아이들에게 가르칩니다. 엄청난 양의 시간을 요구하고 새로운 사고방식을 요구한다는 사실은 미래를 위해 지불해야 할 작은 대가이며, 어쩌면 장점일 수도 있습니다. 이에 비해 학교가 많은 젊은이들에게 느리고, 지루하며, 솔직히 시대에 뒤떨어진다는 인상을 주는 것은 당연합니다.

　컴퓨터의 도입이 교육의 가치에 대한 최초의 도전은 아닙니다. 예를 들어, 존 듀이(John Dewey)는 100년 전에 학교에서 보다 적극적이고 자기 주도적인 학습 방식을 위한 캠페인을 시작했으며, 그 후로 수년 동안 수많은 급진적인 개혁가들이 학교를 바꾸기 위해 노력해왔습니다. 당시 듀이는 오로지 아동 발달에 대한 철학으로 무장한 채이 막중한 임무를 수행했는데, 당시에는 사회 전반에 학교의 변화를 위한 활발한 움직임이 없었습니다. 듀이 시대에는 지금처럼 교육에 대한 불만이 강하지 않았고, 때로는 공립학교 시스템이 사실상 붕괴되고 있음을 기꺼이 받아들이는 것처럼 보이기도 했습니다. 아동을 지적 자기 결정권을 가진 사람으로 보는 20세기의 비전을 믿는 사람들에게 듀이는 여전히 영웅이며, 거부와 처벌의 위협보다는 존중과 격려로 대우받는 아동이 어떤 교육 시스템하에서도 더 잘할 수 있다는 데는 의심의 여지가 없습니다. 듀이의 영향으로 아동의 건강한 발달에 가장 잔인한 장애물이 제거된 것은 분명하지만, 그 영향력이 너무 희석되어 다음의 심각한 문제는 거의 다루지 못했습니다: 학교는 우리가 아이들에게 알려주고 싶은 것을 가르치기 위해 인간이 학교 밖 환경에서 가장 자연스럽게 배우는 방식을 활용하고 있는가?

과거 개혁가들이 근본적으로 더 나은 학습을 제시하는 데 실패한 경험 때문에 이제 교육 기관 내에서는 미래지향적 제안들이 더 이상 근본적으로 학습을 개선시키지 못할 거라는 주장이 제기되고 있습니다. 교실혁명(Megachange)에 대한 가장 큰 논쟁점은 바로 이것입니다: 그렇게 오랫동안 절실히 필요했다면 왜 이전에는 교실혁명(Megachange)이 성공하지 못했는가? 교육계에 큰 도전을 주는 질문이 아닐 수 없습니다. 사회 전반의 강한 불만감으로 인해 교육에 대한 불신이 급속히 커지고 있으며, 지금의 땜질식 처방만으로는 교육을 구할 수 없다는 인식이 팽배해 있습니다. 이러한 인식 속에 학생들의 불만도 적지 않습니다. 과거에는 학생들이 학교가 싫다고 해도, 학교가 인생의 성공으로 가는 지름길이니 참아야 한다고 설득했습니다. 그러나 학생들이 학교를 현대 생활과 동떨어진 것으로 인식하고 거부하게 되면서, 학생들은 변화에 대한 압력을 가하는 적극적인 주체로 부상했습니다. 다른 사회적 기관들과 마찬가지로 학교도 학교 구성원들에게 받아들여지기 위해 노력해야 합니다. 학생들에게 더 이상 학교 존립의 정당성을 설득할 수 없는 때가 오면, 학교는 살아남지 못할 것입니다.

컴퓨터는 듀이 같은 급진적 사상가의 철학보다 훨씬 더 설득력 있는 방식으로 변화의 열망자(Yearner)들에게 새로운 대안을 구성할 기회를 제공하고 있습니다. 여기서 우리의 질문은 그러한 대안이 민주적으로 만들어질 수 있는가 하는 것입니다. 공교육이 그 길을 선도할 것인가, 아니면 대부분의 경우처럼 부유하고 힘 있는 사람들의 자녀들의 삶을 먼저 향상시킨 후 천천히 그리고 많은 노력을 기울여야만 나머지 우리 자녀들의 삶으로 그 변화를 가져올 것인가? 학교는 계속해서 모든 사람에게 단일한 지식의 방식을 강요할까, 아니면 인식론적 다원주의에 적응할까? 저는 민주적 선택에 초점을 맞추어 변화의 열망자(Yearner)들이 적은 기회 속에서도 공립 초등학교의 변화를 위해 이루어 낸 일들을 살펴보는 데 이 책의 많은 부분을 할애하고자 합니다. 제가 소개할 사례들은 대부분 소박한 규모의 이야기들입니다. 미래에 대한 정확한 예측이라기보다 미래가 내포한 풍부한 잠재력을 살펴보는 용도로 제시하려 합니다. 다음 이야기는 사실과 허구를 결합한 것으로, 제가 이 책을 통해 지향하는 바를 설명하기 위해 소개합니다.

이 이야기는 아직 학교를 가지 않은 네 살 어린이, 제니퍼와의 만남으로 시작합니다. 제니퍼는 제가 아프리카에서 자랐다는 이야기를 들고 기린이 어떻게 자는지 아느냐고 물었습니다. "기린은 목이 정말 길어요."라고 말하며 기린이 쉴 때 머리를 어디에 두는지 궁금해했습니다. 저는 솔직히 모른다고 대답하고 어떻게 생각하는지 물어봤습니다. 그러자 제니퍼는 직접 두 팔로 머리를 감싸보며 자신의 의문점을 설명했습니다: "우리 집 강아지도 잘 때 머리를 껴안고 자는데, 기린의 머리는 다리와 너무 멀리 떨어져 있어요." 저는 함께 있던 다른 아이들과 대화를 이어가며 그럴듯한 여러 가설들을 모아봤습니다. 한 아이는 기린이 "말처럼" 서서 잘 것이라고 제안했습니다. 이에 기린의 머리가 어디에 놓이는지에 대한 질문으로 다시 돌아와 열띤 토론이 이어졌습니다. 아무도 기린이 머리를 든 채로 잘 거라고 생각하지 않았습니다. 누군가는 쪼그려 앉으면 머리를 바닥에 내려놓을 수 있다고 말했고, 서서 잠을 잔다는 생각으로 넘어간 제니퍼는 "목에 걸 나뭇가지를 찾는다"는 가설을 내놓으며 뿌듯해했습니다. 저는 나무가 없으면 어떻게 되냐고 물었습니다. 그러자 제니퍼는 한심스럽다는 듯 기린은 나무 윗부분의 잎을 먹기 때문에 당연히 주위에 나무가 있을 거라며 기린의 목이 긴 이유를 알려주었습니다.

이 대화에서 우리는 이 시대 아이들의 지적 생활의 두 가지 측면, 즉 이론을 만드는 놀라운 능력과 이론을 테스트하거나 현실에 적용하기 위해 어른들에게 무력하게 의존하는 모습이 공존하는 것을 볼 수 있습니다. 제니퍼는 과도기에 있습니다. 어린아이들은 즉각적으로 탐색할 수 있는 범위 내의 세계에 더 완벽하게 몰입합니다. 나중에 나이가 들어서도 이때의 탐구 정신이 사라지지 않고 잘 유지된다면, 촉각과 시각 너머의 세계까지 탐험할 수 있게 될 것입니다.

그날 저녁 집으로 돌아와 아이들과의 대화에 자극을 받은 저는 제니퍼가 강아지와의 상호작용에서 받았을 강렬하고 즉각적인 자극을 느끼며 기린 탐구에 빠져들었습니다. 지에겐 애완용 기린은 없었지만, 대신 방대한 양의 서적들이 있었습니다. 기린의 수면 습관에 대해 알아가는 재미에 푹 빠져 책을 읽다 보니 어느새 작업 공간 곳곳이 펼쳐진 책으로 가득차게 되었습니다. 제가 이 세계를 탐험할 수 있었던 것은 책이 저에게 확장된 즉시성을 제공했기 때문입니다.

최근까지만 해도 제니퍼에게 왜 이런 확장된 즉시성을 제공할 수 없는지 묻는 것은 어리석은 질문처럼 들렸을 것입니다. 제니퍼 또래의 아이들은 글을 읽을 수 없거나 읽을 수 있다고 해도 그런 종류의 검색을 수행할 수 없을 것이기 때문입니다. 하지만 이 대답은 더 이상 설득력이 없습니다. 제니퍼가 다른 사람이 알고 있는 것에 접근하게 해주는 기계(지식 기기, Knowledge Machine)를 이제는 큰 기술적 어려움 없이 손쉽게 만들어낼 수 있기 때문입니다. MIT 동료인 니콜라스 네그로폰테(Nicholas Negroponte)가 컴퓨터를 통해 콜로라도주 아스펜의 작은 마을을 대리 탐험할 수 있는 기계를 만든 지 거의 20년이 지났습니다. 이런 기계의 초기 모델들이 이미 '대화형 비디오' 또는 전자책, 'CDI', 조금 더 정교한 버전으로는 '가상 현실'과 같은 이름으로 상업적 제작에 활용되고 있습니다.

이러한 시도와 완성형 지식 기기를 구분 짓는 요소는 더 이상 스토리지나 액세스 기술력의 차이가 아니라 지식을 모으는 데 필요한 노력의 정도 차이입니다. 결국 지식 기기가 가지는 엄청난 시장성으로 인해 이들의 도입은 더 이상 불가피해 보입니다.

이러한 시스템을 통해 미래에 제니퍼는 인쇄된 책이 제공하는 것보다 훨씬 더 풍부한 세계를 탐험할 수 있을 것입니다. 음성, 터치 또는 제스처로 기기를 조종하여 관심 있는 주제에 대해 백과사전보다 훨씬 더 광범위한 지식을 빠르게 탐색할 수 있을 것입니다. 기린, 표범, 벼룩에 관심이 있든, 기린이 먹고, 자고, 걷고, 뛰고, 싸우고, 교미하고 새끼를 낳는 모습을 보고 싶든, 그녀는 자신이 알고 싶은 내용을 이해하는 데 도움이 될 소리와 이미지 정보를 쉽게 찾아낼 수 있을 것입니다. 그리고 언젠가 이러한 기술은 냄새와 촉감, 동물과 함께 있을 때의 운동감을 경험하는 것까지 확장될 것입니다.

지금까지의 내용은 새로운 미디어가 어린이와 지식의 관계를 어떻게 변화시킬 것인지에 대한 표면적인 설명에 불과합니다. 그러나 이러한 표면적인 설명에서도 우리는 결정적인 시사점을 한 가지 발견할 수 있습니다. 정글과 도시, 심해와 고대 신화, 우주를 탐험할 기회를 갖고 자란 아이들이 비디오 게임보다 초등학교 교육과정에 환호할 가능성은 매우 낮다는 것이죠.

보다 실제적인 접근을 위해 한 가지 질문을 던져보겠습니다. 학교 환경에 지식 기기가 도입되면 우리가 읽기와 쓰기에 부여하는 우선순위, 즉 학생들의 문자 언어 유창성을 바라보는 시각에 어떤 영향을 미치게 될까요?

교육계 문헌에는 오랫동안 독서를 학생들의 지식에 대한 주요 접근 경로로 가정하는 경향이 만연해 왔습니다. 글을 읽지 못하는 사람은 무지하거나 적어도 구두로 얻을 수 있는 제한된 양의 중요한 정보에 의존할 수밖에 없다고 단언해왔죠.

즉, 교육계에서는 오랜 시간 결정적 시기에 읽는 법을 배우는 것이 아동의 교육적 발달에 필수적이라는 인식이 존재해왔습니다. 그러나 앞으로 지식 기기가 교육계에 도입된다면 이러한 기본 가정이 항상 옳은 것은 아니며, 실제로 10년 또는 20년 내에 깨질 것으로 예측되고 있습니다. 이것은 앞으로 문자 언어를 배울 필요가 없어질 것이라는 전망이 아닙니다. 다만, 학생들이 유용한 지식을 축적하기 위한 전제 조건으로서, 또는 적어도 학생들이 정규 교육을 시작할 때 가장 먼저 접하는 경로로서 문어에 부여된 위치에 대해 새로운 정의가 필요하다는 제안입니다.

저는 지식 기기가 불러올 여러 문제와 현대 문화에서 지식에 이르는 필수 경로로서 독서가 지니는 우위 역시 인정해야 한다고 생각합니다. 실제로 읽고 쓰는 법을 배우는 것은 1학년 제니퍼에게 매우 중요한 일입니다. 그러나 그것이 결코 학습의 본질을 규정하는 핵심은 아닙니다. 제니퍼가 경험한 전환은 그야말로 인식론적인 변화입니다. 제니퍼는 인식하지 못하고 있지만, 하나의 지배적인 지식 습득 방식에서 또 하나의 지식 습득 방식으로 전환이 시작된 것입니다.

어렸을 때 그녀는 탐험을 통해 지식을 습득했습니다. 뿐만 아니라, 자신의 학습을 주도적으로 이끌었죠. 물론 때때로 부모가 지식을 주입하고 학습 과정을 통제하기도 했지만, 무엇을 조사할지, 어떻게 생각할지 스스로 결정하고 선택했습니다. 학교에 가기 전 아이들은 어른들이 전달하는 지식을 이후에 학교에서 배울 때와는 다른 방식으로 기억 은행에 저장한다는 것은 매우 잘 알려진 사실입니다. 이 기억들은 세상에 대한 다른 모든 직접적인 경험들과 함께 처리되고 동화됩니다.

그러나 제니퍼가 기린에 대해 물었을 때, 그녀는 자신의 주변 세계를 직접 탐구하여 대답할 수 있는 것보다 더 많은 질문이 머릿속에 떠오르는 단계에 있었습니다. 제니퍼는 자신이 경험해온 방식으로 답

을 찾았습니다: 바로, 호기심을 칭찬으로 보상해 줄 수 있는 호의적인 어른에게 물어보는 것이었습니다. 이렇듯 학생들은 자신의 호기심을 해결하는 학습 과정에서 특정 힘의 작용(지시, 권위 수용)을 경험하게 되고, 이런 현상은 이후 학교에서 더욱 강화됩니다. 이 현상이 제니퍼에게 미칠 영향은 그녀가 처한 사회적, 심리적, 우발적 환경에 따라 달라질 것입니다. 분명한 것은 그녀가 지적 발달에 대단히 중요하고 치명적인 영향을 미칠 전환기에 접어들고 있다는 것입니다. 일반적으로 학교에서는 읽고 쓸 수 있는 상태를 가리킬 때 문해력(literacy)이라는 단어를 자주 사용합니다. 그러나 교육의 의미를 더 깊이 들여다보려는 사상가들은 아이들에게 흰 종이 위 검은 자국을 해독하는 기계적 기술을 가르치는 것으로 문맹을 해결할 수 있다는 생각을 강하게 비판합니다. 문해력(literacy)에는 훨씬 더 많은 개념이 포함되어 있습니다. 파울로 프레이리(Paulo Freire)는 "단어 읽기"와 "세상 읽기"를 분리하지 말 것을 당부합니다. 이는, 문해력(literacy)을 갖춘다는 것은 이전과는 다르게 생각하고 세상을 다르게 바라보는 것을 의미하며, 다양한 문해력(literacy)이 존재함을 시사합니다.

이러한 의미에서 문해력(literacy)이라는 개념은 인식론에 기반하여 다시 명명될 필요가 있습니다. 몇몇 작가들은 최근에 문해력(literacy)을 대신하여 '앎의 방식'이라는 용어를 사용할 것을 제안했습니다. 저는 이러한 작가들의 의도에 전적으로 공감하지만, 문해력(literacy)의 문자 그대로의 의미와 이 개념이 내포하는 여러 정교한 의미를 전달할 용어로서는 여전히 부족함을 느낍니다.

결국, 저는 궁여지책으로 자모 문자로 구성된 단어를 읽는 특별한 기술을 지칭하기 위해 '문자력(letteracy)'이라는 단어를 만들었습니다. 이렇게 좁은 개념의 정의를 사용함으로써, '문자력(letteracy)'을 지식 기기로 상징되는 새로운 미디어에 적용될 고도의 문해력과 구별하고자 합니다.

이러한 개념적 재정의의 필요성은 컴퓨터가 야기한 미디어 혁명의 급진적 성격을 보여줍니다. 의심할 여지 없이 지금까지 정보와 아이디어를 전달하는 데 널리 사용된 미디어는 두 가지뿐이며, 역사적으로 중요한 전환은 단 한 번뿐이었다고 말할 수 있습니다.

대부분의 인류 역사에서 언어는 이전에 학습한 내용을 전달하는 유일한 수단으로 작용해 왔습니다. 그림, 연기 신호, 제스처는 말을 보완하는 중요한 수단이었지만 어떤 사회에서든 사람들이 집단 간, 세대 간 정보를 공유하는 방법에 있어서 언어의 독점적 위치를 위협하지는 못했습니다. 문자는 구전 전통에서 벗어나게 해준 첫 번째 발명품으로, 문자 언어의 출현을 이집트 상형문자와 구텐베르크 중 어느 시점으로 볼 것인가는 부차적인 문제일 뿐입니다.

영화 제작자와 화가를 비롯한 여러 뉴미디어 사용자들은 컴퓨터 기반 미디어가 차세대 발전을 견인할 것이라는 저의 판단에 다소 의아할 수도 있습니다. 하지만 우리는 제니퍼의 이야기를 통해 이 미디어의 질적 차이를 확인할 수 있습니다. 컴퓨터 기반 미디어는 문해력과 문자 해독력이 사실상 동의어로 취급되는 교육 현실에 궁극적 대안을 제시하고 있습니다. 아이들이 궁금한 것을 즉각적으로 탐색할 수 없고 의문을 해결할 수 있는 정보원이 부족하다는 현장의 한계를 해결해주는 방식으로 말이죠. 오랜 기간 문자 해독력 교육을 책임져 온 학교의 전통적인 역할과 경직된 교육 현장의 문화 때문에 변화를 요구하는 목소리는 더욱 커지고 있습니다.

이 기술이 전에 없던 새로운 것임을 고려하면, 우리가 이 기술에 대해 이야기할 때 사용할 보편적 언어가 개발되지 않은 것은 놀라운 일이 아닙니다. 하지만 이러한 환경이 혁명의 진척 상황에 대해 무지하거나 혁명의 진보를 위한 노력을 게을리하는 것을 정당화하지는 않습니다. 초등 교육을 어떻게 개혁할 것인가에 대한 문제에 있어서, 문자 문화에서 미디어 문화로의 전환은 문자 이전 문화에서 문자 문화로의 전환에서 겪은 것보다 훨씬 엄중한 변화를 가져올 수 있습니다.

우리는 문자 혁명(즉, 기록과 인쇄술의 출현)이 2−6세 어린이들이 세상을 탐색하고 배우는 주요 방식에 직접적인 영향을 미치지 않았다는 점을 기억해야 합니다. 문해력(literacy)과 문자 해독력(letteracy)의 미래에 대한 근본적인 문제는 여기에서 다루지 않겠습니다. 중요한 것은 어린이들이 학교 입학과 함께 '직접 경험을 통한 학습'에서 '문자를 통해 정보를 얻는 학습'으로 학습방식을 전환해야 하는데 이것이 학생들에게는 매우 갑작스럽고 힘겹다는 점입니다. 이때 지식 기기는 보다 개별적이고 유연하며 점진적인 방식, 그리하여 보다 안정적인 방식으로 학생들이 취학 전 학습 단계에서 진정한 문해력을 갖춘 단계로 나아가도록 도울 것입니다.

그런데 어째서 어른들이 학생들보다도 교육과정에 중대한 영향을 미칠 사안을 심각하게 받아들이지 않을까요? 기존 방식을 포기하지 않으려는 완고함 때문일까요? 이러한 현상은 오랜 기간에 걸쳐서 공고해진 절차를 바꾸려고 할 때 흔히 나타납니다. 게다가 교육계에는 또 하나의 장애물이 있습니다. 바로 대부분의 학교 구성원들이 지식을 전달하는 방식에 대해 설득력 있는 대안을 경험하거나 상상해 본 적이 없기 때문에 현재 학교의 방식이 유일한 길이라는 가정에 갇혀 있다는 것입니다.

아무리 열렬한 학교교육지지자(Schooler)들일지라도 학교 밖에서 중요한 학습이 매우 성공적으로 이루어진다는 사실을 쉽게 인정할 것입니다: 아기는 교과 과정이나 공식적인 수업 없이도 말을 배우고, 사람들은 교사 없이도 취미에 대한 기술을 개발하며, 교실 수업이 아닌 다른 방식으로 사회적 행동을 습득합니다. 학교교육지지자(Schooler)들은 지식 기기가 이러한 학습의 범위를 확장할 수는 있지만, 기하학이나 대수처럼 복잡한 학문을 학습함에 있어 일부 영재들의 사례를 제외하고는 아직 교육적 효과가 검증되지 않았음을 우려하고 있습니다.

이러한 회의론자들은 교사가 '소크라테스식 질문법(Socratic Questions)'을 활용하여 학생들이 수학의 공식을 '스스로 발견'하도록 이끄는 수업은 매우 유용한 교수법이라고 평가합니다. 이러한 수업이 공식을 잘 설명해주는 수업과 효과적인 측면에서 크게 차이 나지 않는다고 생각하죠. 저 역시 이 점에는 동의합니다. 다만 항상 학생들이 지식의 소비자가 아닌 창조자 역할을 하는 학습 방법을 갈망해온 입장에서는, 현재 새롭게 제안되고 있는 방법들 역시 과거의 전통적 학습 방식과 크게 달라 보이지 않습니다.

1960년대 초 컴퓨터를 접하면서 제 업무방식에는 획기적인 변화가 찾아왔습니다. 가장 놀라웠던 것은 이해하기 어려웠던 추상적인 문제들이 선명하게 구체화되고, 흥미로워 보였지만 너무 복잡해서 접근하기 어려웠던 프로젝트들을 수행할 수 있게 되었다는 점입니다. 동시에 저는 사람들이 밤새도록 컴퓨터 작업에 몰입하며 뿜어내는 열정과 에너지를 목격했습니다. 아이들도 이와 같은 과정을 경험할 수 있을 거라는 생각이 들었고, 이 생각은 제 인생을 바꿨습니다.

저의 목표는 문화, 성별, 성향에 관계없이 모든 어린이가 취학 전 아동이나 영재가 학교 밖에서 배우는 것과 같은 방식으로 대수와 기하학, 철자와 역사를 배울 수 있는 환경을 조성하는 것이었습니다. 학교교육지지자(Schooler)들의 주장처럼 '영재'적 특성을 지닌 아이들만이 다르게 배우는 것인지, 아니면 제 가정처럼 누구든 학습 환경이 달라지면 다르게 배울 수 있는지를 핵심 질문으로 설정했습니다.

　　많은 학교교육지지자(Schooler)들은 저의 주장에 대해 다음과 같이 말할 것입니다. "네, 그런 이야기는 전에도 많이 들어봤어요. 진보 교육의 오래된 슬로건이죠. 그들의 방법은 이미 시도해봤지만 모두 효과가 없었어요. 당신들은 그저 대수학의 발견 학습법에서 재미를 느꼈을 뿐이에요."

　　제가 여기서 제시하는 학습의 비전은 '진보적', '개방적', '아동 중심적', '구성주의적', '급진적 교육' 등으로 다양하게 표현되는 특정 철학적 원칙과 큰 틀에서 궤를 같이합니다(그리고 저는 지금부터 이들을 '진보적 교육(progressive education)'이라는 용어로 통일하고자 합니다). 저는 학교가 아동을 수동적인 '지식의 수용사' 역할로 전락시킨다는 이들의 비판에 전적으로 공감합니다. 파울로 프레이리(Paulo Freire)는 학교가 은행 계좌에 돈을 저축하듯 아이의 머릿속에 정보를 쌓는 '은행 모델(banking model)'을 따르고 있다며 그들이 처한 현실을 꼬집었습니다. 다른 학자들도 저서를 통해 학교가 어린이의 두뇌를 '채워야 할 그릇'이나 송전선 끝에 있는 수신기로 취급한다고 비난했습니다.

　　그러나 저의 입장은 학교를 비판하는 것에서 새로운 방법을 고안하는 것으로 눈을 돌렸다는 점에서 '진보적 교육(progressive education)'과 다릅니다. 그동안 진보적 교육 이념을 구현하고자 진행했던 많은 실험들은 그 결과가 실망스러웠는데, 그 이유는 학생을 객체가 아닌 과정의 주체로 만드는 데 성공하지 못했기 때문입니다. 어떤 경우에는 실험자가 본인의 실험에 확신이 없어 실험이 실패하기도 했습니다. 임상실험을 진행하는 의사가 자신이 투여하는 신약에 확신이 없으면 실험이 성공할 수 없는 것처럼 말이죠.

그리고 대부분의 경우 이러한 확신 없는 태도보다 그들의 발목을 잡는 더 큰 문제가 있었습니다. 진보적 교육 실험의 초기 설계자들은 안정적이고 체계적으로 새로운 교수학습방법을 만들어낼 수 있는 도구(tools)가 부족했습니다. 사용할 수 있는 수단이 매우 제한적이었기 때문에 개별 교사의 특정 재능이나 특정 사회적 맥락에 지나치게 의존할 수밖에 없었습니다. 그 결과, 그들이 거둔 성공은 일반화할 수 없는 경우가 많았습니다.

이 오래된 논쟁을 해결하기 위해 제가 할 수 있는 일을 고민하다 과학사의 아주 유명한 사건이 떠올랐습니다. 학교교육지지자(Schooler)들은 많은 사람들이 진보적 교육을 시도했지만 실패했다고 말합니다. 레오나르도 다빈치(Leonardo da Vinci)가 비행기를 발명하려 시도했으나 실패했듯 진보적 교육 역시 수많은 시도에도 아직까지 의미 있는 성과를 내지 못했습니다. 레오나르도 시대에 비행기를 만들려면 항공술에 관해 밝혀진 모든 지식을 창의적으로 조합한 것 이상의 기술이 필요했습니다. 작동 가능한 비행기를 만들지 못했다고 해서 비행 기계의 실현 가능성에 대한 그의 가정 자체가 틀렸다는 것은 아닙니다.

레오나르도의 비행기는 사회적 자원 관리 시스템에 근본적인 변화가 찾아오기를 기다려야 했습니다. 라이트 형제는 기술 인프라가 재료와 도구, 엔진과 연료를 공급하고, 과학 문화(이 인프라와 함께 발전한)

가 새로운 자원의 고유한 특성을 활용하는 아이디어를 제공했기 때문에 레오나르도가 꿈꾸는 데 그쳐야 했던 성공을 거둘 수 있었습니다.

현대의 교육 혁신가들도 레오나르도와 비슷한 상황에 처해 있습니다. 예를 들어, 생활에서 실제적으로 경험한 것을 통해 학습이 일어난다면 아이들이 더 잘 배울 것이라는 존 듀이(John Dewey)의 생각, 아이들이 온전히 자신의 학습 과정을 책임진다면 더 잘 배울 것이라는 프레이리(Paulo Freire)의 생각, 여러 개념이 평형을 찾는 진화적 과정에서 인지가 발달한다는 장 피아제(Jean Piaget)의 생각, 대화가 학습에 중요한 역할을 한다는 레프 비고츠키(Lev Vygotsky)의 생각과 같은 과감한 관점의 이론이 정립되었습니다. 이러한 아이디어는 어린이를 존중하는 민주적인 사회 철학과 맞닿아 있어 많은 변화의 열망자(Yearner)들의 마음을 사로잡았습니다.

안타깝게도 비행기는 실제로 이륙하지 못했습니다. 교육자들이 이러한 이론을 바탕으로 실제 학교를 설립하고자 한 것은, 마치 레오나르도가 참나무로 비행기를 만들고 노새로 동력을 얻으려고 한 시도와 같았습니다. 저명한 교육 사상가들을 따르려 했던 대부분의 실무자들은 원래의 의도를 잊은 채 완전히 타협할 수밖에 없었습니다. 예를 들어, '발견 학습법(discovery method)'은 듀이가 꿈꾸던 방향으로 한 단계 발전했지만, '살아있는 경험을 통해 학습하는 역량 있는 어린이'라는 원대한 비전을 실현시키기에는 턱없이 부족했습니다. 아이들에게 스스로 학습을 책임지라고 요구하면서 동시에 아이들이 흥미를 보이고 궁금해하는 것을 이해하는 데 아무런 역할도 할 수 없는 무언가를 '발견'하라고 명령하는 것은 이중 잣대일 뿐입니다.

제니퍼가 원하는 형태의 지식에 접근하기 위해선 방대한 지식 데이터를 가진 기기가 개발되어야 하기 때문에 앞으로 한동안 이러한 논의는 장밋빛 공상에 지나지 않을 것입니다. 그러나 이미 많은 어린이들이 가혹한 인식 전환을 경험하고 있으며, 기계를 통해 이를 완화할 가능성이 높은 지식 영역도 있습니다. 이러한 대표적인 영역이 바로 수학입니다.

구어(oral)에서 문자(letterate)로의 전환이라는 개념이 수학에 적용하기 어렵게 느껴진다면, 이는 우리 문화가 학교에서 가르치는 '문자로 된 수학'과 이와 관련된 최소한의 직관적 기반을 수학이라고 명명해왔기 때문입니다. 그러나 이러한 관습은 형식적 수학의 기초가 될 더 큰 지식 기반을 차단함으로써 우리는 더 나은 학습으로 나아갈 가능성을 배제하는 결과를 초래했습니다. 어린이들은 학교에 입학하기 전에 수량, 공간, 다양한 추론 과정의 신뢰성과 같이 이후에 수학 수업에서 유용하게 사용될 요소에 대한 자신만의 특별한 수학적 지식을 축적합니다. 장 피아제(Jean Piaget)는 자신의 저서에서 모든 어린이가 보유하고 있는 엄청난 양의 "구전(oral)" 수학 지식에 대해 상세히 설명하고 있습니다.

수학 교육의 핵심 문제는 어린이의 방대한 구술 수학 경험을 활용하는 방법을 찾는 것이었습니다. 그리고 우리는 컴퓨터에서 그 방법을 찾아냈습니다.

지금까지 컴퓨터를 활용하여 어린이 학습의 인식론적 구조를 가장 강력하게 변화시킨 도구는 마이크로월드(microworlds)입니다. 마이크로월드는 어린이들이 특정한 수학적 기술을 개발해야 하는 세계이기 때문에 자연스럽게 수학적 활동을 유발합니다. 또한 이 세계에서 일어나는 학습은 아동의 성공적인 구두 학습 방식과도 일치합니다.

지식 기기가 독서를 억제하기보다는 오히려 독서를 장려하는 것처럼, 비형식적으로 수학을 배우고 활용할 기회는 결국 형식적 학습을 장려할 것입니다.

여기서 저는 수학 교육에 적용되고 있는 구체적 또는 구성주의적 학습법과의 차이점을 강조하고자 합니다. 지식 기기가 단지 아이들에게 읽기를 가르치기 위한 장치로만 생각된다면 지식 기기의 핵심 가치는 사라질 것입니다. 마찬가지로 수학에서 비형식적 학습이 형식적 학습을 위한 발판으로 여겨지거나 아이들을 형식적 학습으로 유인하는 미끼로 인식된다면 지식 기기는 의미를 완전히 상실하게 됩니다. 수학은 그 자체로 가치 있고 학습자에게 실제적으로 유용해야 합니다. 이러한 차이에 대한 더 많은 예시는 다음 장에서 소개하겠습니다.

다음의 디자인은 뉴욕의 한 중학교 학생들이 아프리카 직물에 대한 연구의 일환으로 만든 것으로, 안타깝게도 여기서는 재현할 수 없는 멋진 색상으로 제작되었습니다. 학생들은 거북이 기하학이라는 일종의 비형식적 수학 학습법을 활용하여 프로그래밍 언어 로고(Logo)로 디자인을 제작하였습니다. 이 학생들은 형식적인 기하학을 배우기 위해 디자인을 제작하지 않았습니다. 그들은 아프리카 디자인에 대한 아이디어를 탐구하기 위해 자신들이 선호하는 방식과 일치하는 기하학의 한 형태를 사용한 것입니다. 기하학은 학습을 위해 존재하는 개념이 아닙니다. 활용되기 위해 존재하는 것입니다. 그러나 여기에도 예외는 존재합니다: 기하학이나 기하학을 배우는 것 자체가 즐거운 연구 대상이 될 수 있으며, 이 경우 활용은 뒷전으로 밀릴 수 있습니다.

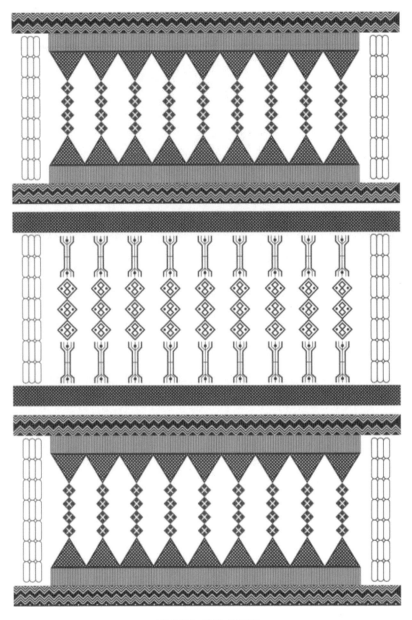

아프리카 직물 디자인

학생들이 로고(Logo)로 그린 그림

형식적 기하학 및 기타 기하학에 대한 이러한 발언은 대부분의 학교교육지지자(Schooler)뿐만 아니라 많은 변화의 열망자(Yearner)들에게 불쾌감을 줄 수 있습니다. 왜냐하면 학생들이 실제적 활용만을 위한 반쪽짜리 기하학에 만족해야 한다고 주장하는 것처럼 들릴 수 있고, 심지어는 엘리트주의처럼 해석될 수 있기 때문입니다. 제가 궁극적으로 논하고 싶은 주제(9장에서 자세히 다루고자 합니다.)는 어떤 지식과 학습 방식이 특권적 지위를 가져야 하는지에 대해 재고할 여지가 있다는 것입니다. 물론 학교가 우리를 대신해서 결정할 권리는 없습니다. 변화의 열망자(Yearner)들은 학교가 규정한 필수 교육과정을 보다 잘 가르칠 교육 방법 연구에 몰두했지만, 이는 교실혁명(Megachange)의 의미를 잘못 이해한 것입니다. 그들이 이 책을 읽고 나서 학교의 교육 방법뿐만 아니라 교육 내용에 대해서도 고민하게 되길 바랍니다.

교육과정에서 더 크게 벗어난 프로젝트로는 센서에서 정보를 받아 모터를 제어하는 초소형 컴퓨터가 탑재된 레고로 인공 객체를 발명하고 제작하는 프로젝트가 있습니다. 학생들은 로고(Logo) 프로그래밍을 통해 객체가 '의도된' 방식으로 움직이게 할 수 있습니다. 일례로, 이 프로젝트를 통해 한 8세 소녀는 "어미 고양이"와 "새끼 고양이" 모형을 만들었습니다. 어미 고양이가 신호음을 울리고 머리에 장착된 불빛을 깜박이면 새끼 고양이가 어미 고양이를 향해 움직이기 시작합니다. 다른 아이들은 뱀과 괴물을 만들기도 했습니다. 한 팀은 스스로 청소하는 '지능형' 모델하우스를 만들기도 했습니다.

이러한 동작을 프로그래밍하는 것이 어렵게 들릴 수 있습니다. 사실, 사용자 친화적인 최신 버전의 로고(예: 마이크로월드 로고(microworlds Logo))는 기술적 구성과 기본 과학 원리를 그림이나 말처럼 상상을 구체화하는 매개체로 사용합니다. 여기에서 학교가 과목을 구분하는 첫 번째 기준이 모호해집니다: 전통적으로 글쓰기와 미술은 상상력을 표현하는 과목이고, 과학은 사실을 다루는 과목이었습니다. 많은 학생들이 딱딱하게 느끼는 부분이죠. 과목 구분의 두 번째 기준은 기술과 생물학의 결합으로 경계가 모호해집니다. 인공 동물을 만드는 것이 실제 동물을 연구하는 것을 대신할 수는 없지만, 레고 고양이가 새끼 고양이를 찾는 '피드백'의 원리처럼 실제 동물에 대한 통찰력을 제공하기도 합니다. 이 사례는 새와 비행기의 비행에서 양력의 원리를 유추하는 과정과 유사하면서도, 사회적 중요도에서 큰 차이가 있습니다. 양력을 이해하는 것은 사회적으로 크게 중요하지 않을지 몰라도, 피드백은 시스템을 이해하는 데 핵심적인 개념입니다. 환경, 경제, 가족을 하나의 시스템으로 연결 지어 생각하는 능력은 매우 중요합니다.

피드백의 개념은 과학을 문자주의가 선호하는 정확한 종류의 지식으로 제한하는 것이 얼마나 인위적인지 잘 보여줍니다. 레고 고양이는 불빛이 정확히 어디에 있는지 전혀 '알지 못하며', 단지 불빛이 왼쪽에 치우쳐 있는지 오른쪽에 치우쳐 있는지를 모호하게 '알고 있을 뿐'입니다. 이 프로그램은 고양이가 살짝 회전한 후 앞으로 조금 이동하는 과정을 반복하도록 하며, 매번 1도 또는 10도 회전을 일정하게 수행합니다. 따라서 고양이가 "아는 것"은 정확하고 정량적인 지식이라기보다 문자 해독 전 아동이 구성하는 질적 지식과 더 유사합니다. 그럼에도 불구하고 고양이가 목적지로 가는 정확한 길을 찾을 수 있다는 사실은 모든 질적 사고자, 특히 어린이들에게 힘을 실어줍니다. 아이들은 과학적 사고가 자신의 사고와 가장 유사한 영역을 통해 과학에 입문할 수 있습니다.

부분적이고 질적인 지식도 유용한 지식이 될 수 있다는 생각은 레고 모델 제작과 생물학 연구의 관련성 논의에 적용될 수 있습니다. 부정확한 지식은 모두 제거한 채 모델이 자연 현상을 설명할 수 있는 유일한 방법은 완벽한 시뮬레이션뿐입니다. 이와 반대로 고양이 모형은 원리를 공유하는 단순한 시스템을 구성하여 복잡한 시스템에 대한 질적 이해를 제공하는 '소프트 시뮬레이션'을 활용합니다.

지금까지 컴퓨터 그래픽과 인공 객체 프로젝트를 통해 교실혁명(Megachange)으로 나아가는 학교 개혁의 첫걸음을 살펴보았습니다. 이 책의 뒷부분에서는 학교 개혁의 실제 가능성에 대해 세 가지 주제를 논하고자 합니다. 가장 현실적인 첫 번째 주제는 학교의 현재 상황을 살펴보는 것입니다. 3장에서는 제가 예측한 변화상에 대한 학교의 반응을 살펴봅니다. 4장에서는 교사에 대해, 10장에서는 변화를 위한 전략에 대해 논의합니다. 두 번째 주제는 기술의 진화와 그에 따른 문화 발전에 대한 고찰입니다. 이 논의는 책 전체에 걸쳐 있지만 특히 8장과 9장에 집중되어 있습니다. 마지막 주제는 가장 논란이 많은 주제입니다. 저는 새로운 형태의 학습을 위해선 새로운 학습 이론이 필요하다고 생각합니다. 교육 및 일반 심리학자들이 개발한 학습 이론들은 오로지 학교 교육에 초점이 맞춰져 있습니다. 학습에 대한 이러한 사고방식이 지배적으로 남아 있는 한, 전통적인 학교의 변화는 불가능할 것입니다.

다음 장에서는 새로운 사고방식을 위한 첫 번째 관점을 제시합니다. 간단히 설명하자면, 우리 안에서 그 길을 찾는 것입니다. 5장에서는 인간의 경험이 실험실에서 과학자들이 축적해 온 것보다 더 방대한 양의 학습 지식을 우리에게 제공한다는 견해를 반영한 새로운 종류의 학습 이론을 소개합니다.

02

● ● ●

개인적인 사고

학부 시절에 들었던 심리학 강의는 객관성을 다룬 첫 번째 강론을 제외하고는 기억에 남는 것이 거의 없습니다. 우리는 첫날부터 본인의 심리적 문제를 탐구하기 위해 이 강의를 수강했다면 잘못된 선택을 한 것이라는 날선 경고를 듣게 되었습니다. 이런 이유로 온 사람들은 앞으로 계속 이 강의를 수강할 것인지 진지하게 생각해 보라는 조언도 받았습니다. 교수님은 과학적 심리학 연구의 출발점이 연구 대상과 거리를 두는 것이라고 하셨습니다. 우리는 심리적 문제를 연구할 때 자신의 경험을 바탕으로 한 직관을 배제하는 방법을 배우기 위해 치열하게 노력해야 했습니다.

의심할 여지 없이 모든 학문 분야에는 연구 대상과 거리를 두는 기술이 필요합니다. 그러나 교육 연구에서는 반대로 연구 대상과 거리가 너무 멀어서 문제가 발생하곤 합니다.

변화의 열망자(Yearner)들은 지식과 학생의 특성을 분리시키는 학교 교육과정에 끊임없이 문제를 제기해 왔습니다. 또한 과학적 교육 탐구를 통해 교사의 인격을 배제하는 교육 현실과 연구자의 인격을 배제하는 교육 연구 실태에 대한 문제의식이 형성되었습니다. 저의 문제의식은 경험적 시각으로 교육 혁신을 위해 내가 해온 일들을 살펴보는 것에서 출발했습니다.

저의 학교에 대한 비판적 시각과 새로운 것에 대한 갈망은 아주 일찍부터 시작되었습니다. 저는 이미 초등학교 때 제 최고의 지적 활동이 교실 밖에서 이루어진다는 것을 인지하고 있었습니다. 제가 사랑한 두 분의 선생님과 보다 의미 있는 활동에 함께 참여했던 몇몇 친구들 덕분에 학교에 대한 분노를 그나마 누그러뜨릴 수 있었습니다. 학교 활동 중 가장 중요한 일은 1930년대 버전의 데스크톱 퍼블리싱으로 신문을 제작하는 것이었습니다. 제 프린터는 광택이 나는 마스터 시트에서 흡수성 종이로 잉크를 옮길 수 있는 수제 젤라틴 블록이었습니다. 신문은 저의 정체성을 형성하는 매우 중요한 대상이었습니다. 어른들이 서로 "어떤 일을 하세요?"라고 물을 때마다, 저는 속으로 내가 "하는 일"은 "학교에 가는 것"보다 훨씬 더 고유하고 특별한 일이라고 답하곤 했습니다.

뿐만 아니라 저는 신문을 통해 고등학교 시절과 그 이후 삶을 결정지을 인지적, 사회적 성장을 경험했습니다. 신문을 읽으며 자아정체성을 형성하고 기초적인 화학 기술을 습득하기도 했죠. 제 인쇄 시스템은 처음에는 어린이 백과사전(Childeren's Encyclopedia)에 실린 아서 미(Arthur Mee)의 기사를 바탕으로 제작되어 초보적인 수준이었지만, 시간이 지나면서 많은 변형을 거쳐 상당한 수준으로 발전해갔습니다. 저는 작가로서의 감각을 키워갔고, 비록 규모는 작았지만 실질적인 재정과 경영도 책임져야 했습니다. 그리고 신문이 제 삶에 미친 가장 중요한 영향은 아마도 7살부터 20대 중반까지 살았던 요하네스버그의 격

앙된 정치적 분위기를 이해하고 관심을 갖게 하였다는 점일 것입니다.

저의 이 개인적인 이야기 속에는 모두에게 적용되는 일반적인 원칙이 숨어 있습니다. 여러 전기를 읽고 친구들을 인터뷰하면서 저는 모든 성공한 학습자들이 어릴 때부터 자신의 삶을 충분히 책임지는 방법을 배움으로써 지적 정체성을 확립해갔다는 것을 확신하게 되었습니다. 이에 대한 흥미로운 예가 바로 장 피아제(Jean Piaget)입니다. 발달 단계별로 가능한 아동의 인지적 사고 범위를 정리한 권위자 피아제는 역설적이게도 열한 살에 그의 첫 번째 과학 논문을 발표했습니다. 피아제의 신봉자들은 이를 그의 천재성을 보여주는 상징적인 사건으로 여깁니다. 사실 스위스 산에서 희귀한 새를 목격했다는 내용의 이 짧은 논문에선 열한 살 평범한 아이의 수준을 뛰어넘는 놀라운 논리는 전혀 발견할 수 없습니다. 그러나 저는 이 논문이 피아제의 뛰어난 지적 자질의 결과인 동시에 원인이라고 생각하며, 물론 (피아제가 설명한 변증법적 의미에서도) 이는 참된 명제입니다.

피아제의 글은 단순한 지적 자질의 결과가 아닙니다. 그는 이것을 다분히 의도적인 행위였다고 설명합니다. 그는 스위스의 작은 마을에 있는 한 대학 도서관에 출입하고 싶어, 사서의 허락을 받기 위해 해당 기사를 작성하고 발표했습니다. 이 이야기에서 인상적인 부분은 열한 살 소년이 새에 대한 보고서를 쓸 수 있다는 것이 아니라, 이 열한 살 소년이 스스로에 대해 사서를 상대하기 위한 전략을 구상하고 실행할 수 있는 존재로 인식했다는 것입니다. 저는 그 안에서 어린 장(Jean)이 피아제(Piaget)가 되기 위해 준비하는 모습을 봅니다. 그는 스스로 자신의 발전을 책임지는 연습을 해온 것이며, 이는 선구적인 사상가가 되고자 하는 사람들뿐만 아니라 긴 생애 동안 끊임없이 자신의 역할을 재정의해야 하는 모든 시민에게 필요한 부분입니다.

어른 피아제를 만드는 아이 피아제의 모습과는 완전히 대조적으로, 학교는 아이들을 유아화하는 경향이 있습니다. 학교에서 아이들은 시키는 대로 행동해야 하고, 타인이 지시하는 일에 몰두해야 하며, 교육과정 설계자가 바람직한 자아상을 형성할 것이라고 판단하여 설정한 의미 없는 과제들을 수행해야 하는 위치에 처해있습니다. 이런 상황이 불쾌한 이유는 어렸을 때 그런 상황에 놓이는 것을 끔찍이 싫어했던 개인적인 경험과도 관련 있지만, 어린 피아제가 그랬던 것처럼 학습자가 주도권을 가질 때 최고의 학습이 이루어진다는 확신 때문입니다. 따라서 저는 개인 책임의 문화가 배움의 장으로서 학교의 목적과 공존할 수 있는 전략을 수립하는 데 온 관심을 집중하고 있습니다.

하지만 개인 책임 문화에 대해 학습 내용은 실생활과 '관련' 있어야 한다는 아이디어와 혼동해서는 안 됩니다. 이 아이디어에 따르면 학생들은 덧셈을 배우는 대신 마트 쇼핑 놀이를 해야 합니다. 그러나 아이들은 쉽게 속지 않습니다. 아이들은 게임이 허술하다고 느끼면 바로 흥미를 잃습니다. 저는 댈러스의 램라이터 학교(Lamplighter School)에서 4학년 어린이들이 실제로 운영한 달걀 사업을 살펴보았습니다. 아이들은 사료를 사고, 닭장을 청소하고, 달걀을 모아 판매하고, 연말에 수익이 남으면 가져갔습니다. 만약 적자가 나면 그 이유를 다음 운영 학급에 설명해야 했습니다. 하지만 이마저도 학생들이 진정한 주도권을 가질 기회는 거의 없었고, 그들이 정말 중요한 일을 하고 있다는 느낌을 받진 못했습니다.

우리는 최적화된 컴퓨터 기반 과학 학습법을 개발한 로버트 팅커(Robert Tinker)가 내셔널 지오그래픽 소사이어티(National Geographic

Society)와 협력하여 개발한 '키드넷(Kidnet)' 프로젝트에서 학생들이 할 수 있는 '중요한 일'의 의미를 엿볼 수 있습니다. 이 프로젝트는 중학생들이 산성비에 관한 데이터를 수집하는 프로젝트입니다. 각 학교는 전자 네트워크를 통해 데이터를 중앙 컴퓨터로 전송하고, 중앙 컴퓨터는 이를 통합하여 지역 현장으로 다시 전송함으로써 이 문제를 세계적 관점에서 분석하고 토론할 수 있도록 합니다. 이 프로젝트는 전 세계 수백만 명의 어린이들이 사회적으로 시급한 문제에 대한 과학적 연구에 실질적으로 참여할 수 있다는 비전을 제시합니다. 이론적으로 백만 명의 어린이는 현존하는 전문 과학자 집단보다 더 많은 환경 관련 데이터를 수집할 수 있습니다.

학생들은 자신이 정말 중요하고 사회적으로 의미 있는 활동에 참여하고 있다고 느끼기 때문에, 학교에서 학습지를 풀고 실험을 관찰할 때보다 더 많은 것을 배웁니다. 하지만 이 활동의 가장 큰 장점은 학생들이 기존의 틀에서 벗어나 자기 주도적으로 활동에 참여하는 기회를 제공한다는 점입니다. 이후 많은 학생들이 프로젝트에서 습득한 전문 지식을 활용해 지역 환경 캠페인에 참여했습니다. 특히 어린이들이 직접 데이터를 수집할 필요가 없도록 작업을 자동화하는 계획을 세운 한 학생의 발표는 매우 인상적이었습니다. 그는 자동화 작업을 통해 학생들이 보다 중요한 환경 활동에 전념할 수 있다고 설명했습니다. 학교에서 제공한 장비로는 이 계획을 완벽히 실행할 수 없었지만, 이미 그는 계획 실현에 매우 근접한 상태였습니다: 몇 년 안에 이러한 프로젝트는 이 학생의 계획을 널리 구현할 수 있을 만큼 유연한 하드웨어와 소프트웨어를 사용할 것입니다.

컴퓨터를 활용하여 아이들이 '중요한 일'을 경험한 또 다른 예로,

과학과 춤, 음악에 관심이 있는 5학년 남학생 두 명이 교실 뒤편에 설치된 컴퓨터를 프로그래밍하여 '스크린 안무'를 만든 사례를 살펴보겠습니다. 그들이 진행한 일은 사회적으로 유의미하지 않더라도 그들에겐 매우 중요한 것이었고, 선생님도 정규 수업 시간에 시간을 내어 프로젝트를 진행하도록 격려해 주었습니다. 이 학생들을 보면서 저는 어렸을 때 만들었던 신문이 떠올랐습니다. 그들은 자발적으로 또래에 비해 이례적으로 많은 양의 수학과 컴퓨터 프로그래밍을 학습하며, 독립적인 지적 주체로 성장하고 있었습니다.

저와 피아제의 사례, 그리고 앞서 살펴본 어린이들의 사례는 '과학적' 사고방식이 선호하는 방법론에 대한 대안을 제시합니다. 연구자들은 실험을 통제하는 소위 과학적 방법에 따라 아이들을 일종의 '처방'에 노출시킨 다음 측정 가능한 결과를 찾습니다. 그러나 이것은 인간 발달에 대한 모든 상식에 정면으로 위배됩니다. 신문이 저의 지적 발달에 지대한 영향을 미친 것은 분명하지만, 신문 제작의 일을 시작하기 전날과 3개월 후의 '성과'를 비교하여 그 영향의 정도를 측정할 수 있는 테스트는 아마 없을 것입니다. 훨씬 더 오랜 시간이 흘러 몇 년 후에나 측정 가능한 수준의 유의미한 효과가 나타나겠죠. 게다가 100명의 아이들에게 '신문을 만드는 경험'을 제공하는 실험을 몇 년 동안 계속하더라도 저에게 일어난 일이 모두에게 일어나리란 법은 없습니다. 이러한 몰입적 경험은 보편적으로 적용되기엔 너무나도 개인적인 성격을 지닙니다: 저는 수학과 다른 지식 영역에서 그랬듯, 사랑에 빠지는 것만큼이나 개인적이고 독특한 이유로 신문 제작에 빠져들었습니다.

다른 모든 조건을 동일하게 유지하며 과제를 수행하고 그 결과를 측정하여 평가하는 실험 통제 기법은 작은 변화의 효과를 평가하는 데는 적절한 방법일 수 있습니다. 그러나 이 방법으로 근본적인 변화를 가져올 아이디어를 평가할 순 없습니다. 아이디어를 단순히 구현해보는 것만으론 그것이 어떤 변화를 불러왔는지 측정하기 어렵기 때문입니다: 구조적 교실혁명(Megachange)은 사회적 진보와 긴밀하게 발맞추어 일어나는 느리고 유기적인 변화입니다. 교실혁명(Megachange)은 실험과 측정의 결과가 아닌 참여자들의 직관적인 이해가 뒷받침될 때 일어납니다.

그동안 심리학과 교육학이 부정해온 개념들이 교실혁명(Megachange)의 과정에서는 가장 강력한 자원이 됩니다. 우리 모두는 학습에 대한 직관적이고 상식적인 통찰력을 지니고 있습니다. 이러한 통찰은 측정 결과가 없는 학습 경험을 평가할 때 발휘됩니다. 훌륭한 교사들은 일상적인 학생 평가에 시험 점수나 기타 객관적인 측정치보다 이런 종류의 통찰적 지식을 훨씬 더 많이 활용합니다. 아마도 교육 연구에서 가장 중요한 문제는 그러한 지식을 어떻게 활용하고 강화할 것인가 하는 문제일 것입니다.

이를 강화하기 위한 첫걸음은 대상을 제대로 인식하는 것입니다. 개인의 직관적 지식에 대한 부정은 학습에 대한 이분법적 사고를 초래했으며, 이러한 이분법은 근본적으로 다른 방식으로 생각하는 두 개의 뇌가 있다는 이론으로 연결됩니다. 비유하자면, 우리에게는 학습에 대해 생각할 때 학교가 학습을 제공하는 가장 자연스러운 공간이라고 생각하는 뇌와 그렇지 않다는 것을 잘 알고 있는 뇌가 있다고 말할 수 있습니다.

개인적인 측면을 강화하고 학교의 속박에서 벗어나기 위한 두 번째 전략은 성공적인 학습 사례, 특히 자신의 최고의 학습 경험에 대해 성찰하는 방법론을 개발하는 것입니다. 진정한 교실혁명(Megachange)의 사례로 꼽히는 항공 역사의 두 사건에서 이 전략의 의미를 찾아볼 수 있습니다.

하늘을 나는 기계를 꿈꾸었던 사람들은 제가 성공적인 학습 사례를 바라보는 관점으로 새를 바라보았습니다. 하지만 단순히 관찰하고 모방하는 것은 충분하지 않았습니다. 그전까지 사람들은 새 비행의 본질이 날개의 움직임에 있다고 생각했습니다. 위대한 레오나르도조차도 새처럼 생긴 기계가 날개를 퍼덕이며 날아다니는 '오르니톱터(ornithopter)'에 대한 비전에 빠져 있었습니다. 그러나 이건 하늘을 나는 방법이 아니었습니다. 결국 새를 관찰하는 것에서 그 비밀이 발견되었습니다. 그 비밀을 발견한 사람은 17세기 주교이자 과학자이며 왕립학회의 창립자인 존 윌킨스(John Wilkins)입니다. 윌킨스가 새가 날개를 퍼덕이지 않고도 날 수 있다는 사실을 최초로 관찰한 사람은 아니었을 것입니다. 하지만 그는 이 평범한 관찰의 중요성을 가장 먼저 깨달은 사람 중 한 명이었습니다. 그는 옳았습니다. 몸의 움직임 없이 날아오르는 갈매기의 비행은 결국 자연 비행체의 이해와 인공 비행체 제작의 기초가 되는 개념인 양력의 원리를 공식화하는 데 중요한 모델이 되었습니다. 우리는 이러한 강력한 아이디어의 프리즘을 통해 성공적인 학습을 관찰하는 방법을 배울 수 있습니다.

두 번째 사건은 첫 번째 사건의 간접적인 결과로 일어났습니다. 1903년, 동력 비행기가 처음으로 비행에 성공한 해는 교통의 역사에 전환점이 되었습니다. 하지만 윌버와 오빌 라이트(Wilbur and Orville Wright)가 만든 이 유명한 비행기는 안정적인 성능을 보여주진 못했습니다. 그날 여러 번의 비행 중 가장 긴 비행 시간은 59초에 불과했습니다. 말이 끄는 마차를 대체할 실질적인 대안이 되기엔 역부족인 결과였습니다. 하지만 상상력이 풍부한 사람들은 이 사건을 통해 점보 제트기와 우주 왕복선으로 이어지는 우주항공산업의 탄생을 그려볼 수 있었습니다. 교육의 미래에 대해 생각하는 것도 이와 같은 상상력이 필요합니다. 현재 교실의 성취도를 기준으로 컴퓨터의 학습 효과를 측정하는 문자 그대로의 접근 방식이 지속된다면 내일은 언제나 어제와 다르지 않을 것입니다. 실제로 교육 현장의 상황은 비행기의 효과를 59초 비행으로 판단하는 것보다 더 심각한 경우가 많습니다. 구식 마차에 제트 엔진을 부착하여 말에 도움이 될지 여부를 확인하는 것과 비슷합니다. 이러한 시도는 동물들을 놀라게 하고 마차를 산산조각 내어 제트 기술이 실제 운송 기술 향상에 해롭다는 것을 "증명"할 것입니다.

제 파일에는 "컴퓨터가 학습에 미치는 영향"을 측정한 실험이 실린 많은 과학 논문들이 있습니다. 이는 마치 "비행이 교통에 미치는 영향"을 알아보기 위해 라이트 비행기의 비행 특성을 평가하는 것과 같습니다. 비행기의 중요성은 디자인 뒤에 숨어 있는 '양력'과 같은 원리에 대한 이해를 바탕으로 열심히 상상력을 발휘해야만 그 가치를 인정받을 수 있습니다. 성공적인 학습에 적용되는 원리를 찾기 위해서는 컴퓨터 못지않게 우리 자신을 들여다봐야 합니다: 저는 저의 지적 활동이 활발할 때 '책임감', '지적 정체성', '(신문 이야기에 등장했던) 탐구적 사랑' 같은 원리가 활발히 작동하는 것을 관찰할 수 있었습니다. 자 이제, 다른 이야기로 넘어가보겠습니다.

저는 자라면서 공부가 취미가 되었습니다. 물론 모든 취미에는 학습이 포함되지만, 대부분의 사람들은 학습 방법보다는 학습 내용에 더 관심이 많습니다. 사실 대부분의 사람들은 배움에 대해 생각하지 않고 배웁니다. 하지만 저는 그 반대인 경우가 많습니다. 저는 저글링, 요리, 비행기 조종을 배웠는데, 대상 자체에 대한 호기심도 있었지만 주로 배움의 과정에 대한 호기심이 더 컸습니다. 이 모든 취미를 그 자체로 사랑하게 되었지만, 취미 생활의 즐거움 중 하나는 항상 제가 배우는 모습을 관찰하고 그 방법에 대한 이론을 만들어내는 것이었습니다. 이 과정의 좋은 예가 바로 크루아상 만드는 법을 배운 것입니다.

수없이 많은 실패 끝에 크루아상 만들기에 성공했을 때, 저는 기분이 좋은 것도 잠시, 바로 무슨 일이 벌어진 건지 고민하기 시작했습니다. 어제까지 안 되던 것이 오늘은 성공하다니, 도대체 무엇이 달라진 걸까요? 혁신의 순간을 재구성하기 위해 저는 전날의 '무능력'했던 상태를 되짚어보았습니다. 처음에는 재료의 비율, 반죽의 발효와 휴지, 반죽, 작업대, 오븐의 온도 등 외부적인 요인을 확인했습니다. 하지만 이러한 변수로는 이전의 들쑥날쑥했던 결과가 설명되지는 않는 것 같았습니다.

결국 그 결정적인 순간을 발견했을 때 저는 크루아상을 만드는 것 이상의 것을 배웠습니다. 성공 전과 후의 차이는 페이스트리 반죽과 대리석 밀대를 통해 버터의 '덩어리감'을 느끼는 데 있었습니다. 처음에는 해답에 대한 어떠한 단서도 찾을 수 없었습니다. 여러 번의 시도 후, 이만하면 충분하다고 판단하고 포기하기로 마음먹었을 때가 되어서야 비로소 돌파구가 열렸습니다. 제 작업대 위에는 반죽에 싸인 마지막 버터 한 조각이 놓여 있었습니다. 이걸 어떻게 해야 할지 고민하다가 별생각 없이 장난치듯 밀대로 밀어보는데, 갑자기 덩어리의 구조가 뚜렷하게 느껴졌습니다. 한 번 그것을 느낀 후에는 크루아상을 만드는 방법을 "손"이 기억하여 이제는 몇 년에 한 번씩 만들어도 항상 두 번째 시도에서 요령이 돌아옵니다. 학교 시험에서야 두 번째 성공이 실패로 여겨지지만, 현실에서는 언제나 성공 요령의 감각을 찾기 위해 제멋대로 해보는 첫 번째 시도가 필요합니다.

교육자들에게 이 경험에 대해 이야기할 때, 저는 항상 그들이 짜증을 내며 불평해주길 바랍니다: "이것이 문법이나 수학, 업무용 글쓰기와 무슨 상관이 있습니까? 당연히 요리에서는 물질과 몸의 관계를 느끼는 법을 배워야 합니다. 하지만 수학은 몸과 숫자의 관계를 느끼는 학문이 아닙니다." 제가 이런 반응을 좋아하는 이유는 우리 문화 속에 숨어 있는 무언가를 드러내고 직면할 수 있게 해주기 때문입니다.

몇 년 전만 해도 저는 이렇게 반문했을 것입니다: "당신은 수학자가 아니기 때문에 수학이 몸과 아무 관련이 없다고 생각하지만, 만약 수학자라면 수학이 직감과 온갖 운동 감각으로 가득 차 있다는 것을 알 것입니다."라고요. 요즘은 반대로 "당신이 수학자가 아닌 이유는 수학이 추상적이라는 이유로 몸과 관련이 없다고 생각하거나, 손가락으로 숫자를 더하다가 선생님께 혼났기 때문일 수 있어요."라고 말하게 되었습니다. 이 이야기는 형이상학적 궤변이 아닙니다. 저는 이 이야기를 통해 학생들이 컴퓨터를 매개로 수학과 몸을 다시 연결시킬 수 있는 아이디어를 떠올리게 되었습니다.

그 아이디어의 일환으로 저는 '거북이(turtle)'를 이용한 그리기 도구를 개발하게 되었습니다. 간단하게 사용법을 살펴보겠습니다. 지금 여러분이 컴퓨터 화면을 보고 있다고 상상해 보세요. 그 화면에는 작은 거북이가 있는데, 이 거북이는 '터틀 토크'라는 언어로 명령을 입력하면 움직이면서 줄을 긋습니다. "Forward 50"이라고 명령하면 거북이는 일정 거리만큼 직진합니다. "Forward 100"은 거북이를 같은 방향으로 두 배 멀리 움직이게 합니다. 숫자는 거북이가 움직이는 거리를 나타내며, 거북이의 걸음 수로 생각하면 됩니다. 이제 다른 방향으로 이동하려면 "Right 90"과 같은 명령을 내리면 됩니다. 거북이는 같은 위치에 머물러 있지만 그전에 북쪽을 향하고 있었다면 이제는 동쪽을 향하게 됩니다. 이 기능들만 알면 쉽게 사각형을 그릴 수 있습니다. 너무 쉽다면 원을 그려보고, 그것도 쉽다면 나선형에 도전해보세요. 그러다 미션이 너무 어렵게 느껴진다면, 그때는 이 조언을 따라보세요: 바로 거북이의 입장이 되어 보는 것입니다. 자신이 정사각형, 원, 나선형 모양으로 움직이고 있다고 상상해 보세요. 제가 크루아상을 만들 때 그랬던 것처럼 너무 열심히 하느라 긴장하고 있어서 처음엔 몰입이 어려울 수도 있습니다. 하지만 자신을 내려놓으면 교과서보다 더 풍부한 수학적 지식의 원천이 내 몸 안에 있다는 것을 알게 될 것입니다.

프랑스어를 배운 것은 제 인생에서 가장 유익한 학습 경험 중 하나였습니다. 수학 박사 과정을 수료하기 위해 파리에 살았기 때문에 프랑스어를 배우는 것이 저의 주요 목적은 아니었지만, 저의 연구적 목적과 흥미로운 학습 실험에 대한 욕구가 모두 충족되는 경험이었죠. 저는 기꺼이 저의 "교수님"이 되어준 여덟 살짜리 소년을 만나게 되었습니다. 그 아이는 저와 같은 수준의 '프랑스어'를 공부하고 있을 만큼 어렸습니다. 그는 원어민이었지만 학교에서 철자와 문법을 배우며 새로운 어휘를 꾸준히 습득하고 있었습니다. 저는 제 학습 속도와 패턴을 그와 비교할 수 있었고, 그 과정에서 제가 그보다 프랑스어를 더 빨리 배우고 있다는 흥미로운 사실을 발견했습니다. 저는 이 결과와 성인들의 일반적인 언어 부진의 차이를 특별한 "언어적 재능" 때문이라고 생각할 수도 있었습니다. 하지만 이것은 재능의 문제가 아니었습니다. 저는 그 차이를 어린아이처럼 프랑스어를 배우면서도 어린아이가 알 수 없는 정교한 아이디어를 활용할 수 있었다는 사실로 설명했습니다. 한편으로는 장난스럽게 몰입할 수 있었고, 다른 한편으로는 언어학 지식을 사용할 수 있었죠. 게다가 프랑스어뿐만 아니라 학습 자체에 대한 실험(또는 놀이)을 통해 프랑스어 학습이 촉진되기도 했습니다. 크루아상 만들기의 예에서도 알 수 있듯이 자신의 학습 과정을 연구하는 것은 학습을 향상시키는 강력한 방법이 될 수 있습니다. 아이 같은 학습 방식과 어른 같은 학습 방식을 결합하는 것의 장점에 대한 인식에서 현재 제 아이디어의 중요한 뿌리를 찾을 수 있습니다.

파리에서 수학 연구로 박사 학위를 받았지만, 파리에서 발견한 것 중 제 인생에 가장 큰 영향을 준 것은 당시 소르본에서 강의를 하고 있던 장 피아제(Jean Piaget)였습니다. 저는 그를 알게 된 후 제네바에 있는 그의 센터에 초대받아 4년 동안 일하면서 아이들의 사고에 대해 아주 큰 관심을 갖게 되었습니다. 하지만 이 책의 핵심 아이디어가 처음 제 머릿속을 스쳤을 때는 매우 모호한 형태였습니다. 특히 저의 연구와 피아제 센터에서 함께 연구했던 아동의 인지 발달 과정 사이에는 연결고리가 전혀 없었습니다. 그 이유는 확실합니다: 우리가 모두 아이들의 사고에 대해 너무 진지하고 형식적으로 생각했기 때문입니다. 물론 우리는 아이들의 놀이를 진지하게 다루었으며, 그 유명한 '놀이는 아이들의 일'이라는 말을 만든 사람이 바로 피아제였습니다. 하지만 그곳의 누구도 이 격언의 나머지 절반, 즉 일(진지한 지적 작업)이 놀이일 수 있다는 생각은 하지 못했습니다. 우리는 어린이를 "작은 과학자"로 여겼지만 과학자를 "큰 아이"로 보는 상보적인 생각에는 도달하지 못했습니다.

제네바에서 4년을 보낸 후 저는 MIT의 수학과 교수가 되었습니다. 여러 이유 때문에 이직은 매력적으로 다가왔습니다. 컴퓨터를 사용할 수 있고, 마빈 민스키(Marvin Minsky), 워렌 맥컬록(Warren McCulloch)과 함께 일할 수 있었으며, 잠깐의 방문에도 즐거운 분위기를 느낄 수 있었습니다. 마침내 MIT에 도착한 날, 민스키가 가져온 PDP-1 컴퓨터를 둘러싸고 밤새도록 모두가 한데 모였습니다. 그것은 순수한 놀이였습니다. 우리는 컴퓨터로 할 수 있는 것들을 탐색했고, 흥미로운 것은 무엇이든 가치 있는 것이 되었습니다. 아직 무엇이 다른 것보다 더 중요하다고 판단할 만큼 충분히 아는 사람은 아무도 없었습니다. 우리는 세상을 처음 발견하는 어린아이와 같았습니다.

그 상황에서 저는 아이들에 대해 생각하게 되었습니다. 저는 어린아이처럼 놀면서 창의력이 폭발하는 경험을 하고 있었습니다. 컴퓨터가 아이들에게 같은 경험을 줄 수 있을까요? 아이들도 저처럼 놀 수 있을까요? 이것을 가능하게 하려면 어떻게 해야 할까요?

이 질문을 해결하기 위해 저는 실험실 주인에게서 기술을 훔쳐서 세상의 아이들에게 나눠주려는 로빈 후드가 된 듯 새로운 퀘스트를 시작했습니다. 이 탐구의 첫 번째 단계는 기술자들의 힘의 원천이 신비주의의 장막에 둘러싸인 프로그래밍이라는 것을 인지하는 것이었습니다. 이는 마치 중세 시대의 사제들이 읽고 쓰는 능력을 독점하고,

일반인들이 이해할 수 없는 언어로 가장 강력한 지식이라고 여겼던 것들을 기록함으로써 사람들로부터 권력을 유지했던 것과 매우 유사합니다. 저는 일반인, 특히 어린이들이 사용할 수 있게 컴퓨터 언어를 '저속화(vulgarized)'할 필요가 있다고 생각했습니다.

이것은 참으로 길고 어려운 작업이었습니다. 컴퓨터 언어는 자연어와 마찬가지로 한순간에 '만들어지는' 것이 아니라 진화를 거쳐 형성됩니다. 당시 우리가 만든 로고(Logo) 언어의 초기 버전은 기나긴 진화의 출발점이 되어 지금까지도 발전을 거듭하고 있습니다.

저는 이 책에서 저의 창작물을 통해 제 아이디어들을 구체화시키고 발전시켜 나갈 것입니다. 저는 제가 만들고 발명해온 것들에 깊은 애정을 느낍니다. 어떤 발명품에는 장기적인 미래가 있을 수도 있다고 생각합니다. 하지만 여기서 저의 목적은 독자들에게 무엇이 옳은지 알리는 것이 아니라 상상력을 자극하고 촉진하는 것임을 다시 한번 강조합니다. 이 책에서 저의 발명품은 시간 여행자나 가상의 19세기 엔지니어의 사례와 같은 목적을 지닙니다. 더 많은 아이디어를 불러일으키고, 앞으로 만들어질 훨씬 더 흥미로운 발명품을 위해 우리의 마음을 준비시키는 것입니다. 저의 목적은 교육 문제에 대한 해결책으로 특정 발명품을 옹호하는 것이 아니라, 각 사례를 통해 교육적 발명을 위한 새로운 기회의 방대한 지평을 탐색하는 것입니다. 저의 목표는 학교를 다니는 학생들, 또는 특정 형태의 학습이 옳고 당연하다고 생각하는 사람들의 상상력을 자극하여 대안을 발명하도록 하는 것입니다. 피아제는 이해한다는 것은 발명하는 것이라고 말했습니다. 이는 아동을 대상으로 한 말이지만, 그 원리는 우리 모두에게 적용됩니다.

03

• • •

학교: 변화, 그리고 변화에 대한 저항

저는 마인드스톰(Mindstorms)에서 교육과 교실혁명(Megachange)의 이미지를 처음으로 구상했습니다. 『마인드스톰: 어린이, 컴퓨터, 그리고 강력한 아이디어(Mindstorms: Children, Computers, and Powerful ideas)』는 개인용 컴퓨터가 아직 신기하기만 했던 1970년대 후반에 쓰였습니다. IBM과 일본 기업들은 아직 이 분야에 진출하기 전이었고, 최초의 애플(Apple)이 열성적인 컴퓨터 애호가들의 주목을 끄는 시절이었습니다.

마인드스톰(Mindstorms) 책의 부제에서 학교에 대한 언급 없이 어린이만 언급한 것은 저의 경험과 지식의 한계를 반영하고 있습니다. 당시 어린이들은 이미 컴퓨터를 사용하고 있었습니다. 원시적 형태의 최초의 비디오 게임이 등장했고, 크고 비싼 기계들로 아직 존재하지 않았던 개인용 컴퓨터를 시뮬레이션하는 실험을 할 수 있었습니다. 실험에 사용된 단말기가 백만 달러짜리 기계와 연결되어 있다는 사실을 알고도 기계로 할 수 있는 일에 대한 아이들의 관심은 수그러들지 않았습니다. 그러나 컴퓨터가 일상적인 물건이 되는 세상에서 학교가 할 수 있는 일에 대한 실험은 시도할 수 없었습니다. 학교에서는 비용의 문제가 너무 중요한 나머지 어떤 '시뮬레이션'으로도 실제 예산을 할당하고 조직에서 해당 변화를 수용할 방안을 도출해내지 못했습니다. 따라서 학교에서 컴퓨터가 어떻게 아이들과 아이디어를 매개할 수 있는지에 대한 저의 논의에 현장감이 부족한 것은 놀라운 일이 아닙니다. 이러한 실패는 저에게만 일어난 일이 아니며, 기술과 학교의 관계에 대한 대중의 논의를 지속적으로 왜곡하는 시야 방해(tunnel vision)가 계속되고 있습니다. 이 장에서 저는 보다 넓은 시각을 제시하고자 합니다.

마인드스톰(Mindstorms)은 교육용 컴퓨팅 개발의 전환기에 쓰였습니다. 당시에는 이전 장에서 언급한 교실 사건과 같은 일이 일어날 수 있는 교실이 기껏해야 몇 군데에 불과했고, 제가 알기론 이 분야의 활동 역시 컴퓨터가 모든 사람을 위한 도구가 될 수 있다는 아이디어에 중요한 기여를 한 앨런 케이(Alan Kay)가 진행한 두 개의 공식 연구 프로젝트와 저의 관련 프로젝트가 유일했습니다. 하지만 이 책이 출간된 지 2년이 지나자 비슷한 행사를 진행하는 교실이 수백 개로 늘어났고, 다시 2년이 지난 지금은 수만 개에 달합니다. 이러한 학교 컴퓨터 문화의 성장은 여전히 교실혁명(Megachange)과는 거리가 멀지만, 이전 10년간의 빈약한 실험과는 비교할 수 없을 정도로 풍성한 데이터를 축적하여 교육 변화에 대한 의미 있는 통찰을 제공하고 있습니다. 10년 동안 미국 학교는 300만 대의 컴퓨터를 구입했고, 수만 명의 교사가 컴퓨터를 배우기 위해 수업에 등록했으며, 새로운 거대 산업체가 교육 시장에 진출했고, '교육용 소프트웨어'라고 주장하는 2만 개의 품목이 판매되었습니다.

이 극적인 변화는 언론의 뜨거운 관심을 받게 되었습니다. 컴퓨터의 수적 증가를 차치하고도, 어린아이가 컴퓨터를 사용하는 것 자체가 사람들에게 새롭고 흥미진진한 주제인 동시에 불안감을 심어주었습니다. 여기에 눈동자에 모니터 빛이 반사된 아이들의 사진까지 보도되며, 한동안 학교의 컴퓨터 도입은 그 의미에 대한 합리적인 논의보다 언론의 선동적인 보도만 불러일으켰습니다. 그렇다면 지금의 변화가 진정으로 의미하는 것은 무엇일까요? 어떤 합리적인 질문을 통해 무슨 일이 일어나고 있고 앞으로 어떻게 될지 이해할 수 있을까요? 월스트리트 저널(Wall Street Journal)의 한 헤드라인은 변화의 실체에 관심이 있는 합리적인 사람들의 의구심을 반영했습니다. 학교는 많은 컴퓨터를 구입하지만 교실에서의 혜택은 적다고 말이죠. 현재의 회의적인 분위기도 이해가 됩니다. 학교의 위기를 경고하는 목소리는 점점 커지고 있었습니다. 심지어 낙관적 시각의 레이건 정부조차 "위험에 처한 국가(A Nation at Risk)"라는 보고서에서 이 문제를 심각하게 다루고 있습니다. 이런 문제들이 제기된 것은 놀라운 일이 아닙니다: 우리가 그토록 많이 들어왔던 컴퓨터는 다 어디에 있을까요? 그 컴퓨터들은 어떻게 활용되고 있을까요? 당시엔 상황 개선은커녕 악화를 막는 것조차 불가능해 보였습니다.

저는 월스트리트 저널(Wall Street Journal)이 제기한 의혹에 대해 표면적인 것과 심층적인 것, 총 두 가지 답변을 제시했습니다. 표면적인 답변은 당시 100만 대에서 200만 대 사이였던 학교의 컴퓨터 수를 설명하는 데 '많다'라는 단어를 사용한 것에 관한 것입니다. 정말 그 숫자가 많은가요? 뒷마당에 산더미처럼 쌓여 있는 컴퓨터를 생각하면 그렇습니다. 하지만 모든 교실의 학생 수로 나눈다면 이 숫자는 턱없이 부족합니다. 저는 컴퓨터를 사용하면서 저의 지적 생활이 두 번 이상 크게 바뀌는 것을 경험했습니다. 지적으로 깊은 변화 외에도 비행기, 자동차, 잔디밭, 화장실에서도 컴퓨터를 사용하기 때문에 글쓰기 습관이 바뀌었고, 많은 동료와 친구들과 전자 메일로 연락하면서 커뮤니케이션 습관도 바뀌었습니다. 불과 이틀 전에는 경제 경쟁에 대한 소프트 시뮬레이션을 프로그래밍하면서 러시아의 경제 개혁에 대한 생각을 명확히 정리했습니다. 이런 일이 가능한 이유는 항상 제 손이 닿는 곳에 컴퓨터가 있기 때문입니다.

컴퓨터가 실제로 가져온 변화의 수준은 분명 제가 경험한 것보다는 덜하지만, 학교에서 경험할 수 있는 것보다는 훨씬 높습니다. 컴퓨터 백만 대를 5천만 명의 학생에게 나누어 주면 학생들은 한 명당 컴퓨터의 50분의 1을 갖게 되는 셈입니다. 저는 컴퓨터가 저에게 가져다준 엄청난 혜택이 컴퓨터의 50분의 1에서 발생했을 것이라고 생각하지 않습니다. 게다가 일부 학교들이 학교 평균 컴퓨터 수의 서너 배를 보유하고 있는 현실을 반영하지 않는 이런 식의 단순 계산이 기사의 논리를 뒷받침하고 있어서 기자들이 정말 이 주제에 대해 자세히 알아보고 기사를 쓴 것인지 의문이 듭니다. 학생 50명당 필기구가 한 개밖에 제공되지 않는 어느 나라의 학교에서 필기가 학습에 큰 도움이 되지 않는다고 결론을 내리면 그들이 어떤 반응을 보일지 궁금합니다.

컴퓨터가 부족하여 의미 있는 변화가 불가능하다는 주장은 학급 전체가 두 대의 컴퓨터를 즐겁게 공유하고 있는 여러 앞선 사례들과 대치되는 것처럼 보일 수 있습니다. 물론 특정 조건에서는 컴퓨터가 있든 없든 지적 성장이 촉발될 수 있습니다. 그러나 진정한 변화를 위해서는 교실 뒤편에 있는 컴퓨터 두 대를 통해 가능한 것보다 훨씬 더 긴 시간 사회적으로 컴퓨터를 경험할 수 있는 접근성이 필요합니다. 6장에서는 수학의 의미에 대해 '아하(aha)'를 경험한 데비를 만나게 되는데, 그녀는 100대가 넘는 컴퓨터를 보유한 학교에 다니고 있었습니다. 또한 컴퓨터를 통해 처음으로 학교에서 즐겁고 성공적인 학습을 맛본 레이먼드의 경우처럼 이러한 변화의 효과는 다시 원상복귀될 수도 있습니다. '학습 장애'로 분류되었던 이 학생은 선생님과 부모님, 심지어 자신도 놀랄 만한 수준의 작품을 만들어 냈습니다. 그러나 더 나은 무언가를 맛본 이 학생은 일반 교실 생활에 대한 혐오감이 심화되어 결국 컴퓨터 경험 이전보다 더 강하게 학교를 거부하게 되었습니다.

효과가 미미한 또 다른 이유는 컴퓨터의 숫자보다 더 심층적인 문제와 관련이 있습니다. 1980년대 초에는 학교에 마이크로컴퓨터가 거의 없었지만, 선구적인 교사들이 '진보적' 정신으로 마이크로컴퓨터를 사용하면서 획일화된 교육과정과 비인격적인 암기식 학습이라는 학교의 관행에서 벗어나고자 했습니다. 그러나 이후 흐름이 급격하게 바뀌었습니다. 컴퓨터 분야의 주도권과 권한이 점차 교사에게서 시 또는 주 정부 차원의 교육행정기관으로 옮겨갔습니다. 학교에 컴퓨터가 거의 없던 시절, 교육행정부서는 가장 열의를 보이는 교사들의 교실에 컴퓨터를 맡기는 것으로 만족했으며, 이들은 대개 컴퓨터를 변화의 도구로 여기는 교사들이었습니다. 그러나 컴퓨터의 수가 늘어나고 컴퓨터가 지위의 상징처럼 여겨지자 행정부가 개입하기 시작했습니다. 관리자의 입장에서는 컴퓨터 전문 교사의 통제하에 컴퓨터를 한 공간에 모아 '컴퓨터실'이라고 헷갈릴 수 있게(misleadingly) 이름을 붙이는 것이 더 합리적이라고 생각했습니다. 이제 모든 아이들이 일주일에 한 시간씩 컴퓨터를 공부할 수 있게 되었습니다. 냉혹한 논리에 따라 다음 단계는 컴퓨터에 대한 교육과정을 도입하는 것이었습니다. 이렇게 컴퓨터의 위력적인 기능이 조금씩 사라져갔습니다: 컴퓨터는 이제 과목의 경계를 허물고 도전하는 대신 새로운 과목으로 정의되었고, 비인격적인 교육과정에서 학생들의 생기 있고 신나는 탐구로 강조점을 바꾸는 대신 학교의 방식을 강화하는 데 사용되었습니다. 파괴적인 변화의 도구로 시작했던 컴퓨터는 시스템에 의해 무력화되고 통합의 도구로 전환되었습니다.

이 분석은 컴퓨터가 왜 학교가 직면한 문제에 거의 영향을 미치지 못했느냐는 질문에 대해 연구자들이 가장 일반적으로 내놓는 대답과 정면으로 모순됩니다. 그들은 "학교가 컴퓨터 사용법을 모르기 때문"이라고 주장하면서, 컴퓨터 사용법에 대한 더 많은 연구, 특히 사용하기 쉬운 소프트웨어를 개발하고 컴퓨터에 대한 지식 보급 채널을 구축하여 이를 해결해야 한다고 제안합니다. 이런 주장은 근본적으로 잘못된 생각입니다. 물론 연구를 통해 컴퓨터 사용의 다양성과 효율성은 높아지겠지만, 그렇다고 해서 학교에서의 컴퓨터 사용의 본질이 바뀌는 것은 아닙니다. 교실의 급진적·파괴적 도구에서 컴퓨터실의 무딘 보수적 도구로의 변화는 지식 부족이나 소프트웨어 부족에서 비롯된 것이 아닙니다. 저는 학교 시스템이 이물질로부터 자신을 방어하는 면역 반응을 작동했기 때문이라고 설명합니다. 학교 면역 반응의 최종 목표는 침입자를 소화하고 동화시키는 것이었습니다. 진보적인 교사들은 자신의 목적을 위해 컴퓨터를 변화의 도구로 사용하는 방법을 잘 알고 있었고, 학교는 이러한 급격하게 변화하는 모습의 싹을 어떻게 제거할지 잘 알고 있었습니다. 비록 그들이 너무 순진하여 자신들이 배우로 출연한 드라마의 사회학을 이해하지 못했을진 몰라도, 이 드라마에 등장하는 그 누구도 컴퓨터에 대해 무지한 사람은 없었습니다.

학교에서의 컴퓨터 역할에 대한 이러한 관점은 월스트리트 저널 (Wall Street Journal) 기사와는 매우 다른 방식으로 학교에서 컴퓨터 경험을 통해 배울 수 있는 것에 대한 새로운 접근을 제시합니다. 질문은 "성공했느냐, 아니었느냐?"에서 "표면 아래에서 실제로 어떤 일이 일어났으며, 이 경험을 통해 미래 전략을 배울 수 있는가?"로 바뀌었습니다. 저는 이 질문들에 대한 답을 찾으면서 마인드스톰(Mindstorms)에서 발전시킨 관점과 교육용 컴퓨팅 분야에 존재하는 관례들에 대한 급격한 사고의 전환을 경험하게 되었습니다.

이러한 변화는 마치 수동적인 중재자처럼 사고를 유도하는 것을 피하고 대신 학생의 발달 패턴에 맞춰 협응하는 발달적 교수법의 등장과 유사합니다. 학생이 예상한 방향으로 발전하지 못하면 교사는 학생을 실패자로 여기기보다는 무슨 일이 일어났는지 이해하려고 노력합니다. 그 속을 살펴보면 단순히 잘못된 것처럼 보이는 것에서도 내적 일관성을 발견할 수 있고, 발전을 가로막는 정신적 장애물과 이를 해결하기 위해 동원할 수 있는 역동적 요소들을 발견할 수도 있습니다. 아동에 대한 마인드스톰(Mindstorms)의 생각은 매우 철저하게 발달적 관점이었지만, 저는 이제 학교에 대한 저의 생각이 기본적인 발달적 관념에 위배된다는 사실을 깨닫고 부끄러움을 느낍니다. 저는 학교가 하는 일의 대부분을 "잘못된 것"으로 규정하고 "옳은 것"에 대해 설교했습니다. 이러한 방식은 아이들을 지도하는 데 효과적이지 않으며 교육 혁신을 이끄는 데도 효과적이지 않을 것입니다. 학교는 연구자들이 컴퓨터 사용법을 알려준다고 해서 컴퓨터를 '제대로' 사용하지 않을 것입니다. 그러나 학교가 일관성 있는 발달 과정을 성공적으로 거친다면 결국엔 컴퓨터를 필수적으로 사용하게 될 것입니다. 발달 과정을 잘 이해하는 훌륭한 교사처럼 연구자들도 학교의 변화를 발달로 이해하고, 변화하는 학생들을 이해하는 데 성공적인 아이디어를 공유하며 학교를 지원할 때 교실혁명(Megachange)에 가장 잘 기여할 수 있습니다.

피아제는 많은 위대한 아이디어가 그렇듯이 일단 이해하면 터무니없이 당연해 보이는 아이디어를 통해 어린이에 대한 이해를 크게 높였습니다. 그는 모든 정신 작용에는 동화(assimilation)(자신의 사고방식에 맞게 세계에 대한 표상을 바꾸는 것)와 적응(accommodation)(자신의 사고방식을 세계에 맞게 조정하는 것)이라는 두 가지 측면이 있다고 말했습니다. 컴퓨터에 대한 학교의 첫 번째 반응은 당연히 동화였습니다. 학교는 새로운 기기의 영향을 받아 스스로 변화하지 않고 기존의 사고와 행동 방식이라는 렌즈를 통해 컴퓨터를 바라보았습니다. 동화의 기회가 모두 소진되었을 때만 적응이 이루어지는 것이 보수적 시스템의 특징입니다. 우리는 그 사이에 시스템이 초기 적응을 차단하면서 벌어진 흥미로운 비하인드 스토리를 살펴보려 합니다.

교육계에서는 완전히 동화된 컴퓨터 기술이라는 의미로 CAI(Computer Aided Instruction)라는 약어를 사용합니다. CAI는 주로 교사가 칠판, 교과서 또는 워크시트를 통해 전통적으로 제공하던 연습 문제를 컴퓨터가 관리하도록 프로그래밍하는 것을 뜻합니다. 이는 전통적인 학교의 기능에 도전하는 것은 아니기 때문에 비평가들은 컴퓨터 비용이 정당한 수준인지에 대해 파고듭니다. 가장 강경한 회의론자들은 컴퓨터를 "천 달러짜리 플래시 카드"로 묘사하고, 컴퓨터가 하는 일을 "반복 학습" 또는 "기계적 암기"(drill and kill) 장치라고 표현합니다.

이에 대해 옹호자들은 컴퓨터로 학생에게 2달러의 35%를 계산하는 문제를 냈을 때 어떤 장점이 있는지를 나열하며 반박합니다. 가장 자주 거론되는 장점으로는 즉각적인 피드백(실수했을 때 틀렸다는 것뿐만 아니라 그 이유를 즉시 알려줌으로써 더 많은 것을 배울 수 있음), 개별화된 교육(학생의 능력 수준에 맞게 문제를 제시할 수 있음), 중립성(컴퓨터는 인종, 성별 또는 개인사와 관련하여 교사나 학생의 편견에 영향을 받지 않음) 등을 들 수 있습니다. 통계 연구에 따르면 CAI를 도입하면 하위권 학생들의 시험 점수가 상승하는 것으로 나타났습니다. 그러나 이는 기존 학교의 교육 목표와 구조 속에서도 가능한 일일 것입니다.

초기 적응의 첫 번째 징후는 항상 그렇듯 또 다른 동화를 통해 나타났습니다. 수많은 진보적인 교사들이 컴퓨터를 그들의 교육관(그리고 학교 교육을 벗어나는 것)에 동화시킬 수 있었고, 이것은 제가 진보적 교육 기술(Progressive Educational Technology, PET) 운동이라고 부르는 운동을 일으켰습니다.

CAI는 PET보다 더 오래된 개념으로, 그 기원은 컴퓨터의 개념만큼이나 오래전으로 거슬러 올라갑니다. 제가 처음 컴퓨터 분야에 뛰어들었을 때 이미 컴퓨터가 존재하고 있었고, 실제로 교육 분야에서 컴퓨터에 대한 논의를 독점하고 있었습니다. 첫 공식 PET 아이디어는 지난 장에서 언급한 로고(Logo)와 거북이의 개발 과정에서 서서히 형성되었습니다. 1970년대 초에는 창의적인 컴퓨터 과학자이자 음악가로, 개인용 컴퓨터(personal computer)라는 단어를 최초로 사용한 앨런 케이(Alan Kay)의 주도하에 기존의 개발 흐름에 새로운 흐름이 추가되었습니다. 1970년대 말, 이러한 아이디어는 최초의 마이크로컴퓨터를 접한 진보적인 교사들의 인식 속에 서서히 스며들기 시작했습니다.

1980년, 세 가지 사건이 함께 일어나면서 교사들 사이에서 컴퓨터를 진보적인 교육에 활용할 수 있다는 인식이 크게 확산되었습니다. 마인드스톰(Mindstorms)은 컴퓨터를 쉽게 접근할 수 있는 형태로 제시했고, 저가 개인용 컴퓨터는 로고(Logo)의 최신 버전을 지원할 수 있는 성능 수준에 도달했으며, 로고(Logo) 소프트웨어는 상용화되었습니다. 그 결과 수천 개의 교실에서 PET를 구현하는 풀뿌리 운동이 일어났습니다. 이 운동이 지니는 특성과 이 운동이 학교 철학과 빚어온 갈등의 깊이는 말로 설명하기 어렵습니다. 대신 몇 가지 일화를 통해 그들이 겪어온 갈등의 이야기를 현장감 있게 전달하고자 합니다.

지금도 1981년 뉴욕시 공립학교 5학년 교실이 눈에 선합니다. 그곳엔 마치 두 개의 세계가 공존하는 것 같았습니다: 한쪽에서는 델마라는 교사가 칠판 앞에서 '수업'을 하고 있었고, 다른 한쪽에서는 한 무리의 학생들이 두 대의 컴퓨터로 작업을 하고 있었습니다. 컴퓨터 그룹은 문제가 발생하자 "선생님께 도움을 요청"했습니다. 그러자 델마는 "빌이 도와줄 거야."라고 답하며 빌이 자신의 말을 듣는 척도 하지 않는 학생 무리에 합류했다는 사실을 전혀 신경 쓰지 않고 수업을 계속했습니다.

교실 앞과 뒤는 컴퓨터 기술과 칠판 기술의 차이보다 훨씬 더 큰 차이로 분리되어 있었습니다. 그 차이는 아이들이 하는 일과 아이들 간의 관계에 있었습니다. 앞에서는 다른 사람이 제시한 의제를 따라

가고 있었고, 뒤에서는 자신의 의제를 따르고 있었습니다. 그중에서도 제가 가장 뚜렷하게 기억하는 아이들은 브라이언과 헨리입니다.

　교실에 들어섰을 때 다른 방문객들과 마찬가지로 저 역시 두 학생의 프로그램이 만들어낸 컴퓨터 화면의 화려한 시각 효과에 사로잡혔습니다. 복잡하게 얽힌 경로를 따라 움직이는 색색의 도형들은 그 즉시 안무적 재능(choreo-graphic talent)과 운동감, 극적 요소들을 연상시켰습니다. 저는 디스플레이를 더 자세히 살펴본 후에야 움직임의 기하학과 역학을 제어하는 데 사용된 수학적 정교함을 알아차릴 수 있었습니다. 이 소년들은 지시에 따라 2달러의 35%를 계산하는 것과는 근본적으로 다른 수학적 활동을 하고 있었습니다. 그들의 활동에는 매우 정교한 수학적 사고와 계산이 포함되었지만 이것은 주어진 과제가 아니라 개인적인 동기가 부여된 프로젝트를 수행하는 과정에서 나온 계산이었습니다. 사실 제가 비율 문제를 예로 든 이유는 브라이언과 헨리가 풀어야 했던 다양한 종류의 계산 문제 중 하나와 매우 유사한 문제를 선택하여 CAI를 명확하게 설명하기 위해서였습니다: 예를 들어, 한 경로의 길이가 다른 경로의 35%라면 두 물체가 동시에 같은 장소에 도착하기 위해선 어떤 속도로 움직여야 할까요?

　이 문제는 기하학적 형태를 취하는 데다 학생들이 해결 방법을 찾기 위해 선생님이나 동료 학생들에게 물어보고 책을 찾아보며, 다른 상황을 통해 유추하고 방법을 개발하면서 온갖 시행착오를 거쳐야 하기 때문에 일반적인 학교 과제보다 훨씬 어렵습니다. 하지만 아이들은 이 점을 전혀 신경 쓰지 않는 것 같습니다: 학교 수학이 브라이언 가족에게 불편하고 헨리 가족에게 지루한 이유는 수학이 "어렵기" 때문이 아니라 "내가 누구인지, 내가 정말 하고 싶은 것이 무엇인지와 상관없이 오늘은 5학년의 15번째 월요일이기 때문에 이 계산을 해야 하고, 시키는 일을 정해진 방식대로 해야 하는" 교육과정에 따른 무의미한 의식이기 때문입니다. 여기에서 핵심은 '자율 학교(free school)'를 옹호하는 사람들이 제안한 것처럼 교사가 학생들이 원하는 것은 무엇이든 하도록 내버려 두지 않았다는 것입니다. 오히려 그 반대였죠: 그녀는 그들에게 매우 높은 기준을 적용하며 헌신과 질서를 요구했습니다. 하지만 브라이언과 헨리가 5학년 교과 수준보다 더 깊고 유익하며 한층 더 어려운 것에 도전하고 싶어 했을 땐, 무한한 격려와 지지를 보내주었습니다.

이 소년들의 관계 변화는 지적 환경으로서의 학교에 대해 많은 것을 시사합니다. 이 두 소년은 4년 동안 같은 반 친구였지만 컴퓨터 작업으로 가까워지기 전까지는 대화를 나눠본 적이 별로 없었습니다. 그들은 이미 각자의 고유한 관심사가 확고했고, 학교는 그들을 같은 공간에 몰아넣었지만 이러한 관심사의 차이로 소통은 거의 일어나지 않았습니다. 즉, 학교는 가장 흥미로운 지적 활동을 보이는 학생들 간의 교류라는 귀중한 자원을 낭비한 셈입니다.

헨리는 항상 수학에 관심이 많고 공상 과학 소설에 푹 빠져 있었으며, 브라이언은 항상 음악과 춤에 관심이 많았습니다. 브라이언은 언제나 감각적이고 신체적인 활동들을 좋아했습니다. 반면 헨리는 늘 움직임이 어색하고 몸을 잘 쓰지 못했습니다. 그는 옷과 색깔에 거의 신경을 쓰지 않았습니다. 이로 인해 중요한 경험들의 결핍이 있었지만, 컴퓨터가 등장하기 전까지는 이를 결핍으로 느끼지 않았고, 그것이 학업과 관련된 결함도 아니었습니다. 그가 가장 좋아하고 잘하는 분야인 과학과 수학은 감각적 즐거움이나 신체 활동과는 아무런 관계가 없는 것처럼 보였습니다. 실제로 이러한 인식은 헨리가 이러한 활동에 무관심하게 반응하는 데 영향을 미친 것과 마찬가지로 이러한 활동에 대한 애착에도 분명한 영향을 미쳤습니다.

따라서 선생님이 교실에 컴퓨터를 가져왔을 때 두 학생은 매우 다른 반응을 보였습니다. 헨리는 곧바로 자신이 "컴퓨터를 가장 잘하는" 학생이 될 거라고 확신했습니다. 브라이언에게선 가벼운 호기심과 불안감이 느껴졌습니다.

헨리는 컴퓨터를 최대한 활용하기 위해선 반에서 가장 친하지 않은 댄서 브라이언과의 협력 관계가 필요함을 깨닫게 되었습니다. 브라이언은 수학이 흥미로운 자기 표현의 매개체이자 진정한 우정의 토대가 될 수 있다는 사실을 처음으로 깨달았습니다.

이 이야기에는 컴퓨터가 교실에 도입된 배경에 대한 정보가 필요합니다. 델마는 국립과학재단(National Science Foundation)이 후원하는 컴퓨터 활용에 관한 여름 워크숍에 참석했었습니다. 그녀는 자신을 "기술 전문가"라고 생각해 본 적도 없었고 그곳에서 무엇을 할 것인지에 대해서도 전혀 감이 오지 않았기 때문에 떨리는 마음으로 워크숍에 등록했습니다. 컴퓨터는 그때 당시 이미 대세였습니다. 그녀의 주변에도 마이크로컴퓨터 혁명에 대해 이야기하는 친구들이 있었고, 이 새로운 기계가 이전에는 대기업과 정부 기관이 독점했던 정보에 일반 시민들도 접근할 수 있는 권한을 줄 것이라는 이야기를 들었습니다. 또한 새로운 교육 방식이 등장할 것이라는 글도 읽었습니다. 무엇보다 그녀는 아이들이 좋아할 만한 것이면 햄스터와 식물, 포스터뿐만 아니라 쓰레기조차도 교실로 가져오는 사람이었기 때문에 컴퓨터에도 큰 관심을 느끼게 되었습니다.

델마가 처음으로 접한 컴퓨터 프로그래밍은 로고(Logo)로 컴퓨터 화면에 선형 패턴을 그리도록 지시하는 것이었습니다. 그녀는 컴퓨터에 자신이 원하는 것을 그리도록 명령할 수 있다는 사실이 놀라웠고, 단순한 사각형을 그리는 것만으로도 가장 현대적이고 강력한 기술을 '습득'한 것처럼 기뻐했습니다. 며칠 후, 더 복잡한 패턴을 만들고 화면에서 자유롭게 물체를 움직일 수 있게 되었을 땐, 컴퓨터 그래픽과 스타워즈(Star Wars)의 특수 효과를 구현하는 사람이 된 것 같은 기분마저 들었습니다.

델마는 이러한 프로그래밍 기술을 교실에 도입함으로써 브라이언과 헨리의 협업에 영감을 불어넣었습니다. 그녀의 학급에서는 컴퓨터를 자유자재로 다룰 수 있게 된 아이들은 누구나 애니메이션을 만들었습니다.

어떤 아이들은 이야기를 전달하기 위해 사실적인 애니메이션을 만들었습니다. 당연하게도 헨리는 애니메이션의 서사보다는 복잡한 모양과 동작 패턴에 시각적 흥미를 느끼며 규칙적인 형태에 빠져들었습니다. 헨리는 프로그래밍의 기술적 측면을 빠르게 이해했습니다. 그는 학급의 다른 누구보다 빠르게 화면에 그림을 그리고 움직이는 방법을 정확히 알아냈습니다. 그는 자신이 붙인 이름에서 연상되는 효과를 구현할 만큼 시각적 상상력이 풍부했습니다: "불꽃놀이", "스타워즈", "빅뱅"과 같은 이름에서 연상되는 효과를 만들었습니다. 수학에 대한 그의 재능은 화면의 물체가 거의 눈치채기 어려울 정도로 천천히 움직이다가 점차 가속하도록 프로그래밍하는 기술을 익히는 데서 빛을 발했습니다. 수학자가 '아이디어의 일반화'라고 부르는 보다 창의적인 작업에서는 동일한 기술을 활용하여 소리가 낮은 으르렁거

림에서 시작해서 초음파 범위의 비명 소리까지 높아지도록 만들었습니다. 학교의 관점에서 볼 때 그는 정말 잘하고 있었지만 무언가 부족한 것이 있었습니다.

헨리는 수학적 영리함이 돋보이는 자신의 작품에 만족했지만 전체적인 효과에는 실망했습니다. 그의 목표는 단순히 자신의 작품을 보여줬을 때 동료 학생들에게서 더 많은 감탄사를 듣는 것이 아니었습니다. 그는 자신의 작품에는 다른 학생이 "우아함"과 "놀라움"이라고 묘사한 어떤 특성, 즉 달성하는 방법과 이름 붙일 방법조차 알 수 없는 무언가가 부족하다고 느낀 것입니다. 아마도 그는 난생 처음으로 지적 한계에 부딪히는 고통을 느꼈을 것입니다. 그는 돌파구를 찾아야 한다는 생각뿐이었습니다.

헨리는 학교 복도에서 브라이언이 춤을 추는 모습을 보고 해결책을 떠올렸습니다. 브라이언에게 자신의 부족한 설계 감각을 채워줄 무언가가 있다는 것을 알아차린 헨리는 두 사람이 함께 최고의 스크린 안무를 만들 수 있겠다고 생각했습니다! 그 생각은 장기적인 협력으로 이어졌습니다. 두 소년은 함께 혼자서는 상상조차 할 수 없는 것들을 만들어냈고, 그 과정에서 수학 시험이 측정할 수 있는 것보다 훨씬 더 많은 것을 배웠습니다.

그들은 엄청난 양의 수학적 기술을 마스터했습니다. 화면에서 물체를 움직이려면 헨리의 기존 지식을 뛰어넘는 수학적 언어가 필요했습니다. 그들은 물체의 속도를 변수로 표현한 다음 공식을 만들어 속도를 변화시켰습니다. 방향을 도($°$) 단위의 각도로 생각하는 법도 배웠습니다. 이들은 딱딱한 수학 교과서를 통해서가 아니라 르네 데카르트가 처음 기하학을 접했을 때 경험했던 개인적이고 생생한 발견을 통해 기하학의 좌표 개념을 받아들이게 되었습니다. 하지만 이런 종류의 지식은 그들이 배운 것의 극히 일부에 불과합니다.

이들은 수학적 기술을 개발하는 것을 넘어 완전히 새로운 방식으로 수학을 경험하게 됩니다. 수학을 자신의 필요에 맞춰 사용하고, 중요하고 개인적인 프로젝트를 추진할 때 수학을 원동력으로 삼게 되었습니다. 이런 식으로 수학을 경험해 보지 않은 사람들은 수학이 얼마나 재미있고 강력한 것인지 전혀 이해하지 못할 것입니다. 지금까지 설명한 내용을 스키를 배우는 경험에 비유해보겠습니다. 처음에 스키 강사는 우리에게 체중 이동, 무릎 구부리기와 같은 일련의 낯선 동작을 따라 하라고 지시합니다. 우리는 지시에 따르면서도 마치 다른 사람이 된 듯 어설프게 행동합니다. 그러던 어느 날 전환의 경험이 찾아옵니다. 비탈길을 날아가는(또는 날아가는 것처럼 보이는) 경험을 하게 되는 것입니다. 자동으로 무릎이 구부러졌다 펴지고 무게중심이 이동합니다. 이러한 동작은 의식적으로 '해야 하는 것'이 아니라 유려하고 즐거운 움직임의 일부가 되어 자연스럽게 흘러갑니다.

브라이언과 헨리의 공동 작업 중에도 분명 그러한 선환의 순산이 있었을 것입니다. 이제 그들에게 수학은 강사의 명령에 따라 무릎을 구부리고 체중을 이동하는 것이 아니라 자유롭게 언덕을 내려가는 것과 비슷해졌습니다. 그렇다고 수학이 쉬워졌다는 의미는 아닙니다: 오히려 그들에겐 스키를 탈 때와 마찬가지로 새로운 기술을 익히고 새로운 도전을 처리해야 하는 끝없는 좌절과 어려움이 기다리고 있습니다. 더 심각한 문제를 접할수록 수학은 점점 어려워지지만, 무언가에 깊이 몰입하게 되면 사람들은 더 이상 '쉬운' 것을 찾지 않게 됩니다. 만약 그렇다면 평생 가장 쉬운 슬로프를 내려가면서 스키를 타겠지만 대부분의 사람들, 특히 젊은이들은 더 스릴 넘치는 코스로 나아가기 위해 끊임없이 도전합니다.

스키에 대한 비유는 브라이언과 헨리의 수학적 학습에서 지식 습득을 넘어선 경험적 측면을 부각시킵니다. 이 비유는 또한 그들의 학습이 가장 넓은 의미의 수학 학습을 넘어서고 있음을 암시합니다. 스키와 관련하여 유창하다는 단어를 사용한 것은 이 단어가 더 자주 쓰이는 활동인 언어나 음악 공연과의 관계성을 보여줍니다. 저는 이 개념을 일반화하여 헨리와 브라이언이 새로운 방식으로 수학을 유창하게 사용하는 법을 배우고 있었음을 설명하고자 합니다. 그들은 유창함이 어떤 느낌인지까지 습득하고 있었습니다. 저는 유창함이 그 가치를 충분히 인정받지 못하는 영역의 역량이라는 점을 강조하고 싶습니다.

브라이언은 특정 분야에 대한 유창함으로 협업에 임했습니다. 그의 유창한 춤과 신체 움직임은 헨리의 관심을 끌었고 협업의 기초를 제공했습니다. 하지만 그에겐 춤보다 유창한 영역과 그렇지 않은 영역도 있었습니다. 브라이언은 이야기를 유창하게 하는 사람이었습니다. 그의 이야기는 언제나 사람들을 집중시켰죠. 그의 이야기에는 헨리의 프로그램에는 없는 '우아함'과 '놀라움'이라는 특성이 정확히 들어 있었습니다. 하지만 그가 연필을 들고 글을 쓸 때는 전혀 다른 일이 일어났습니다. 글에는 이러한 특성이 전혀 없었습니다. 그저 종이에 힘겹게 문장을 연이어 써 내려갔을 뿐이었습니다. 구두로 유창하게 말하는 것과 서툴게 쓰는 것의 대조는 매우 흔한 일이며 문맹의 주요 원인입니다: 언어를 유창하게 사용하는 것이 어떤 것인지 구술 능력으로 알고 있는 사람들은 글을 써야 할 때 자신의 서투름에 반발하여 결국 글쓰기를 거부하는 경우가 많습니다.

브라이언과 같은 사람들에게 애니메이션 제작은 말하기, 신체 움직임, 글쓰기와 본질적인 특성을 공유하는 영역으로 유창성을 확장할 수 있는 기회를 제공합니다. 화면을 제대로 만드는 데 시간이 걸릴 순 있지만, 일단 화면을 완성하면 그 흥분을 온몸으로 직접 느낄 수 있습니다. 반면에 프로그램은 가만히 앉아 검토하고 편집해야 하는 텍스트입니다. 이런 점에서 프로그래밍은 글쓰기와 비슷하며 사실상 글쓰기에 속한다고 할 수 있습니다.

이것은 컴퓨터가 전통적으로 문자 이전과 문자 이후, 구체와 추상, 육체와 비육체를 구분하는 장벽을 무너뜨리는 첫 번째 방법입니다. 컴퓨터는 이러한 장벽을 가로지르면서 많은 사람들이 어린 시절에 몸으로 체득한 구체적 구술 지식에서 과거에는 문자와 추상적이고 꾸며진 형태의 지식으로만 접근할 수 있었던 능력으로의 전환을 막는 장애물들을 제거합니다. 이는 브라이언에게 가장 직접적으로 적용됩니다. 헨리의 가장 명백한 문제는 이와 정반대라고 볼 수 있습니다. 그는 쉽게, 그러나 너무 확실하게 반대편으로 이동했고 쉽게 돌아올 수 없게 되었습니다.

추상적인 것을 중시하는 우리 문화는 헨리가 움직임에 대한 사고를 경험하며 얻은 이점들을 무시합니다. 우아함과 즐거움을 만들어내는 감각은 과학 보고서를 쓰고 이야기를 창작하거나 단순히 농담을 할 때조차 도움이 됩니다. 어느 정도 시간이 지나면 그가 몸을 움직이는 방식과 사회생활에도 영향을 미치게 될 것입니다. 또, 그가 더 다양한 지식에 눈을 뜨는 미묘하고 심오한 기회가 될 것입니다.

두 소년은 문화적 장벽을 넘어 소통하는 것이 어떤 것인지 체험했습니다. 그들은 몇 주에 걸쳐 복잡한 프로젝트를 공동으로 관리해보고, 기초적인 수준이긴 하지만 컴퓨터 프로그래밍도 배워보았습니다.

브라이언과 헨리의 이야기는 로고(Logo)를 접하는 모든 학생들이 비슷한 경험을 하게 될 것을 뜻하지는 않습니다. 이들에게는 '로고(Logo)' 외에도 많은 요인들이 동시다발적으로 작용했습니다. 이것은 교사가 교실에서 생산적이고 협력적인 컴퓨터 문화를 조성하는 데 성공했음을 의미합니다. 그 당시에도 상황은 이상적이지 않았습니다. 많은 아이들이 충분히 컴퓨터를 경험하진 못했지만, 그렇다고 아무것도 얻지 못하는 것은 아니었습니다. 이 이야기는 학교의 평균적인 현실을 보여주는 사례가 아니라 새로운 학습 방식을 상징적으로 보여주는 사례입니다. 다음 이야기에서도 우리는 학교의 "면역 반응"을 관찰할 수 있습니다.

리차드는 보스턴의 헤니건 초등학교(Hennigan Elementary School)에서 4학년과 5학년 때 집중적으로 로고(Logo)를 경험했습니다. 그는 헤드라이트(Headlight)라는 실험적 프로젝트에서 브라이언과 헨리만큼이나 열정적으로 로고(Logo)를 사용했고, 그 결과 로고(Logo) 프로그래밍의 기술적 측면과 다른 작업에 로고(Logo)를 활용하는 응용적 측면 모두에서 상당한 역량을 갖추게 되었습니다. 리차드가 헤니건을 졸업한 지 몇 달 후, 그와 함께 일했던 연구팀원들은 그의 진척 상황을 살펴보기 위해 새 학교를 방문했습니다. 새 학교는 헤니건보다 컴퓨터 사용이 훨씬 제한적이었지만, 컴퓨터 활용 시간의 상당 부분을 로고(Logo)에 할애하고 있었기 때문에 리차드가 숙달된 로고(Logo) 실력으로 어떤 작업을 하고 있을지 궁금해졌습니다. 그런데 놀랍게도 리차드는 새 학교에서 로고(Logo) 작업을 허락받지 못하고 있었습니다. 그들은 선생님께 물었습니다. "저희는 선생님께서 로고(Logo)를 좋아하시는 줄 알았어요." "네, 좋아하고 학생들에게도 최대한 많이 참여하게 하고 있습니다." 선생님이 대답했습니다. "하지만 리차드는 이미 로고(Logo)를 알고 있어서 다른 것을 배우게 했어요."

이 이야기는 학교에서의 학습과 다른 학습의 가장 큰 차이점을 보여줍니다. 일반적으로 우리는 지식을 사용하기 위해 습득합니다. 하지만 학교에서 배운 지식은 미래를 위해 은행에 저축된 돈처럼 취급된다는 프레이리의 설명에 고개가 끄덕여집니다. 리처드가 새로 옮긴 학교의 컴퓨터 교사의 태도에도 이러한 사고방식이 담겨 있었습니다. 로고(Logo)는 사용하는 것이 아니라 배우는 것이며, 학생들은 알기 위해 배우고, 알게 된 지식은 (이자를 내지 않는) 기억 은행에 넣어둔 채 교육과정의 다음 주제로 넘어갑니다. 컴퓨터 지식의 경우, 학생들이 성장하여 컴퓨터 기술을 필요로 하는 직업을 구할 때 도움이 될 것이라는 주장에 의해 지식을 기억 은행에 저축한다는 접근 방식이 옹호되고 있습니다. 그런데, 이보다 더 우스꽝스러운 일은 없을 것입니다. '컴퓨터 기술'을 컴퓨터에 대한 기술적 지식이라는 좁은 의미로 해석한다면, 지금 아이들이 배울 수 있는 기술 중 은행에 저축할 만한 것은 아무것도 없습니다: 아이들이 자랄 때쯤이면 직장에서 필요한 컴퓨터 기술은 완전히 다른 성격의 것으로 진화해 있을 것입니다. 그러나 이 주장이 정말 우스운 이유는 언젠가 미래의 직장에서 사용하기 위해 컴퓨터 지식을 은행에 저축한다는 생각 자체가 가장 중요한 '컴퓨터 기술'인 컴퓨터를 사용하는 소양과 습관을 약화시킨다는 것입니다. 이것이 바로 컴퓨터를 컴퓨터실로 옮기면서 포기한 컴퓨터 교육의 모습인 것입니다.

컴퓨터를 학습 과정에 통합하거나 분리할 수 있는 또 다른 방법은 도구로서의 컴퓨터보다는 일련의 아이디어로서의 컴퓨팅과 관련이 있습니다. 이 문제는 "컴퓨터 리터러시(computer literacy)"라고 불리게 된 개념을 문해력을 의미하는 리터러시(literacy)라는 단어와 대조해 보면 매우 명확하게 드러납니다. 컴퓨터 리터러시(computer literacy)는 특히 학교라는 맥락에서 사용하는 컴퓨터에 대한 최소한의 실용적인 지식으로 정의되었습니다. 읽기, 쓰기, 문학에 대한 최소한의 지식을 가진 사람을 문해력을 지녔다고 설명하는 것과, 컴퓨터에 대한 최소한의 지식을 가진 사람에게 컴퓨터 문해력(computer literacy)을 갖췄다고 말하는 것은 같은 맥락일 것입니다. 게다가 이 차이는 단순히 학력의 차이가 아니라 지식의 종류에 따른 차이입니다. "X는 글을 매우 잘 읽는 사람"이라고 말할 때, 우리는 X가 파닉스를 해독하는 데 매우 능숙하다고 생각하지 않습니다. 최소한 X가 문학을 이해하고 있다는 뜻이며, 더 나아가서는 문학적 문화에서 통용되는 방식으로 세상을 이해하고 있다는 것을 의미합니다. 마찬가지로 컴퓨터 리터러시(computer literacy)라는 용어는 컴퓨터 문화에서 파생되는 지식의 종류를 지칭해야 합니다.

헤니건 초등학교(Hennigan Elementary School)의 교사 조앤 론킨이 꽃의 구조와 컴퓨터 프로그램의 구조에 대한 학습 내용을 결합하여 구성한 학습 단원을 살펴보며 이 점을 더 자세히 설명하겠습니다. 이 둘은 매우 간단한 방식으로 밀접하게 결합되어 있습니다. 학생은 꽃을 그리는 컴퓨터 프로그램을 만들어야 하는데, 교사는 프로그래밍을 구조화하기 위해 꽃의 각 부분에 대한 '하위 절차'를 작성하여 작업을 세분화할 것을 제안합니다. 그런 다음 학생은 꽃의 구조와 일치하는 방식으로 이 작업을 수행할지 아니면 일치하지 않는 방식으로 수행할지 선택해야 하는 상황에 직면하게 됩니다. 제 프로그래밍 스타일은 비교적 비구조적인데, 꽃의 '디자인'은 구조화된 특성이 강해 꽃 프로그램에 대해서는 특히 구조적으로 접근하는 경향이 있습니다. 사실 이 두 가지 구조는 비슷한 특성을 지닙니다. 모듈화된 프로그램의 최대 장점은 디버깅(debugging)을 용이하게 한다는 것인데, 생물학적 시스템의 모듈 구조가 진화 과정에서 '디버깅(debugging)'을 용이하게 한다는 것은 그럴듯해 보입니다. 이것은 컴퓨터 개념을 통해 세상을 바라보는 것이 어떻게 컴퓨터와 직접적인 관련이 없는 친숙한 현상들에 대한 통찰을 제공하는지 보여주는 작지만 매우 중요한 예입니다.

컴퓨터실이 컴퓨터의 기능을 무력화한다고 해서 별도의 공간에 설치된 컴퓨터가 유용하게 활용될 수 없다는 뜻은 아닙니다. 오히려 우리는 컴퓨터실을 이전부터 존재해온 아이디어 공유의 장으로 활용해야 합니다.

미주리주의 한 중학교에서는 물리 교사, 체육 교사, 상업 교사 등 전혀 공통점이 없어 보이는 교사들이 힘을 모아 공동 교육 프로젝트를 개발했습니다. 세 교사는 로봇 공학에 관한 학생 워크숍을 개최하려고 했는데, 이 주제는 각 교사의 흥미를 끄는 측면이 있었습니다. 물리학 교사는 기본적인 이론적 문제에, 체육 교사는 신체 움직임에, 상업 교사는 기계 제작에 관심이 있었습니다.

이 프로젝트는 로봇 워크숍에서 구체적으로 배울 수 있는 것 이상의 중요한 의미를 가집니다. 이 세 명의 교사가 함께 무언가를 하고 있다는 사실 자체가 학생들에게 주는 메시지, 즉 '괴짜'와 '운동선수'가 생각보다 공통점이 많을 수 있다는 메시지를 담고 있기 때문입니다.

이 로봇 프로젝트는 컴퓨터의 존재로 인한 2차 효과 또는 시스템적 효과를 보여줍니다. 이 학교가 이번에 수천 달러를 들여 컴퓨터를 도입한 것은 학생들이 엄격히 분리된 세 부서의 교사들의 자발적 연합을 목격할 수 있도록 하기 위해서였습니다. 컴퓨터는 일반적으로 특정 교육 목표를 달성하기 위해 도입되며, 이러한 목표가 얼마나 잘 달성되었는지를 살펴봄으로써 1차적인 효과를 측정합니다. 그리고 그 정도는 학교마다 천차만별이겠지만, 컴퓨터가 이후에 학교에 지속적으로 미칠 잠재적 영향력은 구체적이진 않아도 매우 강력할 것입니다: 컴퓨터가 학교의 문화에 스며들면 처음에 예상했던 것보다 훨씬 더 다양한 방식으로 학습에 접목될 수 있습니다.

1장에서 언급한 아프리카 섬유 프로젝트는 거창한 계획이나 값비싼 프로젝트보다 컴퓨터실을 활용해 더 나은 효과를 이끌어낼 수 있다는 사실을 보여줍니다. 교사 올랜도 미히치는 방과 후 개인 시간에 컴퓨터 세션을 진행하여 몇몇 학생들이라도 진정한 학습을 경험하도록 자유롭게 컴퓨터를 사용할 수 있는 기회를 제공했습니다. 여러 훌륭한 컴퓨터 기반 학습 프로젝트들은 "컴퓨터 교사"라는 협소한 역할을 거부한 창의적인 교사들의 개별적인 주도하에 시작되었습니다.

컴퓨터를 다른 공간으로 격리시킨 것은 이물질에 대한 학교의 일종의 면역 반응으로 볼 수 있는데, 결정권자들이 의도했든 의도하지 않았든 그 과정의 논리는 새로운 존재를 학교의 방식에 끼워 맞추기 위한 것이었습니다. 교실 속 컴퓨터는 지식을 과목으로 구분하는 것을 약화시켰고, 그 자체로 하나의 주체가 되었습니다. 바꿔 말하면, 컴퓨터는 교육과정이라는 개념을 약화시키고, 그 자체로 교육과정의 주제가 된 것이죠. 물론 이러한 메커니즘은 컴퓨터에만 국한된 것은 아닙니다. 당시 학교는 위협적인 영향력을 과시하는 다른 흐름들도 시스템에 편입했습니다. 예를 들어, 피아제는 교육과정 없는 학습을 주장한 이론가였지만, 학교는 피아제식 교육과정 개발 프로젝트를 탄생시켰습니다.

이러한 면역 반응에서 우리는 "왜 교실혁명(Megachange)은 실현되지 않는가?"라는 질문의 답을 찾고, 교실혁명(Megachange)으로부터 학교를 방어하는 메커니즘을 구체적으로 살펴볼 수 있습니다. 그러한 메커니즘을 발견하면 학교의 변화를 더 효과적으로 촉진할 수 있는 방식에 대해 논의해볼 수 있을 것입니다. 여기서 우리는 브라이언과 헨리의 이야기를 통해 다시 한번 교사와 학교가 컴퓨터를 다루는 방식을 두고 일으킨 갈등을 확인할 수 있습니다. 이 갈등에 대한 통찰력을 키우는 것이 이 책의 중심 주제입니다. 학교의 방식이란 무엇인가요? 교사의 방식은 무엇인가요?

저는 이미 교실혁명(Megachange)을 겪은 의학 분야와 교육을 비교해 보았습니다. '교육에서 왜 교실혁명(Megachange)이 일어나지 않느냐'는 질문에 대한 한 가지 가능한 대답은 교실혁명(Megachange)이라는 개념 자체가 교육에 부적절하다고 주장하는 것입니다: 학교는 수술과 같은 교실혁명(Megachange)의 사례와는 본질적으로 다르다는 것입니다. 이 주장에 따르면 수술은 본질적으로 기술적인 행위이기 때문에 기술적으로 유발된 교실혁명(Megachange)에 취약합니다. 그러나 학습은 식사나 얼굴을 마주 보고 대화하는 것과 같이 자연스러운 행위입니다. 식습관에는 오랜 기간 자잘한 변화만 있었을 뿐, 큰 변화가 없었습니다. 먼 과거에서 온 시간 여행자들은 음식 재료가 낯설 순 있어도 우리가 무언가를 먹고 있다는 것을 인식하는 데 아무런 문제가 없을 것입니다. 음식을 전자레인지로 조리하든, 직화로 조리하든, 전혀 조리하지 않든 먹는 행위는 본질적으로 동일합니다. 먹는 행위에서 큰 차이가 있다면 그것은 기술적 차원이 아니라 사회적 차원에 있습니다.

엄마와 아기 사이 또는 서로를 알아가는 두 사람 사이에서 일어나는 학습은 그 자체로 자연스러운 행위라는 데 동의합니다. 하지만 학교 교육은 자연스러운 행위가 아닙니다. 오히려 그 반대입니다: 매일의 수업 계획, 정해진 교육과정, 표준화된 시험 및 기타 도구를 갖춘 학교라는 기관은 학습을 일련의 기술적 행위로, 교사를 기술자의 역할로 끊임없이 축소합니다. 교사가 이런 기술자의 역할에 저항하고 따뜻하고 자연스러운 인간 관계를 교실로 끌어오는 것은 매우 어려운 일입니다. 그러나 교실혁명(Megachange)의 가능성을 생각할 때 중요한 것은 이러한 상황이 교사를 양극단의 긴장 상태에 놓이게 한다는 점입니다: 학교가 교사에게 기술자로서의 역할을 요구하는 상황에서 교사는 학교의 교육 개념을 수용하는 동시에 저항합니다. 따라서 모든 교사들은 기술자와 진정한 교사 사이, 그 어딘가에 존재합니다.

교육 변화의 핵심 이슈는 기술적인 것과 기술적이지 않은 것 사이의 갈등이며, 여기서 교사는 중심점 역할을 합니다.

인쇄기의 발명 이후 기술 학습의 잠재력이 이토록 급증한 적이 없었습니다. 하지만 여기에는 다른 측면도 있습니다: 역설적이게도 같은 기술이 학습을 탈기술화할 수 있는 잠재력 역시 가지고 있다는 것입니다. 만약 이런 일이 일어나더라도, 저는 모든 학생들이 동일한 속도로 동일한 교육과정을 학습하도록 프로그래밍된 컴퓨터를 도입하는 것보다는 훨씬 더 의미 있는 변화로 간주할 것입니다. 그러나 지금 어떤 변화가 더 나은 것인지에 대해 논쟁할 필요는 없습니다. 당장 우리에게 필요한 것은 미래 교육의 가장 큰 이슈가 기술이 이론적 모델이자 현실이 되어버린 학교의 기술성을 강화할 것인지 아니면 약화시킬 것인지의 문제라는 점을 인식하는 것입니다. 저는 역설적이게도 기술이 의학 혁명만큼이나 파급력을 지닌 교실혁명(Megachange)을 유발할 수 있지만, 그 과정은 현대 의학의 것과는 정반대로 이루어질 것이라 주장합니다. 의학계는 그 성격이 점점 더 기술적으로 변해왔지만, 교육계에서는 학교에서 이루어지는 학습의 기술적 특성 및 차이를 없애기 위해 기술적 수단을 사용하는 쪽으로 변화하게 될 것입니다.

04

∙ ∙ ∙

교사

∙

* 이 장의 아이디어는 캐롤 스페리(Carol Sperry)와의 대화를 통해 구체화되
  었습니다.

    많은 사람들이 그렇듯 저도 학교 변화의 가장 큰 걸림돌이 교사
라고 믿었던 때가 있었습니다. 일부 교사들이 보수적일 수 있다는 사
실보다 우리 문화에 깊이 뿌리 내리고 있는 여러 교육 불신의 표현들
을 사용하면서 사람들 사이에 형성된 무의식적인 신념이 교육의 변화
를 더 크게 방해하고 있습니다. 제 경우에는 중학교 때 조지 버나드
쇼(George Bernard Shaw)의 냉소적인 격언에 깊은 인상을 받았던 기억
이 납니다: "할 수 있는 사람은 하고, 할 수 없는 사람은 가르친다."
아무것도 '할 수 없는' 사람은 거대한 변화를 함께 이끌어갈 건설적인
파트너가 될 수 없습니다.

    문화적으로 공유되는 교사에 대한 부정적인 태도는 주로 개인적
인 경험에 의해 형성됩니다. 반항적인 어린 시절 저는 교사를 적
(enemy)으로 여겼습니다. 그리고 시간이 지나면서 이러한 감정에 이

론적 입장이 더해지자 학교의 강요와 교사를 동일시하게 되고 교사를 더욱 악마화하는(demonizing) 비논리적인 결과를 낳았습니다. 저는 학교의 강압적인 방식이 싫었는데, 그 방식을 실천해야 하는 사람들이 교사였습니다. 학생들을 성적으로 평가하는 것을 반대했는데, 성적을 매기는 사람도 교사였습니다. 그러나 교사에 대해 다른 사람들보다 더욱 호의적인 시각을 갖게 된 것도 결국엔 저의 어릴 적 경험 때문이었습니다.

일반적으로 학교에 대한 기억이 좋지 않은 대부분의 사람들과 마찬가지로 저도 특정 선생님에 대한 좋은 기억이 있습니다. 예를 들어 윌리스 선생님에 대한 기억은 아직도 생생합니다. "데이지"(선생님 앞에서는 쓰지 않았지만 우리끼리 그를 불렀던 별명)는 공식적으로 라틴어와 그리스어를 가르쳤지만 키케로나 헤로도토스보다 루이스 캐롤(Lewis Caroll)에 대해 더 많은 것을 가르쳐 주셨습니다. 그는 또한 제게 열한 번째 계명을 남겼습니다. "매일 아침 식사 전에 세 가지 이론을 발명하고 저녁 식사 전에 폐기해라."라고요. 저는 그를 사랑했고, 지금까지도 그의 유쾌한 인식론적 입장이 제 사고방식에 큰 영향을 주었다고 생각합니다. 하지만 그 당시와 최근까지도 저는 데이지를 예외적인 경우로 분류했고, 저의 반교사 편견은 인종차별주의자들의 편견처럼 굳건히 남아있었습니다: 그 결과 선생님들에 대해 더 좋게 생각하는 것이 아니라 "데이지 선생님은 교사를 떠나서 그냥 좋은 사람이야."라고 말하게 되었습니다. 하지만 곧 마인드스톰(Mindstorms)을 쓰고 로고(Logo)를 개발하면서 여러 좋은 교사들을 만나게 되었고, 선생님을 나쁜 역할로 위장시키는 것은 학교라는 결론을 내리게 되었습니다.

로고(Logo)는 수천 명의 초등학교 교사들에게 컴퓨터를 활용하여 각자의 수업 스타일을 확장할 수 있는 첫 번째 기회를 제공했습니다. 이 작업은 이들에게 쉽지 않은 일이었습니다. 열악한 환경으로 인해 많은 좌절을 경험해야 했죠: 최소한의 컴퓨터 시스템으로 작업해야 했고 교실을 공유해야 하는 경우가 많았으며, 컴퓨터 지식을 개발할 기회는 제한적이었고 학교의 면역 반응은 종종 그들이 성취한 성공을 빼앗아갔습니다. 게다가 그 당시의 로고(Logo)는 언어가 성장한 10년 후의 관점에서 돌이켜 봤을 때 매우 원시적인 형태였습니다. 최신 버전의 로고(Logo)는 훨씬 더 사용자 친화적이고 직관적이며 유연합니다. 비록 선구적인 교사들 중 소수만이 로고(Logo)를 사용하여 만족스러운 교실 환경을 구축하는 데 성공했지만, 그들의 모든 시도를 관찰하며 교사라는 직업에 잠재된 변화의 힘을 확인할 수 있었습니다. 이후 제 생각은 완전히 바뀌었습니다. 책은 독자가 저자의 생각을 이해하게 해주는 통로라고 하죠. 그러나 마인드스톰(Mindstorms)은 저에게 그 반대의 역할을 해주었습니다.

저는 교사들을 염두에 두고 책을 쓰지 않아서 기껏해야 교사들 중 소수의 선구자들만 이 책을 읽을 것이라고 생각했습니다. 그래서 교사 독자 수가 여섯 자리로 늘어났을 때 매우 기쁘면서도 당황스러웠습니다. 그들은 제 책에서 무엇을 발견했을까요? 제 책에 대해 저도 이해할 수 없는 부분이 있다는 것이 괴로웠습니다.

다행히도 저는 이 책을 통해 제 질문의 답을 찾을 기회들을 얻게 되었습니다. 이 책은 교사의 세계로 들어가는 여권과도 같았죠. 저는 교사들로부터 그들의 열망과 희망, 계획과 아쉬움을 담은 수백 통의 편지를 받았습니다. 연설과 세미나를 하고, 학교를 방문하고, 프로젝트에 참여하라는 초대장이 쏟아졌습니다. 이 모든 반응을 통해 저는 교사들이 컴퓨터 실험을 통해 이루고자 하는 바를 이해할 수 있었습니다. 그렇게 하면서 '교사'와 '학교'를 동일시하던 저의 인식은 서서히 훨씬 더 복잡한 관계에 대한 인식으로 바뀌었습니다. 이러한 변화는 힘의 균형이 제가 생각했던 것보다 변화에 더 유리하다는 깨달음과 동시에 변화를 선호하는 흐름과 저항하는 흐름의 상호작용을 이해해야 한다는 새로운 도전을 제시했습니다. 이러한 진화의 흐름을 지원하는 방법을 찾는 것은 교육 변화를 촉진하는 가장 중요한 방법이 될 것입니다.

이러한 흐름을 이해하기 위한 배경 지식으로 교육 작가 프레드 헤칭거(Fred Hechinger)가 뉴욕 타임즈(New York Times) 칼럼에서 언급한 이야기를 살펴보겠습니다. 교사라면 모두 이 이야기를 읽고 크게 공감할 것입니다.

뉴욕의 한 학교 교장이 화학 수업을 참관하려고 교실을 방문했습니다. 교장은 교사의 훌륭한 수업에 감탄했습니다. 수업이 끝난 후 그는 교사의 수업을 칭찬하며 다음 수업 계획을 보여 달라고 요청했습니다. 교사는 이 교재를 너무 잘 알고 있고 관심이 많기 때문에 수업 계획서가 필요하지 않다고 대답했습니다. 교장 선생님은 수업 자체에 대한 불만은 없었지만 절차를 따르지 않았다는 이유로 해당 교사에게 징계를 내렸습니다.

시스템을 공고히 하려다 오히려 약화시킨 이 가슴 아픈 이야기는 여러 가지 의미로 해석될 수 있습니다. 이 이야기는 융통성 없는 관리자와 순수한 교사 사이의 충돌을 풍자한 이야기로 받아들일 수 있습니다. 이때, 관리자는 사소한 규칙 위반에 대해 우스꽝스러울 정도로 고루하게 원칙을 적용하고 있고, 교사는 형식의 중요성을 철저히 무시하며 간단한 수업안 작성으로 해결될 문제를 필요 이상으로 키웠다고 볼 수 있죠. 이 이야기는 학교를 배경으로 하고 있지만, 다른 관료주의 사회에서도 얼마든지 일어날 수 있는 일입니다.

그러나 또 다른 측면에서 보면 이 이야기는 학교의 진정한 의미에 대한 혼란을 내포하고 있습니다. 이야기는 학교가 아이들을 키우는 곳이라는 따뜻한 생각과 정해진 절차를 수행하는 기계라는 차가운 생각 사이의 간극을 여실히 보여줍니다. 동시에 지식과 사랑에 빠지도록 이끄는 가르침을 갈망하지만, 전문가들이 반드시 알아야 한다고 결정한 사실의 목록을 배우도록 강요당하는 현실에 좌절하게 합니다.

헤칭거의 이러한 이야기는 교육에 대한 핵심적인 질문을 반영합니다: 학교의 문제는 선의와 상식으로 해결할 수 있는 피상적인 문제인가, 아니면 전체 시스템을 구축하는 근본적인 가정에 심각한 결함이 있는 것인가? 학교의 병은 감기인가, 암인가?

헤칭거의 사례를 이전 장의 사례와 비교해보면 이 두 가지 관점의 의미가 명확히 드러납니다. 학교는 관리자와 교사가 행사할 수 있는 개인적인 주도권에 좁은 한계를 설정하는 위계적 통제 시스템을 발전시켜 왔습니다. 그러나 어느 쪽도 이러한 한계를 완전히 받아들이지 않습니다. 헤칭거의 이야기는 참가자들이 시스템 자체에는 도전하지 않으면서 끊임없이 자신의 힘을 시험하는 영구적인 권력 투쟁의 단면을 보여줍니다. 오히려 더 날카로운 도전의 씨앗은 브라이언과 헨리가 컴퓨터 사용에 시간을 할애하도록 허용한 결정에 있었습니다. 화학 교사는 원했다면 다른 많은 동료들처럼 형식적인 수업 계획을 작성할 수도 있었을 것입니다. 하지만 넬마에게는 그런 선택지가 없었습니다. "수업"이 없다는 단순한 이유 때문에 수업 계획이 있을 수

없었기 때문입니다.(원문 61쪽)

　따라서 컴퓨터 사용 방법에 대한 기존의 결정은 교사가 학교의 통제 시스템과 충돌하게 했습니다: 학생을 통제하지 않기로 결정하는 것은 학교의 통제권을 박탈하는 행위였습니다. 문제는 교육 위계질서 내에서 권력이 어떻게 분배되는가 하는 것에서 위계질서가 교육에 적합한 조직 방식인가 하는 문제로 옮겨갔습니다. 군사 작전과 같이 위계 조직이 필수적인 활동도 있습니다. 또 그 반대편에는 시나 그림 창작처럼 상식적인 사람이라면 누구나 위계 조직이 불필요하다고 판단하는 활동도 있습니다. 다른 영역에서는 위계와 그 반대 사이의 균형을 선택하기도 하는데, 워렌 맥컬록(Warren McCulloch)은 이를 헤테라키(heterarchy) 또는 동시지배, 즉 '각 요소가 다른 모든 요소에 의해 동등하게 지배되는 시스템'이라고 설명했습니다. 군사 작전과 시 창작 사이의 스펙트럼에서 학교 조직은 어디에 위치해야 할까요?

　이러한 문제를 (실제로 많은 학교가 하고 있듯) 조직을 운영하는 관료 전문가를 영입하여 해결할 수 있는 '관리 문제'로 생각하는 것은 매우 위험합니다. 아무것도 바뀌지 않은 학교에 새로운 경영 계획을 주입하는 것은 다른 모든 것을 그대로 둔 채 컴퓨터나 새로운 교육과정을 주입하는 것과 같습니다. 이물질은 학교의 면역 반응에 의해 거부될 것입니다. 학교의 위계 조직은 교육에 대한 관점, 특히 지식 자체에 대한 위계적 사고방식과 밀접하게 연관되어 있습니다. 조직 형태의 수평-수직(heterarchy-hierarchy) 척도에서 학교의 적절한 위치는 인식론의 수평-수직(heterarchy-hierarchy) 척도에서 지식 이론의 위치에 따라 달라집니다.

　지식과 학교에 대한 희화화된 계층적 이론은 다음과 같이 전개될

수 있습니다: 지식은 사실(facts), 개념(concepts), 기능(skills)이라는 원자로 구성됩니다. 훌륭한 시민은 이러한 원자 40,000개를 보유해야 합니다. 아이들은 하루에 20개의 원자를 습득할 수 있습니다. 계산해 보면 1년에 180일, 12년 동안 43,200개의 원자를 머릿속에 넣는 게 가능하지만, 각 단계에서 전달되는 양이 10%씩만 늘어도 학생들이 습득할 수 있는 원자의 양을 초과하기 때문에 전체 과정을 매우 섬세하게 조직해야 합니다. 따라서 이를 담당하는 전문가(이하 교사라고 함)는 12년에 걸쳐 조정된 신중한 계획(이하 교육과정이라고 함)에 따라야 하며, 매일 어떤 원자를 학생들의 기억 은행에 전달했는지 기록해야 합니다. 교육과정의 질적 관리의 문제는 원자 사이에 계층적 관계가 있다는 것을 이해하면 용이해집니다: 사실은 개념에 속하고, 개념은 과목으로 분류될 수 있으며, 과목은 학년으로 묶입니다. 지식의 위계와 일치하도록 교사의 위계도 구성할 수 있습니다. 교사는 교육과정 담당자와 부서장에게, 교육과정 담당자와 부서장은 교장에게, 교장은 다시 교육감에게 감독을 받게 됩니다.

이 과정은 40,000개의 벽돌로 고딕 양식의 성당을 짓는 것에 비유할 수 있습니다. 이러한 작업을 수행하려면 엄격한 조직이 필요합니다. 개별 작업자가 영감을 받았다고 해서 블록을 자기 마음대로 배치할 수는 없습니다. 학생을 교육하는 것도 비슷한 과정입니다. 모든 사람이 계획을 따라야 합니다.

물론 이러한 이론을 문자 그대로 받아들이는 사람은 아무도 없을 것입니다. 하지만 저는 이 이론이 학교의 위계 조직을 정당화하는 모든 권위 있는 이론들의 본질을 잘 포착하고 있다고 생각합니다. 고딕 양식의 성당 건설식 학습 모델이 원칙적으로 맞는 방법이라면, 델마는 반 아이들이 벽돌을 어디에 놓을지 결정하게 함으로써 어려움을 자초한 것이고, 이를 허용한 학교의 행정부서는 관리 소홀이라는 심각한 잘못을 저지른 것입니다. 하지만 그녀는 느슨하거나 게으르거나 무책임한 사람이 아니었습니다. 학생들에게 많은 자율성을 부여하는 교사는 학생들뿐만 아니라 교사 자신에게도 훨씬 더 많은 작업을 요구하는 근본적으로 다른 지식 이론을 믿고 있는 것입니다.

저는 다분히 의도적으로 '수업 방법(method of teaching)'이 아닌 '지식 이론(theory of knowledge)'이라는 용어를 사용하고 있습니다. 진보적 교육은 기존 지식에 대한 대안적 학습 방법을 제시하는 것이 아니라 완전히 다른 종류의 지식을 제공하는 것입니다.

예를 들어 저는 가끔 보안 코드가 있는 엘리베이터를 이용합니다. 4자리 숫자를 입력해야만 엘리베이터가 움직입니다. 코드가 자주 바뀌고 엘리베이터를 거의 사용하지 않기 때문에 새로운 코드가 나올 때마다 모호한 형태로 기억하는 경우가 많습니다. "17과 34가 있었어." "1734나 3417일 수도 있고, 71과 43일 수도 있겠지."라고 혼잣말을 하곤 합니다. 몇 번 시도해보니 엘리베이터가 움직입니다. 결국 성공했으니 해 볼만한 시도였습니다. 하지만 학교에서는 이런 과정을 거친다면 엘리베이터 기술 테스트에서 낙제점을 받을 것입니다. 이것은 제가 '실생활의 지식(knowledge in use)'이라고 부르는 중요한 개념입니다. 지식이 작은 조각으로 나눠져 있으면 수업 시간에 암기하고 시험에 적는 것 외에는 아무것도 할 수 없습니다. 그러나 지식을 상황 맥락에 맞춰 사용하면 엘리베이터 코드의 자릿수를 바꾸는 것과 같은 사소한 버그를 수정할 수 있습니다.

저는 '실생활의 지식(knowledge in use)'이 진보적 인식론의 본질이라거나 모든 진보적 교사가 받아들여야 하는 원칙이라고 주장하지 않겠습니다. 그저 "다른 종류의 지식"을 보여주는 하나의 예로써 제시하고자 합니다. 학교의 교육 철학을 거부하는 교사들은 각자 다양한 신념을 갖고 있습니다. 또한 모든 교사는 가능한 한 자신만의 교육 스타일을 개발해야 합니다. 하지만 제가 마인드스톰(Mindstorms)에서 언급했던 한 이야기에서 진보적인 교사들의 열망과 문제를 관통하는 공통적 특성 역시 발견할 수 있습니다. 이 이야기는 아이들이 특정 학교 과목에 '적성(aptitude)'을 보인다는 가정에서 시작합니다. 우리 문화에는 일부 학생들은 수학에 소질을 보이지만 대부분은 그렇지 않다는 생각이 깊게 뿌리 박혀 있으며, 이에 따라 대부분의 사람들은 스스로가 수학에 소질이 없다고 생각하고 있습니다. 하지만 미국 학교에서 프랑스어를 배우는 데 어려움을 겪는 아이들에 대해 우리는 어떻게 말할까요?

이 아이들이 프랑스에서 태어나고 자랐다면 프랑스어를 완벽하게 잘 배웠을 것이 분명하기 때문에 프랑스어에 대한 적성이 부족하다고 단정 지을 수는 없습니다. 미국 학교에서 제공하는 프랑스어 학습에 대한 적성이 부족할 수도 있지만 이는 전혀 다른 문제입니다. 수학에 어려움을 겪는 아이들이 수학적 지능이 부족하다고 가정하는 것은 프랑스어를 어려워하는 아이들이 "프랑스어 지능"이 부족하다고 가정하는 것과 마찬가지입니다. 여기서, 프랑스 아이들이 프랑스에서 자라듯 수학을 못하는 아이들이 수학나라에서 자란다면 어떤 일이 벌어질지 궁금증이 생깁니다. 많은 교사들이 교실에 수학나라를 만들기 위해 도전했고, 로고(Logo)와 거북이를 건축 재료로 삼았습니다. 델마의 교실은 많은 교사들이 어떤 방식으로 이 작업을 진행했는지 보여줍니다. 브라이언과 헨리가 수학나라에서 컴퓨터로 하는 일은 프랑스에서 프랑스어를 배우는 것과 비슷하고, 정규 수학 수업에서 하는 일은 외국어로서의 수학을 배우는 것과 비슷합니다. 이러한 컴퓨터 환경에서는 프랑스에서 프랑스어를 배울 때와 마찬가지로 학습자가 명확한 지식을 제공받기 전에 무언가를 아주 어설프게 아는 단계에서 시작할 수 있습니다. 살아있는 지식을 사용하는 것이 아니라 죽은 건물을 만들기 위해 벽돌을 쌓기만 하는 수학 수업에서는 의미 있는 실험이 이루어질 수 없습니다.

많은 진보적인 교사들은 수학나라를 만드는 것이 정말 가능한지 의구심을 품고, 설사 가능하더라도 마주하게 될 장애물들이 예상되어 망설입니다. 하지만 이러한 현실적인 사안들을 차치하면 프랑스에서 프랑스어를, 수학나라에서 수학을 배우는 것이 기존 학습보다 더 나은 방법이라는 것은 분명해 보입니다.

관습적 교육 실태에 대해선 이미 언급한 바 있습니다. 죽은 지식을 가르치는 교사는 한 번에 하나씩 가르칠 수 있도록 지식을 조각조각 나누는 기술자로서, 교육과정, 위계 및 통제라는 전통적인 도구를 사용합니다. 반면, 브라이언과 헨리는 가끔씩 조언을 받는 것만으로도 지식을 구조화하는 자신만의 방법을 찾을 수 있었습니다. '실생활의 지식(knowledge in use)'을 학습하면 학생들은 개인에게 맞는 방식으로 배울 수 있게 되고, 교사들은 학생들에게 더 개인적이고 보람 있는 내용을 전달할 수 있게 됩니다. 그러나 이 방식에도 문제는 존재하며, 일부 교사들에겐 이것이 자유보다는 위협으로 느껴질 것입니다.

델마는 컴퓨터 활용 수업 계획을 세울 때 창의적인(그리고 의도치 않게 혁신적인) 행동을 했다는 보람을 느끼는 동시에 심리적(psychological)

위험뿐만 아니라 관료적(bureaucratic) 위험도 감수해야 했습니다. 저는 델마와 같이 워크숍을 수강한 교사들의 이야기를 들으면서, 학교의 역할과 절차에 대한 규정은 교사를 제한하기도 하지만 교사를 보호하는 역할도 한다는 것을 깨달았습니다.

다음은 초등학교 5학년 선생님인 조의 이야기를 재구성한 것입니다.

컴퓨터가 등장했을 때부터 저는 학생들이 저보다 프로그래밍에 대해 더 많이 알게 되는 날이 올까 봐 두려웠습니다. 물론 처음에는 제가 학생들보다 유리한 위치에 있었습니다. 저는 로고(Logo)에 대한 여름 워크숍을 마치고 왔는데 학생들은 이제 막 시작했으니까요. 하지만 일 년 동안 그들은 저를 따라잡기 시작했습니다. 그들은 저보다 더 많은 시간을 로고(Logo)에 투자하고 있었죠. 사실 첫해에 바로 따라잡지는 못했어요. 하지만 저는 아이들이 이번 연도에 경험을 쌓았기 때문에 매년 더 많은 것을 알게 될 것이라고 생각합니다. 아이들은 어른들보다 컴퓨터를 더 잘 이해하고 있거든요.

처음 몇 번 학생들이 제가 해결은커녕 이해조차 할 수 없는 문제를 가져왔을 때, 저는 제가 학생들보다 아는 게 더 많지 않다는 사실을 받아들이지 못했습니다. 포기하면 교사로서 제 권위가 떨어질까 봐 두려웠죠. 하지만 상황은 점점 악화되었고, 결국 저는 패배를 인정할 수밖에 없었어요. 도움을 줄 수 있는 다른 학생들과 이 문제에 대해 논의해 보겠다고 말했습니다. 그리고 결국 학생들은 힘을 모아 그 문제를 해결해냈어요. 놀랍게도 제가 두려워했던 것을 직면하자 오히려 해방감이 찾아왔어요. 더 이상 들키는 것을 두려워할 필요도, 모르는 것을 아는 척할 필요도 없었어요. 저는 컴퓨터가 아닌 다른 수업에서도 똑같이 허세를 부리고 있었어요. 하지만 이제는 다른 과목에서도 더 이상 모든 것을 알고 있는 척할 필요가 없다고 느꼈습니다. 얼마나 다행인지 몰라요! 아이들과의 관계, 그리고 제 자신과의 관계도 달라졌어요. 제 수업은 우리 모두가 함께 배우는 협력적인 커뮤니티가 되었습니다.

이 이야기를 되짚어 보면 독자들은 지금쯤 떠오를 몇 가지 질문에 간단히 답을 내릴 수 없다는 것을 알게 될 것입니다: 델마와 같은 이상적인 수업을 할 수 있는 교사가 얼마나 있을까요? 그들은 이러한 아이디어를 어디까지 받아들일 수 있을까요? 교사들은 어디까지 노력하고 희생할 수 있을까요? 제가 본 델마는 보기 드문 헌신적인 이상주의자의 순수함을 지니고 있었습니다. 그러나 대부분의 사람들은 조와 다른 교사들처럼 변화의 도구로서 컴퓨터를 활용한 수업개선의 실험에 매력을 느끼면서도 의심하고 두려워하는 양쪽의 감정 모두를 느낍니다. 조는 떨리는 마음으로 실험에 착수했습니다. 그는 어떤 문제가 발생할지 미리 예상하지 못했고, 문제가 발생하면 망설였습니다. 그의 경우에는 결과가 좋았지만, 같은 처지의 다른 사람들은 대부분 주저하고 후퇴합니다. 많은 사람들이 컴퓨터를 컴퓨터실로 옮겼습니다. 일부는 컴퓨터 교사가 되기 위해 교실을 떠나 그 뒤를 따랐습니다. 컴퓨터 사용이 일상화되면서 많은 사람들이 컴퓨터교육을 통한 교육의 혁신을 위해 이 실험에 도전했지만 포기하는 사람들도 속출하고 있습니다. 몇 명의 학생이 이 실험을 지속하고 그만두는지는 파악하기도 어렵고, 조의 경우처럼 언제든 다른 쪽으로 흘러갈 수 있기 때문에 파악할 필요도 없습니다. 변화를 바라는 사람들은 부정적인 요인들을 가볍게 봐선 안 됩니다: 이를 이해해야만 미래를 위한 합리적인 전략을 수립할 수 있습니다. 그런 의미에서, 여전히 교육 분야에서 컴퓨터의 미래가 없다고 예측하는 사람들에게 위안이 될 만한 전망은 없어 보입니다.

조는 의심이 많았지만, 오히려 다른 사람들보다 더 멀리 나아갔습니다. 헤칭거가 언급한 화학 교사는 수업에서 자신의 지적 열정을 표현하려고 노력했고, 델마는 아이들이 스스로 열정을 키울 수 있는 환경을 조성하려고 노력했습니다. 그러나 조는 학생들과 함께 공동 학습자로서 배움의 즐거움에 동참한다는 생각을 (다른 사람들이 암묵적으로 해왔을) 명시적으로 공식화함으로써 한 걸음 더 나아갔습니다. 이 과정은 심리적으로 설명될 수 있습니다. 배우고자 하는 열망은 인간의 기본적인 욕구입니다. 자기 자신을 박탈당한 채로 배우는 아이들은 고급 레스토랑에서 식사하는 사람들을 지켜보는 다이어터와 같습니다. 그렇다면 교사들은 왜 학생들을 배움에 동참시키지 않는 걸까요?

학교는 여러 측면에서 교사가 공동 학습자로서의 역할을 충실히 수행하는 것을 방해하고 있습니다. 진보적인 교사들에게 물어보면 일상적인 일정 문제가 가장 자주 언급됩니다. 그들은 말 그대로 시간이 충분하지 않다고 말합니다. 하지만 저는 이 설명에 오류가 있다고 생각합니다. 실제로 교사가 다른 모든 업무를 하면서 학습에 참여하기에는 시간이 충분하지 않을 것입니다. 그러나 조는 용기를 내어 더 나은 계획을 실행에 옮겼습니다. 그는 학생들이 받는 것에서 나아가 줄 수 있도록, 그리고 자신이 학생들과 경쟁하는 것이 아니라 그들의 학습에 기여할 수 있도록 수업을 바꿨습니다. 이를 위해 그는 인정하기에는 용기가 필요했던 사실을 직면해야 했습니다. 그가 학생들에게 시키던 대부분의 과제는 너무 지루해서 학생들의 참여를 유도할 수 없다는 사실 말이죠! 하지만 컴퓨터는 그 자체로 흥미로운 학습 대상이며 다른 작업에도 흥미를 더하는 존재임을 인식하자 상황은 순식간에 달라졌습니다.

실제로 조의 수업에서는 그가 두려워하던 컴퓨터 프로그래밍의 기술적 측면보다 훨씬 더 넓은 범위의 학습이 일어났습니다. 브라이언이나 헨리와 같은 작업을 하는 학생들도 있었지만, 대부분은 역사나 과학과 같은 사실 중심의 과목에 수학을 통합하는 매우 다른 종류의 프로젝트에 참여하고 있었습니다. 이러한 프로젝트는 보스턴에 있는 헤니건 학교(Hennigan School)의 4학년과 5학년 교사의 작업에서 처음 본 것이었습니다.

컴퓨터가 등장하기 전, 조앤은 인간 생물학 수업 프로젝트를 개발했습니다. 연구 주제는 '골격'이었고, 학생들에게 특정 뼈를 골라 보고서를 작성하도록 하는 것이 그녀의 수업 방식이었습니다. 컴퓨터가 등장했을 때 그녀는 늘 하던 대로 수업을 진행했고, 학생들이 연필과 종이 대신 컴퓨터 화면으로 보고서를 작성할 수 있을 만큼 로고(Logo)를 충분히 알고 있었다는 점을 제외하면 그다지 달라진 것은 없었습니다. 한마디로 매체의 변화 외에는 아무것도 변한 것이 없었습니다. 하지만 결과는 이전과 사뭇 달랐습니다. 그중 하나는 조가 두려워하던 것과 관련이 있습니다. 컴퓨터는 무한히 다양한 '효과'를 프로젝트에 활용하기 위해 학생들이 자신의 지식을 한계까지 밀어붙이도록 유도하는 개방형 기술 장치입니다. 그래서 연필과 종이를 사용할 때와는 다르게 컴퓨터 기술을 배우는 것 자체가 프로젝트의 일부가 됩니다. 이는 자칫 생물학 연구라는 '주된 목적'에서 멀어지는 것처럼 보일 수 있지만, 사실은 그렇지 않았습니다: 학생들은 화면의 표현에 대해 생각하면서 컴퓨터가 없던 시절보다 골격에 더 깊이 몰입할 수 있었습니다. 네 명의 학생이 공동으로 작업한 이 해골 그림은 컴퓨터 환경에서 흔히 볼 수 있는 몇 가지 특징을 보여줍니다.

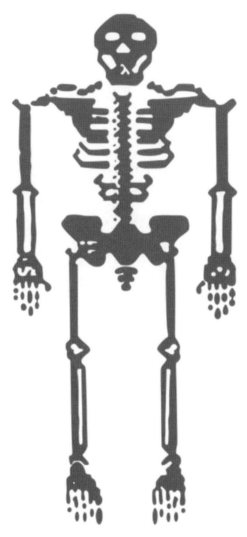

이 그림은 4학년 학생 4명이
로고(Logo) 프로그래밍으로 만들었습니다.

먼저, 학생들은 뼈 하나를 표현하는 과제를 전체 골격을 표현하는 과제로 바꾸었는데, 이는 컴퓨터가 훨씬 더 나은 작업 환경을 제공했기 때문에 가능했습니다: 컴퓨터를 활용하면 공동 작업자들이 각자 그린 부분을 더 쉽게 모을 수 있습니다. 또, 같은 모듈을 여러 곳에 사용할 수 있고, 무엇보다도 지우는 과정이나 처음부터 다시 시작하는 지루한 과정 없이 쉽게 그림을 변경할 수 있습니다. 둘째, 이러한 작업 조건에서 과제의 이중적 의도는 더욱 명확히 드러납니다: 이 그림은 과학적 정확성뿐만 아니라 시각적 미학까지 고려하여 제작되었습니다. 이것은 지식의 본질과 그것을 판단하는 기준에 대한 도전적인 문제를 제기합니다. 저는 학생들과 양쪽에 각각 희생된 것이 무엇인지 토론하는 것이 교사의 인식론적 책임이라고 생각합니다(저는 실제로 그 특권을 누려봤습니다). 절대적인 답은 없지만 분명하고 사려 깊은 토론이 이루어질 것입니다.

과학과 미학의 문제는 과학 수업에서 흔히 경험할 수 없는 것을 요구하는 동시에 교사에게 더 풍부한 기회를 제공합니다. 이를 도전으로 보든 기회로 보든, 일반적인 학교 교육과성에선 개발할 수 없는 지식과 정교함이 필요한 것은 분명합니다. 교사가 이러한 방향으로 자신을 개발하기 위해선 어디에서 도움을 받을 수 있을까요? 또, 어떤 종류의 개발이 도움이 될까요?

교육에 컴퓨터를 도입하는 데 있어 가장 중요한 문제일 수 있는 이 문제를 명확히 파악하기 위해서 교사들이 직면한 몇 가지 장애물을 살펴보고자 합니다. 가장 어려운 장애물은 흥미로운 상황이 일어나지 못하게 막는 수업 환경입니다. 골격 프로젝트의 설계자들은 하루에 한 시간 정도 컴퓨터를 사용할 수 있었고, 교사는 이 시간을 원하는 대로 자유롭게 사용할 수 있었습니다. 따라서 그들은 프로젝트에 충분히 몰입할 수 있었고 흥미로운 문제를 흥미로운 방식으로 처리할 수 있었습니다. 가끔 믿을 수 없는 능력으로 해내는 경우도 있겠지만, 대부분의 학생들이 일주일에 단 한 번 40분 동안 컴퓨터실에서 워드 프로세서, 데이터베이스, 컴퓨터의 기능에 대해 배우고 "약간의 로고(Logo) 작업"까지 하는 것은 거의 불가능합니다.

두 번째 장애물은 교사 훈련(teacher training)이라는 개념입니다. 용어 자체가 중요한 것은 아니지만, 교사가 아이들을 '훈련'시킨다는 발상에 경악하는 사람들이 '교사 훈련'이라는 용어는 아무렇지 않게 사용하는 것은 매우 신기한 일입니다. 이 용어는 배변 훈련, 기초 훈련, 호랑이 훈련 같은 단어들을 떠올리게 합니다. 물론 훈련(training)이라는 단어는 훌륭한 종류의 학습을 지칭하는 데 자주 사용됩니다. 예를 들어 두 번째 장에서 언급했듯 저는 수학자로서 훈련을 받았습니다. 하지만 이런 식으로 '교사 훈련'을 정당화하는 것은 여성을 포괄한다는 이유로 '그(he)'라는 대명사의 사용을 정당화하는 것과 같습니다. 이론적인 언어적 근거로 보면 두 가지 용법이 모두 "옳다"고 할 수 있지만, 이 문제는 용법의 문제가 아니라 이데올로기의 문제입니다. 왜 이토록 비대칭적일까요? 왜 우리는 교사와 어린이에 대해 이토록 다르게 이야기할까요? 이 질문의 답은 저의 핵심 주장에서 찾을 수 있습니다: 학교는 제도적으로 교사를 창의적인 일이 아닌 기술적인 일을 하는 기술자로 간주하기 때문에 훈련(training)은 그들에게 매우 적합한 단어입니다.

이 분석을 섣불리 일반화할 수 없다 하더라도, 최소한 컴퓨터 교사 양성 과정에서만큼은 타당해 보입니다. 많은 학교에서 컴퓨터를 사용할 교사에게 제공하는 준비 교육은 '워크숍' 또는 '세미나'라고 잘 못 이름 붙여진 2시간짜리 세션들로 구성되며, 그 목표는 기술적 방법을 전수하는 것이기 때문에 훈련이라고 부르는 것이 적절하였다고 생각됩니다. 교사가 배우고 성장할 수 있는 더 나은 환경을 제공한 두 가지 사례를 살펴보면 현 상황의 한계가 여실히 드러납니다.

약 8년 전에 저는 소규모 교사 그룹을 대상으로 여름 워크숍을 진행했습니다. 이때 저는 로고(Logo)를 배우고 싶어서가 아니라 컴퓨터 프로젝트를 원했던 교장의 지시 때문에 오게 된 참가자를 발견하고 긴장했습니다. 그 당시만 해도 컴퓨터 프로젝트가 드물었던 시기였습니다. 다른 참가자들이 개인적인 배움의 열망으로 참여했더라도 여름 방학을 잃어버린 한 참가자의 억울함이 그룹 전체의 분위기를 해칠 수 있다는 것을 알았기 때문입니다.

제가 이러한 그룹과 함께 작업할 때 선호하는 스타일 중 하나는 다양한 접근 방식을 허용할 만큼 개방적이면서도 서로 다른 접근 방식을 비교할 수 있을 만큼 제한적인 프로젝트 형태를 제안하는 것입니다. 이번 워크숍에서 저는 모두에게 "마을"이라는 개념을 구현하는 프로그램을 작성할 것을 제안했습니다. 화면에 마을을 그리도록 컴퓨터를 프로그래밍하는 것은 초보자가 프로그래밍 기술을 연습하기에 좋은 주제입니다. 하나의 주거지를 그리는 프로시저를 작성하는 것으로 시작하여 디버깅이 완료되면 이를 슈퍼 프로시저의 하위 프로시저로 사용하여 동일한 주거지 그룹을 얻을 수 있으며, 결과물을 얻은 후에는 계속해서 가변성을 도입하고 애니메이션, 텍스트 및 하이퍼텍스트를 포함한 모든 종류의 장식과 디테일을 추가할 수 있습니다. 가르치는 입장에서는 학생들이 자신의 기술 능력과 개인 취향에 따라 다양한 수준을 구현할 수 있으면서도 모두 작품에 대해 보여줄 결과물이 있다는 장점이 있습니다.

시간이 지날수록 제 걱정은 기우인 듯 보였습니다. 모두가 활동에 푹 빠져 있었습니다. 특히 가장 어려울 거라 생각했던 조원이 흥분을 주체하지 못하는 모습을 보면서 안심이 되었습니다. 토론 시간마다 배운 내용을 어떻게 활용할 것인지에 대한 아이디어가 쏟아져 나왔고, 컴퓨터로 작업할 때에도 이따금씩 수업에 바로 적용해봐야겠다는 외침이 터져 나왔습니다. "아이들이 좋아할 거예요!" 일반적인 평가 기준에 비춰보면 워크숍은 잘 진행되고 있었습니다. 학생(교사)들의 교육 목표는 로고(Logo)와 프로그래밍의 원리를 배우는 것으로 설정되어 있었고, 수업은 이 방향으로 상당히 빠르게 진전되고 있었으며 학생들도 열의를 보였습니다.

그럼에도 불구하고 뭔가 잘못되었다는 느낌이 들었습니다. 워크숍에서 약간의 소동이 일어나기 전까지는 그 이유를 전혀 알 수 없었는데, 저와 같은 의구심을 가졌던 한 참가자가 이 문제를 저보다 먼저 알아차렸습니다. 참가자들의 열광적인 태도에 인내심을 잃은 그녀는 "(비속어와 함께) 애들은 잊어버려!"라고 중얼거렸습니다. 회의실에 있던 사람들의 반응은 폭발적이었습니다. 몇몇은 충격을 받아 항의했고, 한 사람은 즉시 지지 발언으로 화답했습니다. 저는 처음에는 당황했지만 그 폭발적인 반응이 저를 괴롭히던 문제의 핵심이라는 사실을 깨달았습니다. 참가자들이 스스로를 학습자라기보다는 훈련 중인 교사라고 생각하는 것, 제가 미처 표현하지 못했던 불협화음의 요소가 바로 그것이었죠. 교사라는 의식 때문에 참가자들은 자신이 하고 있는 일을 지적으로 흥미롭고 즐거운 경험으로 받아들이지 못하고, 그 자체가 가져다주는 기쁨에 온전히 자신을 맡기지 못하고 있었습니다.

교사가 학습자가 되는 길을 가로막는 가장 큰 장애물은 학습에 대한 내재적인 억압과 교사가 학습의 주체가 아니라는 인식입니다.

그 사건 이후 저는 조가 경험한 해방감을 느꼈습니다. 저는 무언가 잘못되고 있다는 두려움과 선생님들의 기쁨의 감탄사 속에서 안정감을 찾으려는 강박에서 해방되었습니다. 자유를 얻었기 때문에 각자가 프로그램을 어떻게 진행하고 있는지 더 자세히 살펴볼 수 있었고, 곧 눈에 띄는 스타일 차이를 발견할 수 있었습니다. 어떤 학생들은 마인드스톰(Mindstorms)에서 사용했던 예제를 따라 깔끔한 기하학적 모양을 조합하여 집을 만들었습니다: 정사각형 위에 삼각형을 얹어 '집'을 만든 것이죠. 참가자 중 한 명은 이러한 도형을 불편해하는 것 같았습니다. 아마도 학교 수학에 대한 나쁜 기억이 있거나 유연한 것을 선호하는 성향 때문일 것입니다. 그 기원이 무엇이든, 그 불편함은 다른 사람이 꽃밭을 표현하기 위해 깔끔한 기하학적 패턴을 만들다 겪은 실패에서 아이디어를 얻게 했습니다. 실패한 꽃밭이었던 흔들리는 선이 집 굴뚝에서 피어오르는 연기로 변했습니다. 잠시 후 모든 집에서 다양한 패턴의 연기가 피어올랐습니다.

이 발견은 곧 다른 곳에도 적용되었습니다. 스모키 효과는 마을 위에 떠 있는 구름을 그리는 데 적용되었고, 조금 더 수정하니 나무와 집보다 덜 각진 물체를 그릴 수 있습니다. 때로는 교사의 아주 작은 행동이 학급에 성장의 씨앗이 될 수 있습니다. 이번 워크숍에서 중요하게 생각한 것은 새로운 프로그래밍 스타일에 이름을 붙이는 것이었습니다. 저는 이를 '스모키 프로그래밍(smoky programming)'이라고 명명하고 '하드 에지(hard−edged)*' 프로그래밍과 대조했습니다.

---

* 면을 나누어 몇 가지의 뚜렷한 색으로 채워 면과 면이 정확하게 보이도록 하는 기하학적 형태 표현

새로운 스타일에 이름을 붙이자 스모키 프로그래밍의 제작자를 격려하는 효과가 즉각적으로 발휘되었습니다. 이 시점에서 작명은 교사(저자)와 학생의 개인적인 행동이었지만, 점차 사회적인 것으로 바뀌어갔습니다. 스타일 작명이 절차화되어 학생들에게 자부심을 부여하고, 그 자체로 토론과 소유의 대상이 되었습니다. 자신의 스타일에 자부심을 가지면서도 다른 사람의 스타일을 존중하는 가치관이 형성되고, 이를 설명하는 어휘가 개발되었습니다.

한마디로 마이크로컬처(microculture)의 시작이라고 할 수 있는 과정이 진행되고 있었습니다. 스타일에 대해 이야기하는 것은 학습 문화 발전의 씨앗으로, 학습을 풍성하게 할 뿐 아니라 다양한 콘텐츠와 활동에 스타일을 적용할 수 있기 때문에 다른 영역으로 그 혜택을 흘려보낼 수 있습니다. 질 좋은 대화는 학습에 도움이 됩니다. 각각의 차이점이 명확하고 참가자들이 자신의 스타일을 옹호하면서 다른 사람의 스타일을 진정으로 존중한다면 스타일 비교는 대화를 시작하는 가장 좋은 방법이 됩니다. 하지만 좋은 대화가 되려면 참가자들의 실제 고민에 뿌리를 두고 지식과 경험으로 뒷받침되어야 합니다.

스모키(smoky) 스타일과 하드 에지(hard-edged) 스타일의 대비는 실제로 매우 뿌리 깊은 문제였습니다. 저는 단순한 스타일의 차이가 아니라 어떤 차이도 존중받는 문화를 조성하기 위해 노력했지만, 오히려 이 문제는 대안적 인식론에 대한 논쟁의 중심이 되어 왔습니다. 하드 에지 스타일은 전통적인 '정설적' 인식론이 중시하는 분석적이고 일반화 가능한 사고방식에 더 가까운데, 이를 양성평등학자는 남성 중심적이라고, 아프리카 중심주의자들은 유로 중심적이라고, 정치적 좌파들은 지배 집단의 사고를 대변한다고 공격해왔습니다. 실제로 MIT 사회학자 셰리 터클(Sherry Turkle)과 제가 진행한 연구에 따르면 하드 에지 스타일은 백인 남성이 선호할 가능성이 더 높습니다. 이것만으로도 교사와 매우 관련이 있지만, 사실 더 직접적으로 관련이 있는 또 다른 측면이 있습니다. 하드 에지 스타일에서 스모키 스타일로 전환하려면 추상적이고 형식적인 접근 방식에서 벗어나 피아제(여기서는 훨씬 더 넓은 범위의 심리적 사고를 대표함)가 어린아이들의 사고에 붙일 수 있는 모든 단어, 즉 구체적, 형상적, 애니미즘, 심지어 자기 중심적인 방식으로 한 걸음 더 나아가는 것이 필요했습니다.

따라서 이 문제는 아이들에게 어떤 종류의 사고가 적절한지에 대한 교사의 관심에 뿌리를 두고 있지만, 학습에 대한 좋은 대화의 두 번째 기준인 지식과 경험도 중요하기에 더욱 복잡해집니다. 교사가 컴퓨터의 혜택을 누릴 수 있는 능력을 개발하고 학생들에게 이러한 혜택을 제공하기 위해서는 '훈련' 이상의 것이 필요합니다.

여기서 대부분의 북미 학교보다 우수하게 이 문제를 처리한 중앙아메리카의 작은 나라 이야기를 살펴봅시다. 스스로를 '개발도상국'으로 분류한 이 나라는 스스로를 '선진국'으로 간주하여 더 이상 나아갈 곳이 없는 국가에 비해 유리한 점이 많았습니다. 이 이야기의 교훈은 우리 모두가 스스로를 '발전 중인 나라'로 분류한다면 더 나아질 수 있다는 것입니다.

1986년 오스카 아리아스(Oscar Arias)는 코스타리카 대통령 선거에 출마했습니다. 이후 선거에서 승리하고 중앙아메리카 평화 정책을 펼쳐 노벨상까지 수상한 그는 코스타리카 어린이들이 자신을 제3세계의 이방인이 아닌 현대 세계의 일원이라고 생각하도록 만들겠다는 선거 공약을 내걸었습니다. 그의 조치 중 하나는 코스타리카의 모든 초등학교에 컴퓨터를 도입하는 것이었습니다. 이후에 여러 차례에 걸쳐 이 프로젝트의 모범적인 특징을 언급할 기회가 있을 것입니다. 여기서는 이 프로젝트가 교사들을 '훈련'하는 것 이상의 성과를 거둔 것에 초점을 맞추겠습니다.

코스타리카 정부는 컴퓨터 공급과 관리뿐만 아니라 교육 콘텐츠, 교사 연수, 평가 과정까지 포함한 전체 계획을 제안할 기업들을 유치하기로 결정했습니다. 수천 대의 컴퓨터가 필요한 대규모 사업이었기 때문에 14개 회사가 입찰서를 제출했습니다. IBM은 저를 컨설턴트로 영입했고, 저의 조언에 따라 교사들의 사전 준비와 프로젝트 기간 동안의 지원에 비중을 둔 계획서를 제출했습니다. 경쟁 입찰에서 가격을 낮춘 전략이 이해되지 않을 수도 있지만, IBM 라틴 아메리카 교육 그룹의 수장은 관료적이지 않은 활기차고 지적인 여성이었습니다. 알렉산드리나 페르난데스(Alejandrina Fernández)는 IBM이 프로젝트 첫해에 볼 손해를 감당할 가치가 있다고 회사 상사들을 설득했습니다. 교사의 역할에 관심을 기울인 결과 그녀는 계약을 따냈고 라틴 아메리카 6개국에서 사용되는 성공적인 모델을 도입하게 됩니다.

코스타리카 정부는 이 프로젝트를 감독하기 위해 재단을 만들었는데, 이는 정부가 자체 관료주의로부터 프로젝트를 보호하는 재치를 발휘한 이례적인 사례입니다! 재단 내에서는 교사의 역할에 대한 논의가 집중적으로 이루어졌습니다. 한 그룹은 교사가 최대한 쉽게 접근할 수 있는 사용 방식을 만들어야 한다고 주장했습니다. 시골 지역의 많은 교사들은 기술에 대한 경험이 거의 없었고 기술 관련 정규 교육을 받은 적도 없었습니다. 이러한 교사들은 기술력이 필요한 컴퓨터 사용에서 배제될 것이라고 주장했습니다. 따라서 이 그룹은 CAI

소프트웨어를 사용해야 한다고 주장했고, 이쪽이 계약을 따냈다면 아마도 컴퓨터만 켜면 교사가 디스켓을 넣을 필요도 없이 모든 것이 중앙 통제하에 자동으로 이루어지는 일종의 ("교사 친화적인") 턴키 시스템이 제공되었을 것입니다. 다른 그룹의 주장은, 비록 이런 식의 표현은 아니었지만, 교사들을 최대한 힘들게 만들자는 것이었습니다. 결국 코스타리카는 클로틸다 폰세카(Clotilda Fonseca)의 지도력 아래 기술적인 배경 지식이 전무한 수백 명의 교사들이 로고(Logo)로 프로그래밍하는 법을 배우고, 현대적이며 어렵고 "자신들과 같은 사람들이 할 수 없는" 것으로 생각해온 것을 마스터함으로써 자신과 국가에 대한 새로운 자신감을 얻게 하는 모범적인 프로그램을 운영하게 되었습니다. 이는 많은 미국 교육구에서 로고(Logo)가 "교육적으로는 좋지만" "교사에게는 너무 어렵다"는 입장을 취하는 것과는 상당히 대조적입니다!

이 논쟁은 한 그룹의 교사들이 3주간의 집중적인 로고(Logo) 워크숍에 참여한 실험을 통해 해결되었습니다. 객관적으로 측정할 수 있는 방법은 없었지만, 이 기간 동안 엄청난 양의 학습이 이루어졌다는 것을 모두가 관찰할 수 있었습니다. 이는 참여 교사들이 이 워크숍에 기본 기술 습득을 통한 기술력 개발보다 훨씬 더 많은 것이 관련되어 있음을 느꼈기 때문입니다. 그들은 이 현대적인 것을 적절하게 활용하려는 개인적 주장(personal assertion), 교직에 대한 전문직으로의 직업적 주장(professional assertion), 그리고 자국이 저개발 국가라는 시각에 대한 국가적 주장(national assertion)을 하고 있었습니다. 또한 초등학교 교사의 상당수가 여성이고 프로젝트의 주최자가 이를 선정 과정에 반영하는 현명한 판단을 내렸기 때문에 여기엔 성별에 대한 주장(assertion of gender)도 포함되어 있었습니다.

　코스타리카 프로젝트는 컴퓨터가 교사의 정체성 형성에 어떤 역할을 하는지 명확하게 보여주었고, 교사의 부정적인 인식의 문제를 다시 한번 생각하게 해 주었습니다. 오스카 아리아스(Oscar Arias)가 이 프로젝트에서 가장 흥미로운 부분이 무엇이었는지 물었을 때 저는 프로젝트를 진행하며 관찰한 교사들의 모습에 대해 이야기했습니다. 선생님들이 이 프로젝트에 얼마나 많은 노력을 기울였는지 듣게 된 그의 얼굴에는 놀라움과 기쁨이 가득했습니다. 그는 과거에 교사들에 대해 들었던 이야기는 적은 일로 많은 돈을 받길 원한다는 정도였다고 설명하며 컴퓨터 프로젝트를 통해 자신도 배운 것이 있어 기쁘다고 말했습니다. 저는 교사들이 자신의 존재를 드러내고 성장할 수 있는 기회에 함께했다는 자부심을 느끼며 대통령궁을 떠났습니다.

　인포매티카 에듀콰티바(Programa Informatica Educativa)라고 불리는 코스타리카 프로젝트를 통해 교사가 정체성을 개발하는 기회가 되는 동시에, 교사에게 또 다른 발전의 기회를 주었습니다. 이것은 재정의 한계로 인해 컴퓨터실과 교실 컴퓨터 사이의 절충안의 형태로 제공되었습니다. 학생들은 컴퓨터가 있는 별도의 공간으로 정규 담임교사와 함께 이동합니다. 컴퓨터실에는 (선진국에서도 보기 드문 수준의) 기술 전문가이면서 학습 문화의 촉진자인 컴퓨터 교사가 있어 담임교사도 학생들과 함께 학습할 수 있습니다.

　댈러스의 램라이터 학교(Lamplighter School)와 보스턴의 헤니건 학교(Hennigan School)의 헤드라이트 프로젝트에서 저와 MIT 연구 그룹이 개척한 모델은 다른 버전의 절충안을 목표로 하였습니다. (국가 경제력에 대한 비율로 따지면 한참 적지만) 코스타리카 프로젝트보다 더 많은 자원이 투입된 이 모델에는 세 가지 필수 원칙이 있습니다. 첫째, 모든 학생이 컴퓨터를 충분히 사용할 수 있도록 모든 학급이 정규 교사와 매일 한 교시 이상 쓸 수 있는 컴퓨터 수를 확보해야 합니다. 둘째, 교육용 소프트웨어 사용 빈도와 관계없이 컴퓨터를 사용하는 학생과 교사는 모두 로고(Logo)로 컴퓨터를 프로그래밍할 수 있어야 합니다. 셋째, 모든 교사는 충분한 전문 지식과 각자의 작업 스타일대로 컴퓨터를 사용할 수 있는 선택의 자유를 가져야 합니다. 이후에 산호세에 있는 라틴계 도심 초등학교인 가드너 아카데미(Gardner Academy)가 마인드스톰 프로젝트라는 이름으로 이 세 가지 원칙을 자체적으로 구현하면서 네 번째 원칙도 생겨났습니다. 이 네 번째 원칙은 고유한 토착 학습 문화와 교육 철학을 지닌 학교에서 일어나는 발전의 이점을 강조합니다. 이 프로젝트의 이름은 제 아이디어를 적용했다는 의미를 담고 있지만, 오히려 제가 생각했던 것과 다르게 흘러갔기 때문에 프로젝트가 성공했다고 확신합니다. 교육에서 가장 큰 성공은 모방자가 생기는 것이 아니라 새로운 아이디어에 대한 영감을 주는 것입니다.

실리콘 밸리의 기술 센터에서 설계된 이 프로젝트는 학교와 감독을 선정한 후 누구의 간섭도 없이 진행되었습니다. 프로젝트의 감독은 수년간 담임 교사로 일하다 컴퓨터와 인연을 맺은 캐롤 스페리(Carol Sperry)였습니다. 그녀는 자신의 경험을 활용해 프로젝트에 참여한 교사들이 학교의 문화를 만들고 이를 자신의 것으로 인식하도록 도왔습니다. 그녀는 교사들에게 컴퓨터로 무엇을 해야 하는지 알려주러 온 대학 교수나 학교 관료가 아니었습니다. 그녀는 한때 교사였던 데다 학교 밖의 사정을 신경 쓸 필요가 없었기 때문에 오직 교사들에게 "로고(Logo) 디스크와 함께 자신을 디스크 드라이브에 넣는 일"에 동참해 달라고 요청하는 일에 집중할 수 있었습니다. 이러한 개개인의 활발한 참여는 교사들 사이에 이례적으로 강력한 문화를 만들어냈고, 몇몇 교사들에게는 학생들 사이에 독특한 문화를 조성하도록 지적 자신감을 부여했습니다. 한 가지 사례가 이 현상을 잘 설명해 줍니다.

브라이언과 헨리에 대해 이야기할 때 컴퓨터 그래픽에 '은혜'를 담는다는 한 학생의 말을 인용한 적이 있습니다. 마인드스톰 프로젝트 출신인 이 학생은 커서 미술과 수학을 함께 하는 사람이 되고 싶다고 이야기했습니다. 교사는 수학에 대한 이러한 새로운 사고방식에도 대처할 수 있어야 합니다. 관점을 바꾸면 교사의 역할이 드러납니다: 정해진 교육과정이 있는 한, 교사는 무엇이 수학이고 무엇이 수학이 아닌지에 대한 문제에 관여할 필요가 없습니다. 그러나 여기서 교사는 철학자의 질문으로 간주될 문제를 기꺼이 받아들이고, 다음의 그림처럼 교육과정의 수학과는 매우 다르게 보이는 이 학생의 활동이 수학인지에 대해 학생 및 동료들과 진지하게 토론했습니다.

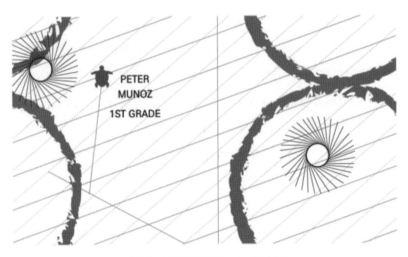

이것도 수학이라고 할 수 있나요?

이 장에서 저는 학교의 개념, 교사의 개념, 관료의 개념, 투쟁의 개념을 제시했습니다. 이제 변화를 위한 보다 실용적인 전략을 제시하며 마무리하겠습니다.

교사의 지위에 내재된 잠재적인 변화의 힘을 일깨우려면 어떻게 해야 할까요? 먼저 몇 가지 전제 조건이 필요합니다. 갈등은 이상적 조건 중 하나입니다. 그러나 가끔 갈등 속 교사는 마치 사악한 악마와 거룩한 전쟁을 벌이는 순수한 천사처럼 묘사됩니다. 현장 교사들은 다양한 입장을 가집니다. 우리 사회에서 성장한 모든 사람은 학교의 방식을 내면화했으며 교사도 예외는 아닙니다. 동시에 대부분의 학교 관리자 역시 한때 교사였으며 계속해서 그들의 열망을 실현하려 노력하고 있습니다. 헤칭거의 이야기는 사악한 교장에 관한 이야기가 아니라 교장의 역할, 즉 사람이 아닌 지위에 관한 이야기입니다. 캐롤 스페리(Carol Sperry)는 변화를 위해 전투적으로 일한다고 생각하는 교사들조차 지니는 '모순'에 대해 글을 썼습니다. 양성평등의 입장에서 그녀는 여성을 교육 변화의 핵심 주체로 보지만, 여성들은 권위에 순응하는 비공격적인 여성상을 내면화하고 있으며 여교사로서의 자아상은 그 경향이 더 심하다고 설명하고 있습니다. 그 결과 변화를 실행하려고 할 때 오른손이 한 일을 왼손으로 미묘하게 되돌리고, "나는 단지 교사일 뿐이지만..."과 같은 말로 자신의 관점을 훼손하는 경우가 종종 있다고 설명합니다.

간단히 말해, 우리는 균일하지 않은 발전 상황을 다루고 있습니다. 우리 사회의 과제는 최고의 교사들이 학생들에게 제공하는 것과 동일한 다원주의적(pluralist) 지원을 교사들에게 제공하는 것입니다. 각기 다른 출발점에 있는 개인이 각자의 위치에서 나아가기 위해서는 개별적 지원이 필요합니다. 그들에게 무리한 변화를 재촉하거나 명령할 수는 없습니다. 저는 이상적인 그림을 제시하고 있지만, 그 이상을 실현하는 것도 바로 다음의 작은 단계가 없다면 무의미합니다. 현실적으로 변화는 다원적으로 이루어지지 않으면 일어날 수 없습니다.

현실적으로 가장 중요한 문제는 변화를 위해 노력하려는 의지가 서로 다른 교사들이 다원적으로 변화할 방법을 찾는 것입니다. 전반적으로 획일적인 변화는 있을 수 없으며, 그러한 시도는 변화의 속도를 최소 공통분모 수준으로 떨어뜨릴 것입니다. 사회는 일부 혹은 대부분의 사람들이 원하지 않는다고 해서 잠재적으로 최고의 교사가 될 수 있는 사람들을 내버려 두어서는 안 됩니다.

05

• • •

학습을 위한 한마디

학습의 기술을 뜻하는 영어 단어가 없는 이유는 무엇일까요? 웹스터 사전에 따르면 교육학(pedagogy)이라는 단어는 가르치는 기술을 의미합니다. 배우는 기술에 대한 단어는 찾을 수 없습니다. 교사양성 기관의 가르치는 기술에 대한 강의는 그저 "교수학습방법"을 나열할 뿐입니다. 교육에서 가르치는 방법이 중요하다는 것은 누구나 알고 있으며, 이러한 강의는 숙련된 교사가 되기 위해 필요한 것을 제공합니다. 하지만 학습 방법은 어떨까요? 숙련된 학습자가 되고자 하는 사람들을 위해서는 어떤 강의가 제공될까요? 이 두 분야의 이론을 뒷받침하는 단어에서도 동일한 불균형을 발견할 수 있습니다. '교수법 이론'과 '교수법 디자인'은 교수법을 뒷받침하는 학문적 연구 및 연구 분야를 지칭하는 여러 가지 방법 중 하나입니다. 학습의 기술을 지원하는 학문 분야에는 이와 유사한 명칭이 없습니다. 당연한 일입니다: 그러한 명칭이 적용될 대상이 거의 없기 때문에 명명의 필요성을 느끼지 못한 것입니다. 교육학, 즉 가르치는 기술은 다양한 이름으로 학계에서 존경받고 중요한 분야로 채택되었습니다. 그러나 학습의 기술은 학문적으로 외톨이입니다.

심리학과 도서관에 "학습 이론"이라고 표시된 섹션이 있다는 사실에 현혹되어서는 안 됩니다. 이 섹션의 낡은 책들은 흰 옷을 입은 과학자가 미로를 통과하는 쥐를 바라보는 이미지로 풍자되는 활동들을 다루고 있으며, 최신 책은 동물의 행동보다 컴퓨터 프로그램의 성능에 기반한 이론을 담고 있을 가능성이 높습니다. 저는 이러한 책을 폄하하려는 것이 아니라 − 저는 이 분야의 책을 공동 집필한 것을 자랑스럽게 생각합니다− 학습의 기술에 관한 책이 아니라는 점을 지적하려는 것일 뿐입니다. 예를 들어, 이 분야의 책들은 쥐를 훈련시키는 방법에 대한 내용은 제공하지만 쥐(또는 컴퓨터)에게 학습 방법에 대한 조언을 제공하지는 않습니다. 때때로 이 책들은 학생 훈련의 기초 지식으로 사용되지만, 그들에게서 나 자신의 학습을 향상시키는 방법은 찾을 수 없었습니다.

우리 언어가 학습과 가르침을 불평등하게 대우하는 것은 어휘뿐만 아니라 문법에서도 볼 수 있습니다. 예를 들어, '선생님은 아이를 가르친다'라는 문장을 분석해 보세요. 선생님은 문장의 능동 주어이고 아이는 피동 목적어입니다. 교사는 학습자에게 무언가를 합니다. 이 문법 형식은 가르침을 능동적인 과정으로 표현하는 학교의 위계적 이데올로기를 담고 있습니다. 교사는 통제권을 가지고 있으므로 기술이 필요한 사람이고, 학습자는 단순히 지시에 따르기만 하면 됩니다. 이러한 비대칭성은 너무 뿌리 깊어서 '능동적' 또는 '구성주의' 교육을 옹호하는 사람들도 벗어나기 어렵습니다. 학습자가 '지식을 구성'할 수 있는 상황을 설정하는 기술에 대해 이야기하는 구성주의 교수법에 관한 책과 강좌는 많이 있지만, 실제로 지식을 구성하는 더 어려운 기술에 관한 책은 아직 없습니다. 구성주의 하위문화의 교수법 관련 문헌은 주입식 하위문화만큼이나 교사 쪽에 편향되어 있습니다.

이러한 결함을 보완하기 위한 첫 번째 단계는 우리가 그것에 대해 이야기할 수 있도록 누락된 학습 영역에 이름을 부여하는 것입니다. 학습의 기술에 이름을 붙이는 것은 그것을 존중하는 일입니다. 마인드스톰(Mindstorms)에서 제가 제안한 단어가 주목을 끌지 못했지만, 오늘날에는 그러한 단어에 대한 문화적 준비가 더 많이 되어 있다고 생각하기 때문에 다시 시도해 보겠습니다. 저의 목표는 이 특정 단어를 옹호하기보다는 그 필요성을 강조하는 것입니다. 단어를 둘러싼 문화가 무르익으면 점점 많은 사람들이 그 단어를 사용하게 되어 결국 언어의 토양에 뿌리를 내리게 될 것입니다. 식물 용어의 아버지라 불리는 린네는 우리에게 익숙한 흰 꽃을 벨리스 페레니스(Bellis perennis)라고 부르겠지만, 데이지가 꽃이 아니라 '꽃차례(inflorescence)'라는 식물학자의 주장과 라틴어 학명을 무시한 채 일반 대중들은 그 꽃을 그냥 데이지라고 부릅니다. 결국 '문화' 또는 '언어'가 결정합니다.

이제 우리 언어의 격차와 그 격차를 메우기 위한 제안을 설명하기 위해 다음 문장을 살펴보겠습니다: 저는 프랑스어를 배우면서 언어에 대한 지식, 사람들에 대한 지식, 그리고 학습에 대한 지식을 얻었습니다. 여러분은 앞의 두 개념을 지칭하는 단어인 언어학(linguistic)과 문화(cultural)는 문제없이 떠올릴 수 있지만, 세 번째 개념을 가리키는 단어는 생각해내기 어려울 것입니다. 저는 이 단어의 후보로 '수학적(mathetic) 지식'을 추천함으로써, 학습과 관련된 그리스어 단어군에서 수학(mathematics)이라는 단어를 훔친 직업적 선조들의 잘못을 바로잡고자 합니다. 마테마티코스(mathematikos)는 "배우려는 성향"을,

마테마(mathema)는 "수업"을, 만타네인(manthanein)은 "배우다"라는 동사를 뜻합니다. 수학자들은 자신들의 배움만이 진정한 배움이라고 확신했기 때문에 이 단어를 사용하는 것이 정당하다고 생각했고, 그 결과 현재 학교에서 가르치는 숫자에 관한 내용이 수학 어간(math-)의 지배적인 의미가 될 정도로 큰 성공을 거두었습니다. 현재 영어에 남아 있는 원래 의미의 몇 안 되는 흔적 중 하나가 "박식한(polymath)"입니다. 이것은 많은 종류의 수학을 아는 사람이 아니라 폭넓게 배운 사람을 의미합니다. "수학(mathetics)은 (앞으로 어떤 이름으로 불리든) 어린이를 위한 학문 분야로서의 수학보다 훨씬 더 중요하기 때문에" 앞으로 학습의 기술에 관한 학문에 수학(mathetics)이라는 명사를 사용할 것을 제안합니다.

정신적 과정을 설명하기 위해 차용된 다른 그리스어와 비교해보면 "수학"의 의도된 의미와 "소리", "느낌"을 명확히 파악할 수 있습니다. 아르키메데스의 "유레카!"와 같은 어원에서 유래한 휴리스틱스(heuristics)는 지적 발견의 기술을 의미합니다. 최근에는 특히 해결 방법의 발견을 의미하게 되었습니다. 수학은 문제 해결을 위한 휴리스틱스를 배우는 학문입니다.

휴리스틱스의 개념은 오래되었지만(적어도 데카르트, 더 거슬러 올라가면 고대 그리스), 현대 교육 사조에까지 영향을 확장한 것은 저서 『어떻게 풀 것인가(How to Solve It)』로 잘 알려진 수학자 조지 폴리아(George Polya) 덕분입니다. 폴리아는 학습(learning)이라는 단어 대신 '문제 해결의 원리'라는 표현을 사용했다는 점을 제외하면 학교에서 학습에 대한 지식보다 숫자와 문법에 대한 지식을 더 중요시한다는 저의 불평과 일맥상통하는 주제를 다뤘습니다: 학교에서 아이들은 사고력보다는 숫자와 문법에 대해 더 많이 배웁니다. 폴리아의 아이디어를 지지하고 확장한 초기 논문(1972)에서 저는 이를 도전적인 역설로 공식화하기도 했습니다.

일반적으로 사람들은 직업 활동을 지도하는 것을 좋은 훈련이라고 생각합니다. 아이들의 직업 활동에는 학습, 사고, 놀이 등이 있습니다. 하지만 우리는 아이들에게 그런 것들에 대해서는 이야기하지 않습니다. 대신 숫자, 문법, 프랑스 혁명에 대해 이야기하며 이 무질서에서 정말 중요한 것들이 저절로 드러나기를 기대합니다. 그리고 가끔은 그렇게 되기도 합니다. 그러나 소외 – 학업중단 – 약물의 결합은 확실히 더 자주 일어납니다... 모순은 여전히 남아 있습니다: 왜 우리는 그들에게 생각하고, 배우고, 놀도록 가르치지 않습니까?

전통적인 교육에서는 지능은 인간의 마음에 내재되어 있으므로 학습할 필요가 없다고 봅니다. 즉, 모든 연령대의 인간은 사실, 아이디어, 가치관을 사용할 수 있는 능력을 선천적으로 타고난다는 전제 하에 학교에서 그것을 가르치는 것이 적절하다는 것이죠. 폴리아의 도전은 학생들에게 다음과 같은 간단한 규칙을 따르도록 지시했을 때 학생들의 문제 해결 능력이 향상되었다는 단순한 관찰에서 시작되었습니다: 다른 일을 하기 전에 잠시 시간을 들여 당면한 문제와 비슷한 다른 문제를 생각해 보세요. 그는 계속해서 이와 같은 '휴리스틱스' 규칙 모음을 개발했는데, 이 중 일부는 모든 종류의 문제에 적용되고 일부는 특정 지식 영역에만 적용되었습니다. 그중 폴리아가 가장 관심을 기울인 분야는 수학이었습니다.

폴리아의 전형적인 규칙 유형은 "분할과 정복(divide and conquer)"

의 원칙을 적용하는 것입니다. 학생들은 종종 전체 문제를 한꺼번에 풀려고 고집하기 때문에 문제 해결에 실패하는데, 문제의 일부를 따로 떼어냈다 나중에 합치는 전략으로 전체를 해결할 수 있다는 것을 알고 나면 더 쉽게 문제를 해결할 수 있습니다. 라이트 형제는 들판에서 이륙할 수 있는 동력 비행기를 만들려고 계획했지만, 첫 실험부터 바로 그런 비행기를 만들려고 했다면 다른 많은 선배들과 마찬가지로 참혹한 결말을 맞이했을 것입니다. 대신 그들은 날개 단면을 테스트할 수 있는 바람 터널을 발명하고 제작하여 날개 설계 문제를 해결했습니다. 그런 다음 이상적인 바람이 불어오는 트랙에서 이륙할 수 있는 글라이더를 만들었습니다. 이 모든 작업과는 별개로 엔진도 개발했습니다. 이런 식으로 그들은 점차 문제를 극복해 나갔습니다.

폴리아는 흔히 "문제 해결"이라고 불리는 원리를 보다 명시적으로 교육에 도입하고 싶었습니다. 마찬가지로 저도 학습의 원리를 좀 더 명시적으로 다루고 싶습니다. 휴리스틱스에 대해 생각해 보면 수학의 개념을 다른 방식으로 설명하는 데에 도움이 됩니다. 휴리스틱스 원리가 학생들에게 도움이 되는 이유에 대한 저만의 비정통적인 설명으로 휴리스틱스(heuristics)와 수학(mathetics)을 비교해보고자 합니다.

저는 문제 해결에는 폴리아의 규칙에 담긴 것보다 훨씬 더 미묘한 과정이 적용된다고 생각합니다. 규칙이 문제 해결의 보조 도구로서 가치가 없다는 말은 아니지만, 가장 중요한 것은 규칙들의 표면적 의미보다 간접적이고 훨씬 단순하다고 생각합니다. 휴리스틱스 규칙을 적용하면 학생들은 서둘러 문제를 끝내고 다음 문제로 넘어가려다 결국 더 많은 시간을 쓰게 됩니다. 반대로 제 수학적 원리는 한 문제를 여유롭게 풀다 보면 그 문제를 알게 되고, 이를 통해 비슷한 문제를 해결하는 능력을 향상시킬 수 있다는 것입니다. 규칙이 문제를 해결해주진 않습니다. 문제에 대해 생각하는 것이 학습을 촉진할 뿐입니다. 문제에 대해 이야기하거나 다른 사람에게 보여주는 것도 마찬가지입니다. 수학이란 규칙 자체가 즉각적인 문제 해결에 효과적인지 생각하는 것에서 규칙 사용이 장기적으로 학습에 어떻게 기여하는지에 대한 다양한 설명을 찾는 것으로 초점을 전환하는 것입니다. 다소 과장된 표현일 수 있지만, '문제를 가지고 노는 것'은 그 해결책 뒤에 숨어있는 능력을 향상시킬 수 있다고 생각합니다.

휴리스틱스의 효과에 대한 이 해석은 수학적으로 중요한 주제들을 강조하며, 각 주제는 학교가 학습을 방해하는 방식과 학습을 더 잘하는 방법에 대한 몇 가지 조언을 제시합니다.

우선, 폴리아와 관련하여 언급한 '시간을 들이는 것'이라는 주제는 학자들의 인상을 찌푸리게 한 책, 정신과 의사 M. 스콧 펙(M. Scott Peck)의 베스트셀러 『덜 여행한 길(The Road Less Traveled)』의 한 구절이 잘 설명해주고 있습니다. 저는 레고 및 닌텐도와 제휴를 맺었을 때와 같은 이유로 이 책을 읽게 되었는데, 돈을 버는 일과 관련 있다는 이유로 학문적으로 순수하고 정치적으로 올바른 사람들은 인상을 찌푸렸습니다. 서른 명의 아이들의 관심을 40분 동안 유지하는 데 어려움을 겪는 교육자라면 누구나 많은 사람들을 학습과 관련된 상황으로 끌어들일 수 있는 펙, 레고, 닌텐도에 대해서 배워야 합니다.

펙은 시간을 들이는 것에 대해 이렇게 말합니다: 서른일곱 살에 저는 물건을 고치는 방법을 배웠습니다. 그 전에는 상형문자로 된 설명서에 따라 사소한 배관 수리, 장난감 수선, 박스형 가구 조립을 시도했지만 거의 모든 시도가 혼란과 실패, 좌절로 끝났죠. 의대를 졸업하고 어느 정도 성공한 경영자이자 정신과 의사로서 가족을 부양할수 있었음에도 불구하고 저는 스스로를 기계치라고 생각했습니다. 저는 저에게 어떤 유전자가 결핍되어 있거나 기계적 능력을 담당하는신비로운 특성이 결여된 저주를 받았다고 확신했습니다. 그러다 서른일곱이 되던 어느 봄의 일요일, 산책을 하다가 잔디 깎는 기계를 수리하는 이웃을 우연히 만났습니다. 저는 그에게 인사를 건넨 후 "정말존경스럽습니다. 저는 그런 건 고칠 수도 없고, 그런 일을 해본 적도없어요."라고 말했습니다. 그러자 이웃은 한 치의 망설임도 없이 "그건 당신이 시간을 내지 않기 때문이에요."라고 반격했습니다. 저는 그의 대답이 너무나 단순하고 즉흥적이며 단호해서 왠지 모르게 불안한마음에 다시 걸음을 재촉했습니다. "그 말이 맞을 수도 있겠지?" 저는스스로에게 물었습니다. 그 말은 계속해서 기억에 남았고, 다음에 사소한 수리를 할 기회가 생기자 시간을 가져보자는 생각이 들었습니다. 환자의 차에 주차 브레이크가 걸렸는데, 대시보드 아래에서 브레이크를 풀 수 있다는 건 알고 있었지만 방법을 몰랐어요. 저는 그녀의차 앞좌석 아래 바닥에 누웠어요. 그런 다음 시간을 두고 몸을 편안하게 만들었습니다. 편안해진 다음에는 몇 분 동안 천천히 상황을 살펴봤어요. 처음에는 전선과 튜브, 막대가 혼란스럽게 뒤섞여 보여 그 의미를 알 수 없었습니다. 그러나 서두르지 않고 브레이크 장치에 시력을 집중하자 점점 그 과정을 추적할 수 있었어요. 그리고 브레이크가풀리는 것을 막는 작은 걸쇠가 보였습니다. 저는 이 걸쇠를 손끝으로살짝 밀면 브레이크가 풀리는 것이 분명해질 때까지 천천히 연구했습니다. 그리고 바로 시도했죠. 한 번의 동작, 손가락 끝에서 1온스의 압력으로 문제가 해결된 것입니다. 저는 정비의 달인이 되었습니다!

사실 저는 비기계적인 문제에 모든 시간을 집중하기 때문에 대부분의 기계 고장을 해결할 수 있는 지식을 쌓을 시간이 없습니다. 그래서 저는 여전히 가장 가까운 수리공에게 달려가곤 합니다. 하지만 이제 저는 이것이 제가 내린 선택이며 저주받았거나 유전적 결함이 있거나 무능력하거나 무력하지 않다는 것을 알고 있습니다. 그리고 저를 비롯해 정신적으로 결함이 없는 사람은 누구나 시간을 들이기만 하면 어떤 문제라도 해결할 수 있다는 것을 알고 있습니다.

자신에게 충분한 시간을 주는 것(give yourself time)은 휴리스틱스와 수학에 모두 적용되는 매우 당연한 원칙입니다. 그러나 학교는 학습 시간을 촘촘히 쪼개며 이 원칙을 노골적으로 위반합니다: "책을 꺼내서... 18장 마지막에 있는 10문제를 풀고... 종소리가 들리면 책을 덮어라. 땡... 종이 울렸으니 책을 덮어라." 이렇게 쪼개진 일정에 맞춰 일해야 하는 기업 임원이나 뇌 전문 외과의사, 과학자를 상상해 보세요.

이 이야기는 두 번째 주제인 대화에 대해서도 날카롭게 지적합니다. 펙은 이를 명시적으로 말하지는 않았지만, 더 많은 사람들과 기계적 문제에 대해 더 자주 이야기했다면 서른일곱보다 더 이른 나이에 시간을 들이는 것에 대한 깨달음을 얻었을 것입니다. 수학(mathetics)의 핵심 원리는 좋은 토론이 학습을 촉진한다는 것이며, 수학(mathetics)의 핵심 연구 목표 중 하나는 가장 좋은 토론의 종류와 그러한 토론에 유리한 상황을 밝히는 것입니다. 그러나 학계에서는 빅토리아 시대의 성적 환상 표출에 대한 금기만큼이나 강력하게 우리

마음속에서 실제로 일어나는 일에 대해 이야기하는 것이 금지되어 있습니다. 이러한 금기들은 학교에서 강화되고 있지만, 학교 밖에서도 우리 문화 전반에서 관찰되는 심각한 "반수학적(antimathetic)" 현상들이 나타나고 있습니다.

학교에서 미묘하지만 파괴적인 형태로 존재하는 반수학적 과정을 생생하게 보여주는 사례를 살펴보겠습니다. 이 사건은 학습 장애 진단을 받은 아이들이 하루의 일부를 보내는 '자료실'에서 일어났습니다. 3학년 프랭크도 그중 한 명이었습니다.

한 보조 교사가 프랭크에게 계산 학습지를 주었습니다. 그는 다른 조건에서는 숫자를 꽤 잘 다룰 수 있었지만 계산 문제를 푸는 것은 몹시 싫어했습니다. 실제로 이 학생은 자신이 하고 싶은 일을 하기 위해 필요한 레고 조각의 개수와 모양을 잘 계산합니다. 학교에서 시키는 실제 필요와 분리된 숫자 계산을 해결하기 위해 그는 여러 가지 기술을 사용했습니다. 그중 하나는 손가락을 사용하는 것이었는데, 선생님은 이 행동을 바로 금지시켰습니다. 그는 손가락을 움직이고 싶어 어쩔 줄 몰랐습니다. 그리고 그는 숫자를 셀 수 있는 다른 무언가를 찾기 위해 주위를 둘러보기 시작했습니다. 그러나 그의 손엔 아무것도 잡히지 않았습니다. 저는 그의 좌절감이 커지는 것을 볼 수 있었습니다. 제가 뭘 할 수 있었을까요? 저는 보조 교사를 설득하여 다른 일을 시키거나 손가락 세기를 허용하도록 설득할 수 있었습니다. 하지만 그런다고 진짜 문제가 해결되지는 않습니다: 내일이면 다시 같은 상황에 처하게 될 테니까요. 보조 교사를 교육해야 했을까요? 그럴 시간도 장소도 없었습니다. 그때 좋은 생각이 떠올랐습니다! 저는 자연스럽게 소년에게 다가가 큰 소리로 물었습니다: "치아에 대해 생각해 봤어요?" 소년의 얼굴에서 그가 요점을 파악했다는 것을, 보조 교사의 얼굴에서 그녀가 그렇지 않다는 것을 즉시 알 수 있었습니다. 그는 반쯤 감춰진 미소를 지으며 이 혁신적인 아이디어에 기뻐했습니다.

고전적인 농담 중에, 방과 후에 남아 질문을 하는 아이의 이야기가 있습니다. "선생님, 오늘 저는 뭘 배웠어요?" 놀란 선생님이 "왜 그런 질문을 하니?"라고 묻자 아이는 "아빠가 항상 물어봐서 뭐라고 대답해야 할지 모르겠어요."라고 대답합니다.

프랭크는 그날 학교에서 무엇을 배웠을까요? 보조 교사는 덧셈 문제를 열 개 풀면서 덧셈에 대해 배웠다고 말할 것입니다. 프랭크는 뭐라고 말할까요? 한 가지 확실한 것은 혀와 치아를 주판으로 바꾸는 새로 발견한 요령에 대해선 선생님에게 말하지 않을 가능성이 매우 높다는 것입니다. 학습 장애에도 불구하고 그는 머릿속에서 실제로 일어나는 일에 대해 너무 많이 말하지 않는 법을 오래전에 배웠습니다. 그는 정답을 요구하는 선생님들을 이미 너무 많이 만났을 뿐만 아니라 항상 그들이 정해놓은 방식으로 정답을 맞출 것을 요구받았습니다. 학교문화에 소속되기 위해 그는 선생님들이 그가 자신의 방식대로 하고 있다고 생각하게 하는 법을 배워야 했습니다.

프랭크의 사례는 극단적일 수 있지만, 대부분의 사람들이 자신이 멍청하거나 엉망진창이라는 것을 들킬까 봐 두려움을 느낍니다. 이러한 두려움은 우리가 어떻게 생각하는지, 특히 우리가 어떻게 배우는지에 대해 자유롭게 이야기하는 것을 금기시하는 습관을 키우게 됩니다. 그렇다면 프랭크와의 농담은 농담이 전혀 웃기지 않기 때문에 웃긴다는 프로이트의 이론, 즉 전혀 웃기지 않는 억압된 감정을 표현한다는 이론과 매우 잘 맞아떨어지는데, 이것은 학습에 대해 말하는 학교의 방식(특히 말하지 않는 방식)에 문제가 있다는 것을 암시하죠. 프로이트는 공격성을 숨기고 성적 본능에 대한 금기를 안고 살아가는 데서 오는 긴장을 완화하기 위해 농담을 생각했습니다. 학습과 관련해서도 비슷한 상황이 있다고 생각합니다.

이러한 금기는 최근까지 성적인 문제에 대해 이야기하는 것에 대해 존재했던 금기와 많은 공통점을 가지고 있습니다. 빅토리아 시대나 제가 어렸을 때만 해도 성적 환상은 '더러운 생각'이라는 개념에 속했고, 사람들이 그런 환상을 가지고 있다는 것을 인정하는 것은 허용되었지만 존경받는 사람들은 자신의 환상에 대해 공개적으로 말하지 않았습니다. 여기서 이러한 대화를 꺼리는 이유에 대해 생각해 볼 필요가 있습니다. 여러분이 빅토리아 시대 사람이라고 상상해 보세요. 여러분은 자신만 더러운 생각을 하는 것은 아니라고 확신할 수 있지만, 그것이 얼마나 흔한 일인지, 사람들이 여러분을 그렇게 생각할지 알 수 없을 것입니다. 그러니 입을 다물고 있는 것이 좋습니다.

이것이 빅토리아 시대에 대한 정확한 분석이든 아니든, 오늘날에도 비슷한 일이 벌어지고 있다고 확신합니다. 오늘날에는 자신의 마음이 성적인 생각으로 가득 차 있다는 것을 드러내는 것을 걱정하는 사람은 거의 없으며, 심지어 이 주제에 대해 공개적으로 이야기하지 않는 것을 금기로 여깁니다. 현대의 금기는 마음의 여러 측면에 영향을 미칩니다. 친밀감에 대한 많은 제약 중 이 주제와 가장 관련성이 높은 것은 사람들이 자신이 얼마나 혼란스러운지 다른 사람들에게 공개하는 것을 꺼린다는 것입니다. 우리는 "무지하다", "멍청하다" 또는 명백하게 틀린 것처럼 보이는 것을 좋아하지 않습니다. 물론 우리 모두는 우리 자신의 마음이 어지러운 혼란으로 가득 차 있고 다른 사람들도 같은 처지라는 것을 알고 있지만, 어떤 사람들은 깔끔하고 단정하며 예리한 상태일 거라 상상하기 때문에 특히 상사나 선생님과 같이 권력을 가진 사람들 앞에서 나의 상태를 떠벌리진 않습니다. 그래서 내면의 목소리는 말을 조심하라고 경고합니다. 말을 너무 많이 하면 어떤 마음을 가지고 있는지 드러나 자신을 취약한 존재로 만들 수 있습니다. 결국 이러한 조심성은 습관이 됩니다.

성적 금기에 대한 비유는 개인적인 학습에 대한 자유로운 대화를 꺼리는 현상을 과장하는 것처럼 보일 수 있습니다. 하지만 저는 그렇게 생각하지 않습니다. 저는 이 증상에서 해방되기 위해 노력하는 과정에서 매우 강한 금기를 마주했습니다. 지금도 저는 인지적으로 비교적 안정된 상태지만, 마음속의 혼란을 진정시키는 행동을 자주 합니다. 특정 사람들에게 실제의 저보다, 또는 다른 누구보다 더 명료한 인상을 주고 싶다는 생각을 떨칠 수가 없습니다. 이것이 저만 겪는 문제라고는 생각하지 않습니다. 여러분들은 곧 제가 개발한 다양한 방어 기제들을 소개받게 될 겁니다.

이것이 과장이든 아니든, 금기의 비유는 사람들이 학습에 대해 이야기하게 만드는 것이 단순히 주제와 언어를 제공하는 것의 문제가 아니라는 점을 강조합니다. 우리는 대화가 중요한 걸 알지만 동시에 강한 심리적 저항을 느낍니다. 따라서 수학의 목표를 향해 나아가기 위해서는 토론에 대한 기술적 지원 이상의 것이 필요합니다. 우리는 심리적 지원 시스템을 개발해야 합니다.

제가 상상할 수 있는 가장 간단한 형태의 지원 시스템은 학습 경험에 대해 자유롭게 이야기함으로써 자신을 개방하는 관행을 강화하는 것입니다. 이 장의 나머지 부분에서는 스스로 학습 장애라고 여겼던 것에서 어떻게 벗어났는지 설명하려고 합니다. 저는 이 생각에서 벗어나는 데 펙의 두 배의 시간이 걸렸습니다.

학교에서 적절한 나이에 글을 읽지 못하거나 산수를 하지 못하는 아이는 학습 장애가 있는 것으로 진단되어 특수 학급에 배치될 가능성이 높습니다. 저도 또래 수준의 읽기와 덧셈은 할 수 있었지만, 다른 영역에서는 또래 아이들에 비해 학습이 훨씬 뒤처져 있었습니다. 펙은 서른일곱 살이 되어서야 자신이 결국 기계적인 문제를 해결할 수 있다는 사실을 깨달았다고 말합니다. 제 기억이 시작된 순간부터 저를 괴롭혀온 학습 장애, 즉 꽃 이름을 기억하지 못하는 장애에서 벗어나는 데는 더 오랜 시간이 걸렸습니다. 물론 모든 꽃을 기억하지 못하는 건 아니었습니다. 저는 장미, 튤립, 수선화라는 단어를 일반적인 종류의 식물에 적용할 수 있었습니다. 하지만 장미가 정확히 무엇인지 안다고는 말할 수 없었습니다. 정원에서 장미라고 생각한 꽃이 동백이나 튤립으로 밝혀지는 당황스러운 상황이 반복적으로 일어났습니다. 특히 야생화는 전혀 구분하지 못했습니다. 국화, 달리아, 금잔화, 카네이션이라는 이름은 제 머릿속에 흐릿한 구름을 형성했습니다. '꽃 문맹'을 벗어날 무렵에 일어난 다음의 사건들을 살펴보면 당시 제가 얼마나 심각했는지 이해하실 겁니다.

제 사무실이 있는 건물의 공용 공간에 화려한 꽃을 피운 화분이 나타났습니다. 당시 저는 꽃에 관심을 기울이기 시작한 터라, 매우 이국적으로 보이는 이 식물이 반가웠습니다. 전에 본 적이 있는지 기억해 보려고 했지만, 이 식물이 나팔꽃(지난 몇 주 동안 '발견'했던 종)이 아니라는 것 외에는 떠오르는 것이 없었습니다. 학습 장애가 있는 사람들이 종종 그렇듯이, 저는 강한 불편감 때문에 쉽게 식물의 이름을 물어볼 수 없었습니다. 대신 지나가다가 누군가 그 이름을 언급해 주기를 바라며 식물의 아름다움에 대해 대화를 시도해 보았습니다.

네다섯 번 실패했을 때쯤, 저는 질문 없이 이름을 찾는 게임에 몰두하고 있었습니다. 그때 저는 잠시 추리를 멈추고 목적 없는 대화보다 더 나은 방법을 생각해냈습니다. 꽃에 대해 잘 알 것 같은 사람에게 이렇게 물었습니다: "그거 특이한 품종 아닌가요?" 그리고 성공했습니다: "아, 저는 피튜니아 품종은 잘 몰라요." 피튜니아! 그 후 몇 주 동안 저는 피튜니아를 20번이나 발견하고는 세는 것을 멈췄습니다. 제가 다니는 길들에만 운명처럼 피튜니아가 피어 있었다고 생각하지는 않아요. 여름의 뉴잉글랜드에는 어디에나 피튜니아가 피어 있으니까요. 진짜 수수께끼는 어떻게 그 오랜 세월 동안 그 꽃을 인식하지 못했을 수 있었느냐는 것입니다. 주변 사람들은 피튜니아가 어떻게 생겼는지 다 아는데 어떻게 저만 모를 수 있었을까요? 저에게 무슨 문제가 있었던 걸까요?

저는 '저'에게 문제가 있다고 생각하지 않지만, 학업적 성공을 바탕으로 구축한 모든 지적 안정감에도 불구하고 여전히 제 자신에 대한 의심에 취약합니다. 이런 의심으로 인한 고통은 또래 친구들보다 읽기나 덧셈을 배우기가 훨씬 더 어려운 아이들이 느끼는 감정에 대해 궁금하게 만듭니다. 비록 제 장애의 결과가 그 아이들보다 훨씬 경미해서 어떤 비교도 자칫 오만하게 느껴질 위험이 있지만, 비교를 가치 있게 만드는 공통 요소가 충분하다고 생각합니다. 적어도 제가 학교식 치료법의 혜택을 받지 못했다는 사실은 "특수 교육"에 대한 표준 접근 방식에 대해 더 신중하게 생각해보게 합니다.

학교의 담론에서 동기부여는 매우 중요한 개념입니다. "아이들이 배우지 않는다면 동기가 없는 것이니 동기를 부여하자." 이 조언이 제 경우에는 적용되지 않는데, 저는 이미 동기부여가 잘 되어 있었기 때문입니다. 저는 종종 꽃 장애를 극복하겠다는 결심하에 꽃 이름을 열심히 외우곤 했습니다. 그렇기 때문에 게으름도 이 사태의 원인은 아니었습니다. 우리는 이러한 장애와 이를 극복하기 위한 전략을 이해하기 위해 훨씬 더 미묘하고 짜임새 있는 개념을 들여다봐야 합니다. 예를 들어, '동기부여'라는 일차원적인 개념 대신에 대인관계의 복잡성과 뉘앙스가 모두 담긴 지식 영역과의 관계 개념을 개발해야 합니다.

저는 배움에 대한 모든 멋진 아이디어에도 불구하고 제가 꽃 이름을 배우는 학교식 방식으로 되돌아갔을 때를 주목했습니다. 저는 선생님과 꽃집에 가서 "저건 뭐죠?"라고 묻곤 했어요. 그리고 이건요? 저건요? 교과서와 책을 보며 꽃 사진과 이름을 연결해 보려고 노력하고, 심지어 식물원에 현장학습을 가서 모든 꽃의 이름표를 들여다보기도 했어요. 하지만 소용이 없었습니다. 암기식 학습의 정면 돌파는 학교 과목을 제대로 배우지 못하는 아이들에게 적용하는 학교식 교수학습방법과 다를 바가 없었습니다. 마치 학교 시험을 위한 학습과 같았죠. 잠시 몇 가지 꽃 이름을 기억하긴 했지만 곧 익숙한 혼란 속으로 다시 가라앉았습니다. 얼마 후 꽃 학습에 대한 열정이 식자, 저는 1~2년 더 꽃 이름을 '잘 모르는' 사람으로 지내게 됐습니다.

어느 늦봄, 시골로 갑작스레 떠난 휴가에서 루핀이 얼마나 멋진지에 대한 이야기가 나왔습니다. 소외감을 느꼈지만 루핀이 무엇인지 모른다는 사실을 인정하고 싶지 않았던 저는 피튜니아 상황에서 잘 먹힌 트릭을 사용했습니다. "루핀이라는 이름이 이상하지 않나요? 그 유래가 궁금하네요."(대화를 유도하는 것은 많은 '학습 장애' 아동들이 사용하는 교묘한 수법입니다.) 누군가 영리하게 추측했습니다: "루푸스 늑대와 비슷하게 들리네요. 하지만 관련 있어 보이진 않아요." 여러 방향으로 의견이 오고 간 후(제가 대화의 불을 계속 지피지 않았다면 이 화제는 사라졌을 것입니다), 누군가 말했습니다: "늑대 꼬리처럼 생겼어요." 누군가는 그렇지 않다고 투덜거렸지만요. 저에게는 그곳에서 보이는 모든 식물 중에서 늑대 꼬리와 조금이라도 비슷하다고 인식되는 식물이 하나뿐이었기 때문에 그것이 루핀이라고 판단했습니다. 그리고 곧 '키가 큰 가시'라고 부르게 된 그 화려한 덩어리가 루핀이라고 확신하게 되었죠.

제 발전에 중요한 역할을 한 뜻밖의 기회는 꽃의 이름을 발견한 것이 아니라 꽃과 이름을 연결한 것이었습니다. 꽃 이름과 어원학에 대한 특별한 관심이라는 두 가지 지식 영역을 연결한 것이었죠. 이전에는 루핀(lupine)이라는 이름을 곧 잊어버릴 거라고 예상했지만, 이번에는 이 발견이 너무 신나고 어원 퍼즐이 재미있어서 이 단어를 찾아보려 책을 다시 펼칠 때까지도 그 사건이 머릿속을 떠나지 않았습니다. 루핀(lupine)이 실제로 '늑대'를 뜻하는 라틴어에서 유래한 것은 맞지만, 꼬리처럼 생긴 가시 때문이 아니라는 사실을 알게 되었습니다. 이 단어는 루핀이 모든 영양분을 "늑대처럼" 먹어치우기 때문에 토양에 좋지 않다는 인식에서 비롯된 것이었습니다. 이후 진실과 허구 사이의 모호한 상태인 늑대 이론에 흥미를 느껴 연구를 진행하던 중 이야기의 반전을 만나게 되었고, 이 이야기는 여전히 저에게 강렬한 기억으로 남아있습니다.

저는 오랫동안 단어의 역설적인 측면에 흥미를 느껴왔기 때문에 루핀(lupine)의 어원에서 역설적인 측면을 발견했을 때 흥분을 감출 수 없었습니다. 루핀은 완두콩과에 속하는 식물로 토양의 영양분을 뺏어가는 식물이라고 생각하는 사람들이 많지만, 사실은 오히려 대기 중 질소를 포집해 토양에 영양분을 공급하는 식물입니다. 척박한 토양에서도 잘 자라는 루핀은 비난보다는 칭찬을 받아야 마땅합니다. 그러나 그 이름은 그 근거가 된 이론보다 오래되었기 때문에 이미 언어적 습관으로 굳어져 그 유래를 거의 알지 못하는 오래된 아이디어 중 하나가 되었습니다. 꽃 이름과의 관계는 제가 개인적으로 흥미를 느꼈던 분야와 맞닿으면서 새로운 분위기를 띠게 되었습니다.

제가 어원을 좋아하는 이유 중 하나는 정신 현상에 대한 단일 설명을 반박하는 좋은 예시를 제공하기 때문입니다. 모든 정신 현상은 다분히 복합적이며, 이것이 바로 마음이 작동하는 방식의 본질입니다. 꽃 이름의 어원은 이러한 사고방식을 강력하면서도 매우 간단하게 뒷받침합니다. 처음에는 어원학이 하나의 단어에 대해 하나의 역사적 출처를 찾아내는 것처럼 보이기 때문에 여러 가지 설명을 선호하는 저의 성향과 상반되는 것처럼 보일 수 있습니다. 하지만 어원을 찾는다는 것은 단어가 사용되는 방식에 대한 심리적 또는 문화적 설명이 아닙니다. 늑대 이론은 린네가 이 식물 속을 루피누스(Lupinus)라고 부를 때 따랐던 것으로 보이는 오래되고 대중적인 형식에 대한 설명은 될 수 있지만, 이 이름이 우리 문화에 고착된 이유를 설명하지는 못합니다. 식물학자들이 식물을 그렇게 부르는 이유를 설명한다고 해서 일반 사람들이 식물을 다르게 부르는 이유를 설명할 수는 없습니다. 대부분의 경우 대중 언어는 식물 학명을 외면하고 자체적인 이름을 발전시킵니다. 우리는 시린가(syringa) 대신 라일락(lilac)이라 말하고 부모님께 다이앤서스(dianthus) 대신 카네이션(carnation)을 드립니다. 루핀(lupine)이라는 이름이 널리 쓰이게 된 데에는 늑대 꼬리처럼 생겼다는 설과 늑대처럼 착하다는 설이 함께 기여했을 가능성이 높아 보입니다. 결국, 한 사람에게 두 단어 사이의 연상 작용이 일어났다면 다른 사람에게도 일어났을 것이고, 더 많은 사람들의 의식의 문턱을 맴돌았을 거라 가정하는 것이 합리적일 것입니다.

제 수학 이론은 제 아마추어 어원 분석에 의존하지 않습니다. 여기서 중요한 것은 그것이 저에게 강하게 연상되는 지식의 영역과 연결되었다는 것입니다. 이 이야기의 진정한 교훈은 어떤 매력적인 특성이 어떻게 단어에서 꽃으로, 그리고 꽃에서 다른 정신 영역으로 퍼져나갔는가 하는 것입니다. 이 이야기를 비유로 설명하자면, '차가운' 정신 영역이 '뜨거운' 영역과의 접촉을 통해 어떻게 뜨거워졌는지에 관한 이야기라고 할 수 있습니다.

한 번의 접촉으로 차갑기만 했던 꽃 이름에 대한 열정이 뜨겁게 달아올랐습니다. 루핀 사건 이후 2년이 지난 지금 꽃 이름에 대한 제 기억에 극적인 변화가 생겼습니다. 그들이 이제 제 머릿속에 자리를 잡은 것처럼 보입니다. 하지만 이런 변화가 한꺼번에 일어난 것은 아니었고, 그 무렵에는 이름을 기억하는 능력보다 식물과의 관계에 훨씬 더 많은 변화가 있었습니다.

일 년 내내 루핀(lupine)이라는 단어를 잊지 않고 꽃 이름의 특별함에 집중해보았지만 큰 변화는 없었습니다. 예를 들어, "흰 라일락" 또는 "노란 장미"라는 말을 들으면서 사소한 어원적 모순을 발견했습니다. 라일락은 라일락 색을 뜻하는 페르시아어에서 유래했으며, 장밋빛 뺨은 황달이나 창백함을 암시하지 않습니다. 수련(water lilies)과 아룸 백합(arum lilies)이 (식물학적 의미에서) 백합(lilies)이 전혀 아니라는 말을 들었을 때도 이와 같은 특별함을 발견할 수 있었습니다. 가끔은 그런 사소한 것에 신경 쓰는 제 자신을 확인하며 조급해지기도 했지만, 그런 생각들은 제 마음속에 계속 작은 파문을 일으켰고, 돌이켜보면 그 파문이 저를 대망의 순간을 맞이할 준비 상태로 만들어 주었기에 꼭 필요한 순간들이었다고 생각합니다. 어느 날 밤 저는(새벽 2시에 책을 읽다가) 데이지는 식물학적으로 꽃이 아니라는 사실에 큰 충격을 받게 되었습니다.

이 사실이 충격적인 건지, 그런 사실을 모른 채 오랫동안 살아온 제 자신이 충격적인 건지 모르겠습니다. 데이지가 꽃이 아니라고? 누군가 꽃을 그리라고 한다면 대부분 다른 꽃보다 데이지를 그릴 거예요. 지금 생각하면 어리석고 무식해 보이지만, 그때는 정말 혼란스러우면서도 신이 났어요. 더 많은 것을 배우기 위해 짧은 시간 동안 이 책 저 책을 살펴봤죠. 표준 명명법에 대한 반란(putsch)은 데이지를 넘어 해바라기, 검은 눈의 수잔(black–eyed susans), 국화(chrysanthemums), 달리아까지 퍼져 나갔습니다. '가짜 꽃'과 같은 이름으로 폄하되거나 '꽃차례'와 같은 화려한 이름으로 격상되었지만, 많은 사람들이 그들을 꽃이라고 부르는 것은 명백한 실수인 것처럼 보였습니다. 어떻게 그럴 수 있을까요? 해바라기가 꽃이 아니라고요? 백합이 아니라는 이유로 이미 마음속에서 경시하고 있던 아룸 백합조차 꽃에서 제외되었습니다.

가장 강렬했던 순간은 아침에 꽃을 실물로 받아보았을 때였습니다. 익숙한 사물을 처음 보는 듯한 느낌으로 바라보고 있던 저는 다음 해에도 이 상황이 여러 번 반복될 것을 직감했습니다. 미나리아재비(buttercup)와 데이지를 비교해보면 식물학자가 미나리아재비와 데이지를 근본적으로 다른 것으로 보는 시각을 이해할 수 있을 것입니다.

식물학자에게 꽃은 생식기관을 중심으로 구조화되어 있습니다: 수술과 꽃밥, 암술, 암술머리, 수술, 씨방은 꽃의 본질입니다. 사람과 새, 곤충에게 화려한 인상을 주는 꽃잎과 꽃받침은 부차적인 기관입니다. 미나리아재비, 튤립, 백합에서는 이 모든 기관을 볼 수 있지만 데이지에서는 볼 수 없습니다. 오히려 데이지에서는 여러 번 반복되는 부분을 볼 수 있는데, "사랑해... 사랑하지 않아..."를 반복하면서 하나씩 떼어낸 하얀 조각은 생식기관을 둘러싼 꽃잎이 아니라 꽃 전체입니다. 아주 조심스럽게 하나씩 떼어내면 마치 한쪽으로 처진 길쭉한 피튜니아(petunia)처럼 생긴 것을 볼 수 있습니다. 그리고 그 꽃을 둘러싸고 있는 중앙의 노란색 원반은 그 자체로 완전한 작은 꽃 덩어리입니다. 따라서 식물학적으로 데이지란 꽃이 아니라 안쪽의 원반 꽃을 둘러싼 바깥쪽의 광선 꽃, 즉 두 종류의 꽃이 단단하게 뭉친 것입니다. 식물학자는 그것을 머리 또는 꽃차례라고 부르지만, 저는 아이들이 데이지를 항상 꽃이라고 부를 것이라고 생각하고, 또 계속 그러길 희망합니다.

데이지, 과꽃, 해바라기, 수레국화 등을 포함하는 꽃과를 꽃차례라고 부르는
이유는 우리가 일반적으로 꽃이라고 부르는 것을 식물학자들은 작은 꽃들이
모여 있는 덩어리로 보기 때문입니다.

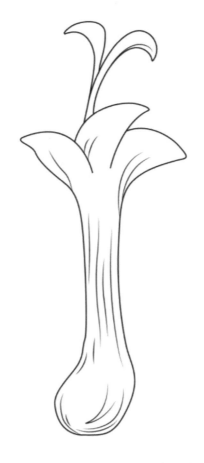

꽃차례의 중심에 있는 원반 또는 덩어리는 이와 같이 여러 개의 작은 꽃으로 이루어져 있습니다. 꽃잎처럼 보이는 것도 그 자체로 완전한 꽃입니다.

　이때까지 꽃에 대한 저의 관심은 꽃의 이름에 국한되어 있었고, 어원에 대한 저의 기존 관심 영역에 속해 있었습니다. 그러나 데이지 사건을 계기로 저의 관심은 언어에서 사물로 확장되었습니다. 이제는 꽃을 바라보며 꽃의 구조에 대해 생각하기 시작했습니다. 꽃의 개념 이 바뀌고 새로운 개념의 실체가 제 머릿속에 자라기 시작했습니다:

생각의 단위가 꽃에서 식물 전체로 바뀌었고, '장미과'(장미, 체리, 사과, 딸기 등)와 같이 이전에는 모호했던 실체가 점점 더 확고한 실체를 갖게 되었습니다. 식물학자들에 대해서도 생각하기 시작했습니다: 그들의 꽃에 대한 정의에서 데이지가 제외된 것은 단순한 논리의 문제라는 것을 쉽게 알 수 있었습니다. 그러나 그러한 정의를 채택한 이유를 이해하는 것은 본질적으로 다른 복잡한 과정이었으며, 개념을 이해하는 것보다 문화에 들어가는 것이라 설명할 수 있었습니다.

제 머릿속에는 점점 더 복잡해지는 관계 속에서 이름 짓기가 중요한 주제로 남아있었습니다. 간단한 예로 데이지의 이름을 들어보겠습니다. 하찮은 꽃이 관심의 중심이 되자 자연스럽게 그 이름의 유래와 의미를 찾아보게 되었습니다. 그러자 곧 데이지(daisy)가 '낮의 눈(day's eye)'이라는 사실을 알게 되었죠! 이 사실을 몰랐다는 사실에 다시 한번 놀랐고, 왜 몰랐을까 하는 부끄러움도 함께 들었습니다. 이 발견은 책마다 다른 설명을 제공한다는 사실 때문에 더욱 흥미진진해졌습니다. 한 가설은 데이지가 '낮의 눈'인 태양처럼 보인다는 것이었고, 다른 가설은 데이지가 낮에 열리고 밤에 닫히는 경향과 관련이 있다는 것이었습니다. 또 다른 가설은 추측(speculation)에서 시작되었습니다. 바로 데이지가 오래전부터 눈병에 약효가 있는 것으로 여겨져 왔다는 것입니다. 이름과 관련이 있을지도 모른다는 첫 번째 추측은 타당성이 떨어져 확인해 볼 가치가 없어 보였습니다. 그러면서 또 다른 흥미로운 사실을 발견했는데, 바로 식물이 눈에 보이는 특성으로 약효를 나타낸다는 '시그니처 효과(the doctrine of signatures)'에 관한 것이었습니다. 야생화인 자초(self‒heal)는 꽃에 목이 있다는 사실로 인해 목 질환 치료에 효과를 나타내며, 같은 이유로 식물 이름인 프루

넬라 벌가리스(Prunella vulgaris)가 "퀸시(quinsy)"(같은 조사를 통해 알게 된 편도선염의 옛 이름)를 뜻하는 독일어인 브레네(Breune)에서 유래되었음을 발견했습니다. 헤파티카 잎의 착색 패턴은 간의 모양을 연상시킨다고 하는데, 이는 "간과 관련된"이라는 뜻의 라틴어에서 유래한 헤파티카(hepatica)라는 이름과 간 질환에 좋다는 인식 모두를 설명해 줍니다. 연구를 통해 어떤 식물은 목이 있고 어떤 식물은 그렇지 않다는 식물의 특징이 더욱 두드러졌습니다. 이름에 대한 관심은 저를 실제 꽃의 세계로 이끌었습니다.

이름과 작명과의 또 다른 연결은 자연과의 새로운 관계로 이어졌습니다. 이 책의 대부분을 집필한 방의 창밖에는 여러 가지 색의 야생화, 특히 노랑과 보라색 꽃들이 보이는 들판이 펼쳐져 있습니다. 노란 꽃 중에는 키가 크고 덤불이 무성한 세인트존스워트와 더 키가 큰 달맞이꽃, 작은 양지꽃, 미역취가 보입니다. 보라색 꽃 중에는 분홍바늘꽃, 좁쌀풀, 과꽃이 보입니다. 제 머릿속에는 물음표처럼 보이는 식물도 있습니다: 그 존재를 알아챘지만 정체는 알 수 없는 것들이죠. 2년 전에 그들은 그저 각각이 구별되지 않은 예쁜 꽃 무더기였습니다. 정말 아름다웠어요. 저는 그 풍경을 좋아했지만 지금 제가 보고 있는 것과는 전혀 달랐습니다. 아무리 노력해도 꽃을 예전처럼 볼 수는 없습니다. 개성이 없는 노란 꽃들이 한 덩어리로 뭉쳐져 있다면 어떤 느낌일지 지금으로선 상상할 수 없습니다.

나는 이 발전 과정의 세부 사항들을 교수학습모형에 적용하고 싶습니다. 저는 2년 전에 미나리아재비(buttercup)의 이름을 알고 미나리아재비를 정확하게 구분했습니다. 이 이름을 다른 종과 구분하기 위해 얼마나 연습했는지 기억나진 않지만 작은 노란색 꽃을 지칭하는 다른 이름은 없다고 확신했습니다. 그 후 맞이한 첫 번째 여름의 초입에 저는 다른 두 종류의 노란 야생화, 양지꽃(cinquefoils)과 세인트존스워트(Saint-John's-worts)를 알게 되었습니다. 그러나 저의 심각한 꽃 난독증은 이 꽃들을 여러 번 다시 식별해야 한다는 사실에서 다시 드러나게 되었고, 음정을 맞추지 못하는 사람처럼 다음 날까지 그들의 차이점을 구분할 수 없었습니다. 그럼에도 변화는 있었습니다: 마치 머릿속에 미나리아재비, 양지꽃, 세인트존스워트 세 가지를 위한 말뚝을 만들었지만 각 말뚝에 무엇을 걸어야 할지 모르거나, 세 사람을 만나서 이름은 들었지만 그들에 대해 아무것도 모르는 것과 같았습니다. 저는 이런 상황에 처할 때마다 새로운 개체들이 뒤섞여 있다가 점차 개성이 강해져 서로 구분될 때까지 큰 혼란을 경험하곤 합니다. 세 식물의 개성에 대한 감각은 천천히 그리고 고르지 않게 성장했습니다.

저는 이 성장이 이뤄진 과정을 정확히 알지 못합니다. 그러나 그것이 어떤 경우에 일어나지 않는지는 알고 있습니다: 책에서 읽은 각그룹의 특성을 외우는 것은 효과가 없었습니다. 아마도 제가 이 세 가지 꽃에만 관심이 있었다면 그들의 공식적인 특성을 외울 수 있었을 것입니다. 그러나 다른 식물로 눈을 돌렸다가 이 식물들로 돌아온다면 또 틀려버릴 것입니다. 식물학자들이 정의한 특징을 암기한 기억과는 다른 무언가가 서서히 생겨나기 시작했고, 각각의 꽃과 좀 더 개별적 관계를 구축하기 시작했습니다.

저는 미나리아재비를 턱에 대었을 때 나타나는 턱 색깔에 대한 민속신앙을 활용하여 미나리아재비를 구분했습니다. 색이 반사되어 턱이 노란색을 띠면 미국에서는 버터를 좋아한다는 의미로, 프랑스에서는 사랑에 빠졌다는 의미로 해석합니다. 이러한 이야기를 통해 저는 미나리아재비를 다른 두 꽃과 구별되는 특징 중 하나인 반짝이는 꽃잎과 연관시켰습니다. 다음 연상 작용은 덜 직접적입니다. 세 꽃 중 하나는 특히 덥수룩한 수술이 있는데요, 어떤 꽃인지는 매번 기억나지 않습니다. 이 꽃은 세인트존스워트인데, 이 식물이 아론의 수염(Aaron's beard)이라고도 불린다는 글을 읽고 수술이 수염과 비슷하기 때문에 덥수룩한 수술을 연상했고, 아론과 세인트존스워트라는 이름이 모두 성경과 연관성이 있다는 점에서 세인트존스워트라는 이름을 떠올리게 되었습니다. 따라서 아론의 수염이라는 이름은 덥수룩한 수술의 특성을 세인트존스워트라는 이름에 붙이는 일종의 접착제 역할을 한 셈이죠. 이 기간 동안 저는 시각적 관심이 꽃에서 식물로 이동하는 것을 발견했고, 이것은 새로운 종류의 연상 작용을 촉발했습니다.

꽃과의 '관계(affair)'가 깊어질수록 더 많은 연상 작용이 만들어졌고, 연상 작용이 활발해질수록 꽃에 더 강하게 끌렸으며, 새로운 연상 작용은 서로를 더 효과적으로 지지하면서 이 관계가 오래 지속될 가능성을 높였습니다. 게다가 제가 배우는 내용은 여러 방향으로 퍼져 나갔습니다: 라틴어 단어를 배우고, 민간 의학의 역사에 대한 통찰력을 얻었으며, 지리적, 역사적 지식을 새롭게 익혔습니다. 저의 예술적, 과학적 부흥기는 당시 발전한 자연과의 새로운 관계에서 꽃의 역할을 통해 새로운 관점을 갖추게 되었습니다.

핵 반응의 임계 질량 현상이나 출산율과 생존율이 높을 때 인구가 폭발하는 현상처럼 제 학습은 임계 수준에 도달했습니다. 학습은 지속하면 그 효과가 폭발적으로 증가합니다: 학습의 효과가 기하급수적으로 커지는 임계 수준에 도달하기까지 저는 1년이 걸렸습니다. 특히 식물과 같은 지식 영역은 연결이 풍부하고 학습의 폭발을 일으키기 쉽습니다.

꽃에 대한 저의 학습 경험은 꽃 이름 배우기라는 매우 좁은 '교육과정'에서 시작되었습니다. 이런 경험의 확장은 보수주의자들이 학습을 평가하는 표준화된 행동주의 검사로 측정하는 그 어떤 것보다 더 입체적인 삶의 차원에서 저를 다른 사람으로 변화시켰습니다. 그것은 제가 세상을 돌아다닐 때 의식의 흐름에 영향을 미쳤습니다: 길거리나 들판을 걸을 때 더 많은 것을 보게 되었고, 세상이 더 아름다워졌습니다. 자연과의 일체감이 강해지고, 환경 문제에 대한 관심도 더 깊어졌습니다. 그리고 최근에는 식물학 책을 읽으면서 읽은 내용을 기억하는 데 어려움이 없다는 사실에 스스로 놀랐습니다. 마치 제가 이 분야의 구체적인 단계에서 형식적인 단계로 넘어간 것 같았습니다.

이 장의 앞부분에서 구성주의에 관한 문헌들의 학습적(mathetic) 약점을 언급했습니다. 자신의 지식을 구성하여 학습한다는 비유는 교사가 학생에게 전달하는 지식의 이미지에 비해 수사학적인(rhetorical) 큰 힘을 가지고 있습니다. 그러나 그것은 비유일 뿐이며, 제 꽃 이야기를 생각해 보면 다른 이미지도 학습을 이해하는 데 똑같이 유용하며 실제적인 학습적(mathetic) 지침의 원천으로 더 유용하다는 것을 알 수 있습니다. 그중 하나가 바로 육성(cultivation)입니다: 식물에 대한 지식을 쌓는 일은 집을 짓는 건설 인부의 일이라기보다는 정원을 설계하고 가꾸는 원예사의 일처럼 느껴졌습니다. 제가 주의를 기울이지 않는 동안에도 지식이 발전했다는 것은 의심할 여지가 없습니다! 또 다른 이미지는 지역에 대한 지리적 은유(metaphor)와 지역 간의 연결에 대한 생각입니다. 사실 "연결주의(connectionism)"라는 표현이 "구성주의(constructivism)"라는 표현보다 제 이야기에 더 잘 어울립니다.

실용적인 차원에서 "연결고리를 찾아라!"라는 말은 학습적 (mathetic) 측면에서의 조언이며, 이론적 차원에서는 지식의 연결성에 대한 흥미로운 질문으로 이어집니다. 심지어 학습은 이미 존재하는 정신적 실체들을 의도적으로 연결할 때 일어나며, 이때 새로운 정신적 실체는 미묘하게 의식적인 통제를 벗어나는 식으로 등장합니다. 지식의 상호 연결성에 대해 생각해 보면 어떤 지식이 의도적인 가르침 없이도 쉽게 습득되는 이유를 이해하게 됩니다. 미국인들이 악수를 다섯 번 하면 연결되지 않는 사람이 없다는 말이 있듯이, 문화적 지식은 서로 연결되어 있기 때문에 학습이 모든 지역으로 자유롭게 확산될 수 있습니다. 이는 학습 환경의 연결성을 개선하여 개인적 행동이 아닌 문화적 행동을 통해 학습을 촉진하는 전략을 제시합니다.

06

학습에 대한 이야기 문집

    모음집(anthology)이라는 단어는 학습(mathetics)의 핵심이 우리가 알고 있는 것들의 연결성을 갖도록 하는 것임을 보여줍니다. 제 경우에는 루핀(lupine)의 어원을 통해 꽃과 새로운 관계를 맺게 되었고, 그 결과 수백 개의 완전히 새로운 단어를 습득하고 수천의 오랜 친구들을 "뜨겁게" 인식하게 되었습니다. 꽃밥(anther)(꽃 수술의 꽃가루 주머니)이라는 단어와 꽃을 뜻하는 그리스어 어원 안토스(anthos)는 학창 시절부터 알고 있었지만 저는 그것들을 "차갑게" 인식하고 있었습니다. 이것들을 뜨겁게 인식하게 되자 연상 작용으로 안톨로지(anthology)가 "꽃을 연구한다"는 고대의 의미를 가지고 있는지 궁금해지기 시작했습니다. 그러나 이것은 생물학(biology)과 같은 단어의 뜻을 잘못 유추한 것으로 밝혀졌습니다. 사실 접미사 -logy는 "연구하다"보다 더 일반적인 어원적 의미를 가지고 있습니다. 그리스어(및 인도유럽어)의 어원은 "연구"를 의미하기 전에 "수집"을 의미하며, 이는 지식을 수집하는 것을 뜻합니다. 어원적으로 안톨로지(anthology)는 꽃의 모음 또는 무리를 의미합니다. 세 가지를 연구하는 학문이 아니라 세 가지의 모음을 뜻하는 단어 삼부작(trilogy)을 생각해보면 그 뜻을 이해할 수 있습니다.

이 장은 학습 이야기를 모아놓은 장으로, 각 이야기의 앞뒤에는 학습에 관한 교훈을 얻을 수 있는 내용들이 담겨 있습니다. 이 이야기에는 학교에서 기술을 사용하는 아이들과 "현실 세계"의 사람들이 번갈아 등장합니다.

데비, 분수를 배우다

식물과의 관계에 대한 담론에서 저는 두 가지 학습 방식을 제안했습니다. 명제(propositions)는 "포텐틸라는 장미과의 속입니다."와 같이 잘 정리된 사실을 명확하게 서술합니다. 탐구를 진행하면 포텐틸라와 미나리아재비, 오네세라, 어원, 양배추, 왕을 연결하는 비교적 복잡한 연결망(web of connections)을 구축할 수 있습니다. 저는 아마도 깔끔한 명제보다 복잡한 연결망을 선호하는 것처럼 보였을 것입니다. 연결망은 명제를 포함하지만 명제가 연결망을 포함할 순 없다는 사실이 바뀌지 않는 한 저는 이 입장을 고수할 것입니다. 이상적으로는 두 가지를 모두 활용하고 그 사이를 유창하게 이동할 수 있어야 합니다. 하지만 명쾌하고 깔끔한 명제만 있고 이를 뒷받침할 직관이 없는 것보다는 명제로 공식화하지 못한 것을 어지럽지만 직관적으로 이해하는 것이 훨씬 낫습니다. 안타깝게도 학교가 검증과 구분, 나열이 가능한 명제를 선호하는 현상은 이 순서를 뒤바꾸고 있습니다. 그 결과 학교에서는 인용부호를 떼어내는 것을 정당화할 직관과 연결고리 없이 고립된 '지식'의 조각들만이 생성되고 있습니다.

3개월 동안 데비와 4학년 학생들은 자동화된 컴퓨터 교수학습

트렌드의 판도를 뒤집은, CAI로 널리 알려진 프로젝트에 매일 한 시간씩 참여했습니다. 4학년 학생들은 로고(Logo)를 사용하여 분수를 가르칠 수 있는 교육용 소프트웨어를 개발하는 과제를 수행하면서 교육용 소프트웨어의 소비자가 아닌 생산자가 되었습니다. CAI 신봉자들에게도 이러한 반전은 A 지점에서 B 지점으로 이동해야 하는 사람들에게 자동차를 직접 만들어서 이동하라고 말하는 것만큼이나 짓궂게 느껴질 것입니다. 하지만 사실 소프트웨어를 만드는 것은 로고(Logo) 프로그래밍 및 소프트웨어 제작 기술 습득뿐만 아니라 분수 학습에도 도움이 되는 것으로 밝혀졌습니다. (자동차를 만들어본 경험이 운전 실력에 영향을 미칠 가능성이 없는 것은 아니지만, 자동차를 만드는 데도 같은 반전이 적용될 것이라고 추론하지는 않습니다!)

반전의 역설은 특히 데비의 경우에서 더욱 두드러집니다. 학생들은 소프트웨어에서 분수에 대해 다룰 내용을 자유롭게 선택할 수 있었습니다. 일부 학생들은 학교 시험에 자주 출제되는 2/4를 1/2로 변환하는 방법을 설명하기로 결정했습니다. 데비는 선택한 학습 내용이 시험에 출제되는 기술과는 거리가 먼 철학적인 것이었음에도 불구하고 시험 점수가 크게 향상된 학생 중 한 명이었습니다. 그녀는 "일상생활에서 매일 분수를 사용할 수 있다.", "모든 것에 분수를 적용할 수 있다." 등 다양한 방식으로 자신의 철학적 원칙을 형식화했습니다. 이러한 진술이 무엇을 의미하는지 그녀의 작업 맥락을 보면 알 수 있습니다.

연구 프로젝트 초기 인터뷰(제 동료이자 전 학생인 이디트 하렐(Idit Harel)의 박사 학위 논문의 핵심이 된)에서 아이들은 "분수가 뭐지?"라는 간단한 질문을 받았습니다. 아이들의 대답은 낮은 시험 점수보다 훨씬 더 암울했습니다. 어떤 아이들은 "반"이라는 예시 외에는 어떤 종류의 대답도 하지 못했습니다. 한 명은 "아직 배운 적이 없다"고 답했는데, 이는 수업 시간에 분수를 '배운' 적이 없다는 뜻이 아니라 분수를 정의하는 방법을 아직 배우지 못했다는 뜻이었습니다. 많은 학생들이 4학년이 할 수 있는 합리적인 대답을 내놓았습니다: "분수는 부분이고 어떤 것의 일부입니다." 이 답변에서 우려스러운 점은 조사관이 분수의 예를 물었을 때 드러났습니다. 거의 모든 예가 파이 한 조각과 같이 물리적 사물의 조각이라는 한 가지 종류로 수렴되었습니다. 4개월 후 같은 아이들이 말한 것과 비교해보면 무엇이 문제인지 알 수 있습니다. 소프트웨어 디자이너로서의 경험을 바탕으로 30분, 25센트, 반값 세일, 낮 시간 등 매우 다양한 예시가 나왔습니다. 데비는 자신이 세운 일반화 원칙에 맞는 여러 예시를 들다가 이렇게 말했습니다: "왜 귀찮게 분수의 예를 들자고 하세요? 여러분이 생각하는 모든 것이 분수의 예가 될 수 있다는 것을 모르시나요?"

그 자체로도 놀라운 데비의 분수 이론은 첫 번째 인터뷰에서의 그녀의 입장과 비교했을 때 더욱 놀라웠습니다. 분수의 예를 보여 달라는 질문에 그녀는 원을 그려서 둘로 나누고 오른쪽 절반에 음영을 넣은 다음 "저게 분수이고, 저게 반입니다."라고 말했습니다. 조사관이 음영 처리되지 않은 부분에 대해 묻자 "그건 분수가 아니라 아무것도 아니에요."라고 대답했습니다. 데비에게 '분수'는 물리적 사물의 일부일 뿐만 아니라 원의 음영 처리된 부분이었습니다. 게다가 반드시 오른쪽에 음영이 있어야 했습니다. 조사관은 데비가 모든 예제를 이 방향으로 제시했다는 것을 알아차리고 그림 중 하나를 회전시켜 음영 처리된 면이 위로 오도록 했습니다. 이게 분수인가요? 데비는 바로 대답하지 못하고 고민에 잠겼습니다: 그녀는 "일종의 분수죠.", "돌려보세요."라고 말하며 그림을 원하는 위치로 돌려서 다시 "분수"가 되도록 했습니다.

여기서 중요한 것은 이러한 제한된 답변이 분수에 대한 데비의 모든 지식을 대변한다는 것이 아닙니다. 핵심은 분수에 대한 형식적인 학교 지식이 직관적인 일상 지식과 연결되지 않았다는 것입니다. 그녀가 수업 시간에 배운 지식은 깨지기 쉽고 형식적이며 삶과 동떨어진 것이었습니다. 교사와 교과서 저자들이 파이를 활용하여 학교 분수를 실생활과 연결하려는 시도는 새로운 경직성을 낳을 뿐이었습니다. 반면에 데비는 이 프로젝트에 참여하면서 실생활과 더 밀접하게 연결될 수 있었습니다. 데비의 사고의 전환은 단순히 사실과 기술을 아는 것의 문제가 아니었습니다. "무엇이든 그 위에 얹을 수 있다"는 그녀의 말은 인식론적 전환과 인식론적 의도를 보여줍니다. 그녀는 한 종류의 지식(형식적, 교사의 지식)을 다른 종류의 지식(개인적, 구체적, 자신의 지식)으로 전환했습니다. 처음에 '분수'는 그녀가 교사로부터 배운 확실한 개념이었습니다. 결국 '분수'는 세상을 바라보는 방식을 의미했습니다. "무언가에 '분수를 붙인다는 것'은 분수를 붙인 대상에 대한 특정한 관점, 사고방식으로 분수를 사용하는 것을 의미했습니다.

실제로 전환은 다음의 방식으로 일어났습니다. 데비는 컴퓨터 화면에 분수를 그리려고 했습니다. 분수는 분할되고 부분적으로 음영 처리된 원이므로 다음 쪽에 제시한 그림처럼 화면에 도형을 그리는 방법을 익히기만 하면 되었습니다.

새로운 재미를 느낀 그녀는 더 다양한 예시 자료를 원하게 되었고, 결국 각 학생에게 배부된 디자인 노트에 자신의 발견을 적기 시작했습니다. 특히 노트 112쪽에 그린 한 장짜리 그림은 그녀가 노트에 글을 쓰면서 느꼈던 흥분과 자신의 발견을 중요하게 여기는 마음을 보여줍니다.

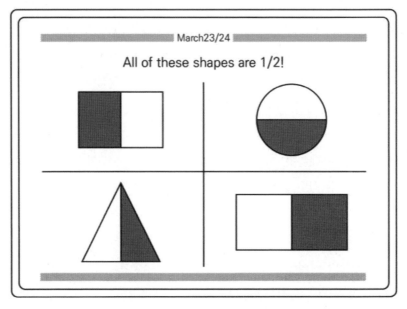

데비는 이 화면을 통해 분수에 대한 자신의 발견을 전달합니다:
분수는 어디에나 있습니다.

나의 오늘 계획

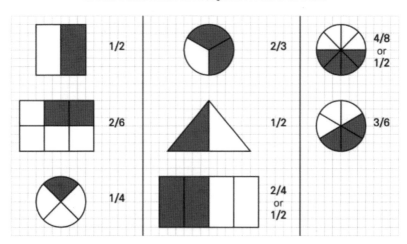

나의 오늘 계획

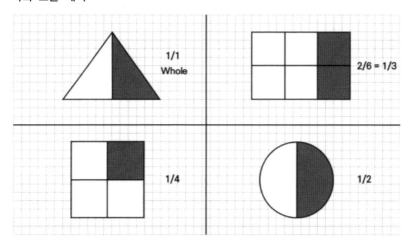

데비는 디자이너 노트에 매일의 계획과 진행 상황을 기록했습니다.
화면 상단에는 이렇게 적혀 있습니다:
분수는 무언가를 똑같은 부분이나 반으로 나누는 것을 말합니다.

이러한 변화가 일어난 이유는 무엇인가요? 무엇이 새로운 관심사를 일깨웠을까요?

이를 충분히 논하기 위해서는 복잡한 상황의 여러 측면을 다루어야 합니다. 그중에서도 가장 본질적인 측면은 학생들이 자신의 일을 '진지하게' 느끼는 점이라고 생각합니다. 제 신문과 피아제의 학생 시절 논문, 코스타리카 교사들의 국가적, 직업적, 성별 자부심 주장처럼 데비의 프로젝트는 가능한 한 빨리 끝내야 할 과제의 범주를 벗어나게 되었습니다. 그 대신 지적 에너지를 발휘할 수 있는 개인적으로 의미 있는 일이 되었습니다. 다른 해석은 하렐의 저서 『소프트웨어 디자이너로서의 어린이(Children as Software Designers)』에서 다루고 있는데, 이 책은 컴퓨터를 사용하는 어린이를 대상으로 한 단일 실험에 대해 제가 본 것 중 가장 철저한 논의를 제공합니다.

데비는 처음부터 소프트웨어 디자인 프로젝트에 빠져들진 않았습니다. 처음 몇 주 동안 그녀는 컴퓨터 앞에서 무미건조하게 화면에 분수를 그리거나 개인적인 감상을 적은 시에 애니메이션 장식을 입히는 작업을 하며 지루함을 참지 못했습니다. 그러던 어느 날 우연한 기회로 두 활동이 연결되었습니다. 그녀는 장식에 사용하던 프로그래밍 기법이 분수를 시각적으로 더 재미있게 표현하는 데 사용될 수 있다는 사실을 깨달았습니다. 이 발견은 또 다른 사건으로 이어졌습니다. 한 친구가 그녀의 화면을 보고 어떻게 그런 효과를 얻었는지 물었습니다. 평범한 학생으로 평범하게 생활하던 이 소녀는 갑자기 다른 사람들이 원하는 지식을 가진 '전문가'의 자아를 얻게 되었습니다. 소프트웨어 디자인 프로젝트에 대한 그녀의 태도도 바뀌었습니다. 이전에는 어떻게든 이 프로젝트에서 벗어나고 싶어 했지만, 이제는 성공의 기쁨을 만끽하면서 가능한 오래 프로젝트에 참여하고 싶어 했습니다. 그래서 그녀는 분수를 찾기 위한 탐험을 시작했습니다.

데비의 프로젝트는 이제 그녀를 현실 세계의 '분수들 사이'로 데려가 분수에 이전에는 없던 존재감을 부여하기 시작했습니다. 이전까지 분수는 교실에서만 존재했고, 그 좁은 범위 안에서도 교사의 칠판과 데비의 학습지 위로 그 영역이 제한되어 있었습니다. 데비가 분수를 탐구하거나 분수와 교감할 수 있는 여지는 없었습니다. 교실을 떠날 때 그녀는 그것들을 두고 떠났습니다. 수업 시간에 제시된 파이 다이어그램을 제외하고는 어디에서도 분수를 볼 수 없었으니 당연한 일이었죠. 이제 시인 데비는 점차 모든 곳에서 분수가 보이기 시작했습니다. 그녀는 '시는 시, 수학은 수학'이라는 학교의 획일화된 규칙을 무시하고 분수를 자신의 진정한 관심사로 끌어들여 분수와의 새로운 관계를 구축해 나가고 있었습니다.

주방 수학

최근 민족지학자들의 '발견'에 따르면 가사 노동에 종사하는 여성은 학교에서 가르치는 것과 다른 형태로 알고 있을 뿐, 학교 시험에서 다루는 것보다 더 많은 수학을 알고 활용한다고 합니다. 인지인류학자 장 라브(Jean Lave)는 부엌에서 일하는 여성들이 총량을 조절하기 위해 레시피를 어떻게 조정하는지 관찰했습니다. 학교의 관점에서는 이것이 분수(또는 '비율')의 문제처럼 보이지만, 여성들은 학교에서 배운 방법을 사용하지 않았습니다. 대신, 그들은 상황에 따라 즉석에서 마련한 "구체적인" 방법을 사용했습니다. 이 공식적인 연구 결과는 저의 비공식적인 경험(그리고 많은 독자들의 경험)을 떠올리며 공감을 불러일으킵니다.

함께 요리하던 친구가 다음 절차에 따라 밀가루 1컵 반의 3분의 2를 계산했을 때 저는 큰 충격을 받았습니다: 페이스트리 보드에 1컵 반을 계량하여 원 모양으로 펴고 대칭적인 파이 컷 패턴을 만들어 원을 세 조각으로 나눈 다음 한 조각을 밀가루 통에 다시 넣습니다. 제 머릿속에서는 1.5를 세 조각(각각 1/2에 해당)으로 '인식'했기 때문에 문제를 이해하는 데 시간이 필요했습니다. 이 글의 초고를 읽은 다른 친구가 자신은 식물의 전체를 먼저 '보는' 반면, 저는 잎의 형태와 꽃의 구조에 주목하는 분석적 과정을 먼저 거친다고 지적했을 때 이를 관점화하는 데 도움이 되었습니다. 그러나 그녀는 제 글을 읽고 지적인 의견을 제시하긴 했지만, 제가 "본 것"을 "본 것"은 아니었습니다. 밀가루 문제에 대해 그녀가 "본 것"과 "보지 못한 것"은 모두 수학자로서 매우 놀라운 부분이었습니다. 그녀는 머뭇거리며 생각에 잠긴 듯 보였지만 곧 자신감이 느껴지는 강한 목소리로 말했습니다: "저는 3분의 1컵 계량기를 사용할 거예요... 모든 주방에 하나씩 있죠... 두 번 사용하면 3분의 2컵을 얻을 수 있고... 한 번 사용하면 반 컵의 3분의 2컵을 얻을 수 있으니 3분의 2컵과 반 컵의 3분의 2컵을 얻을 수 있어요." 그녀의 사고 과정은 다음 장에 그림으로 설명되어 있습니다.

저는 수학자의 언어로 이것을 연역(deduction)이라고 다시 설명했습니다: 컵 반의 3분의 2는 컵의 3분의 2의 절반과 같고, 컵의 3분의 1과 같다는 것이죠. 하지만 친구에게 이 계산이 왜 맞는지 설명해 달라고 부탁했을 때 친구는 적절한 말을 찾지 못했습니다. 몇 년 전 학교에서 물려받은 수학 실어증이 다시 나타나더니 "아... 1.5, ...그건 5/3잖아?"라고 말하며 작은 목소리로 말을 이어갔습니다. 목소리의 변화는 많은 것을 말해줍니다. 강한 목소리와 유능한 주방 수학은 그녀가 자신의 영역에 있다고 말했고, 작아지는 목소리와 무능한 학교 수학 학습 환경(excursion)은 그녀가 '다른 사람'의 영역에 있다고 말하며 그녀에게 소외감을 주었습니다.

여기에선 인식론적 측면과 수학적 측면이라는 두 가지 측면이 중요하며, 물론 이들 간의 관계도 중요합니다. 주방 수학은 학교의 지식 전달 방식에 대한 비판을 넘어서 학교 수학의 무의미함을 강조합니다. 여기서 문제 삼는 것은 지식 그 자체입니다: 학교는 잘못된 교육 방법을 사용할 뿐만 아니라, 학교가 가르치는 것은 사람들이 실제 문제를 해결할 때 사용하는 것이 아닙니다. 우리 중 누구도 1과 1/2을 3/2으로 변환한 다음, 아래와 같은 추상적이고 형식적인 학교 수학 방식을 사용하지 않습니다.

$$2/3 * 3/2 = 6/6 = 1$$

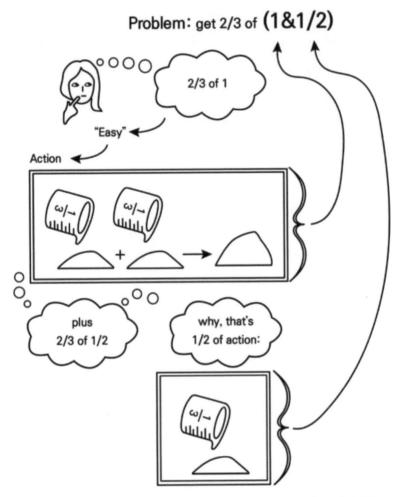

주방 수학을 하는 사람의 머릿속에서 벌어지는 일을 나타낸 그림입니다.

　　인식론적 교훈의 핵심은 우리 모두가 구체적인 형태의 추론을 사용했다는 것입니다. 수학적 교훈의 핵심은 이 작업을 수행함으로써 우리는 특별한 가르침 없이도, 심지어 다른 방식으로 진행하도록 배웠음에도 불구하고 수학적으로 무언가를 하는 법을 배울 수 있다는 것을 증명했다는 것입니다.

사람들이 배우지 않고도 수학적 방법을 광범위하게 사용할 수 있다고 해서 현재 교육이 문제가 없다는 뜻은 아닙니다. 사람들은 여전히 할 수 있는 일이 제한적입니다. 결론은 사람들이 어차피 할 수 있으므로 도움이 필요하지 않다는 것이 아니라 사람들이 비공식적으로 배울 때 학교에서와 다른 자연스러운 학습 형태를 보여준다는 것입니다. 교육자들에게 중요한 질문은 우리가 그것과 갈등하는 대신 동참할 수 있느냐는 것입니다. 그러기 위해서는 '그것'이 무엇인지에 대해 더 잘 알아야 합니다. 주방 수학 지식 뒤에는 어떤 종류의 학습이 있으며, 이를 어떻게 육성하고 확장할 수 있을까요?

주방 수학을 학교 수업의 일부로 만들 수 있을까요?

옛날식 학교 관행에 부엌 옷을 입히는 것은 핵심을 완전히 벗어나는 일입니다. 주방 수학이 효과가 있었던 것은 "밀가루에 관한 것"이라 "의미 있기 때문"이 아닙니다. 수학적 작업이 베이킹의 나머지 작업과 분리되지 않았기 때문입니다. 그것은 부엌의 도구와 재료를 조작하는 친숙하고 동질적(syntonic)인 행동의 연장선상에 있었습니다. 실제로 학교를 주방의 일부로 만들면 주방 수학을 학교 교육의 일부로 만들 수 있습니다.

또 다른 방법은 데비가 주방 수학을 하는 방식을 인식하는 것입니다. 컴퓨터는 그녀에게 시를 쓰고 꾸미는 부엌이 되었고, 그녀는 시와 매끄럽게 연결된 분수 작업을 할 수 있었습니다.

마리아, 집을 짓다

데비의 이야기와 밀가루에 관한 이야기는 사람들이 수학에 대해 느끼는 연결과 단절을 중심으로 전개됩니다. 현대 사회에서는 단절이라는 해로운 문제가 사람과 기술의 관계를 지배하고 있습니다. 교사에 관한 장에서는 관계의 단절이 개선된 사례를 언급했습니다. 교사들이 개인적 교수학습방식을 컴퓨터를 통해 확장함으로써 주방 수학을 원활하게 이어나가는 종류의 일이 가능해졌습니다. 다음 이야기에서는 어린이가 친숙한 장난감을 주방의 개념으로 사용한 사례를 소개하고자 합니다.

"정말 학교에서 이걸 가지고 놀아도 돼요?" 한 4학년 학생이 그 어디에서도 본 적 없는 양의 레고 블록을 보고 기쁜 목소리로 외쳤습니다. 그러나 프란시스코는 곧 학교에서 레고를 접했다는 사실보다 레고의 종류가 집에 있는 것과는 다르다는 사실에 더 놀라게 되었습니다. 익숙한 플라스틱 건물 벽돌, 용도를 바로 알 수 있는 기어와 모터 외에도 '센서'라는 신비한 물건이 있었고, 놀랍게도 모터와 센서를 컴퓨터에 연결할 수도 있었습니다. 그는 센서를 사용하면 보고 느낄 수 있는 레고 모델을 만들 수 있다는 말을 들었습니다. 그는 그 말이 믿기지 않았지만 즐거운 시간을 보낼 수 있을 거라고 확신했습니다.

프란시스코의 같은 반 친구인 마리아의 반응은 좀 더 복잡했습니다. 무슨 일이 일어나든 일반적인 수업과는 다를 것이라는 기대가 되면서도 불안했습니다. 레고가 남자아이들의 물건이라는 첫인상은 곧 다른 반에서 만든 트럭을 보게 되자 더욱 확고해졌습니다. 이 트럭은 컴퓨터로 타이핑을 해서 시동을 걸고 멈추거나 후진할 수 있었습니다. 선생님은 트럭이 장애물에 부딪히면 저절로 후진하는 기능에 대해 가장 신나게 이야기했습니다. "여러분도 곧 이런 것을 만들 수 있게 될 것이고, 그러면 많은 것들이 어떻게 작동하는지 이해될 거예요." 마리아는 뱃속이 조여오는 것을 느꼈습니다. 많은 것들이 어떻게 작동하는지 이해하고 싶었지만, 정작 열정을 가지고 트럭을 만드는 자신의 모습은 상상할 수 없었기 때문입니다. 6주 동안 일주일에 두 번씩 두 차시에 걸쳐 이 수업을 한다는 소식을 듣고 마리아의 불안은 공포로 바뀌었습니다.

다음 주에 수업에 참여한 마리아와 프란시스코는 레고-로고 (Lego-Logo) 워크숍에서 배운 내용을 바탕으로 C. P. 스노우(C. P. Snow) 에 의해 유명해진 '두 문화(The Two Cultures)' 이미지의 4학년 버전을 보여주었습니다. 프란시스코는 트럭을 만들자는 아이디어를 떠올렸고, 가파른 경사를 올라갈 때 저단 기어로 전환하는 자동 변속 메커니즘을 발명했습니다. 그의 친구들은 트럭에서 아이디어를 얻어 로봇과 환상적인 '동물', 그리고 움직이고 흔들리고 회전하며 소음을 내는 여러 구조물들을 만들었습니다.

문화의 반대편 극단에서 마리아와 세 명의 친구들은 전혀 다른 일을 하고 있었습니다. 그들은 트럭을 만드는 것이 아니라 집을 짓고 있다는 사실에 크게 안도했습니다. 그들은 "무언가를 할 수 있는" 기계를 발명하려던 것이 아니었습니다. 그들은 친숙하고 "아름답게" 느껴지는 무언가를 만들고 있었습니다.

미취학 아동일 때 집에서 레고를 가지고 놀던 것을 계속 이어가던 아이들은 작업이 점점 더 정교해지자 곧 재료의 부족함을 느끼게 되었습니다. 레고 부품이 늘어나자 아이들은 이전에 즐겼던 것을 더 크고, 더 좋고, 더 아름다운 규모로 만들 수 있게 되었습니다. 그들은 재료의 양을 늘렸을 뿐 모터, 센서, 컴퓨터 연결 등 레고 세트의 특별한 기능은 활용하지 않았습니다. 문화적 차이는 극적이면서도 매우 친숙했습니다. 기술 대 예술, 과학 대 인문학. 이러한 문제를 예상했던 사람들은 이 상황을 흥미롭게 지켜보았습니다. C. P. 스노우(C. P. Snow)도 극복할 수 없다고 생각했던 이 문제를 이 아이들은 어떻게 처리할까요? 그들은 그 격차를 받아들일 수 있을까요? 그 간극을 메울 수 있을까요? 그렇게 하기를 원할까요?

시간이 걸렸지만 결국 마리아와 친구들은 문화적 차이를 극복할 수 있는 자신만의 방법을 찾았습니다. 그들의 방식은 우리 문화와 학교에 이러한 차이가 어떻게 뿌리내리고 있는지, 스타일, 성별, 인종 등의 다른 요인과 어떻게 연결되어 있는지, 어떻게 그 차이를 뛰어넘을 수 있는지에 대한 통찰력을 풍부하게 담고 있습니다.

첫 주 동안 마리아의 그룹은 차이를 활용하는 방법을 배웠습니다. 각 어린이는 그룹별로 레고 부품을 한 개씩 가져왔습니다. 개별 프로젝트의 유연성을 높이기 위해 다른 그룹과의 거래가 허용되었기 때문에 물물교환 시장이 형성되었습니다. 많은 학생들이 가장 원하는 부품은 마리아의 그룹이 중요하게 생각하지 않는 모터와 센서였고, 공격적인 거래자들이 가장 중요하게 생각하지 않는 부품은 집을 짓기에 가장 적합한 예쁜 조각들이었습니다. 마리아는 여러모로 즐거운 시간을 보내고 있었습니다. 시장을 개척하여 크고 웅장한 집을 짓기 위한 자재를 구하는 일은 사업가적 즐거움을 주었고, 건축의 기하학적, 기술적 문제를 해결하는 일은 지적 만족감을 주었으며, 모든 작업의 결과물인 집의 형태는 미적 즐거움을 주었습니다. 그녀는 틈새 시장을 찾은 셈이었죠. 그녀는 그 틈새에 정착하여 그곳에 머물렀을까요?

아니요! 둘째 주에는 그녀에게 다른 종류의 욕구가 생겼습니다. 반 친구들의 프로젝트를 바라보던 소녀들이 기술 분야에 진출하고 싶다는 열망을 드러냈습니다. 셋째 주에 관찰자들이 집의 안쪽 구석에서 작은 불빛이 깜박이는 것을 발견했을 때 그 열망은 좀 더 구체적인 형태로 나타났습니다. 마치 이 소녀들은 기술을 손에 넣고 싶지만 내부 검열을 통과하기 위해 매우 신중하게 행동해야 하는 것처럼 보였습니다. 기술적인 일을 한다는 생각은 매우 전통적인 가정에서 자란 소녀들의 정체성에 정면으로 위배되는 것이었기 때문입니다. 그들은 항상 세상의 기술적인 면을 파악하고 싶었지만, 다른 사람들은 물론 자기 자신도 모르게 그 일을 해야만 했습니다.

시끄러운 트럭을 몰고 온 소년들은 깜빡이는 불빛을 별것 아닌 프로젝트로 여겼을지 모르지만, 집을 지은 학생들은 컴퓨터와 직접 대면하여 얻은 성과를 집의 겉모습보다 더 자랑스러워했습니다. 그들이 컴퓨터와의 전투에서 승리한 이야기는 자세히 살펴볼 가치가 있습니다.

그들의 이야기는 아주 간단한 작업으로 시작되었습니다. 우선 조명을 인터페이스 박스에 연결해야 했는데, 이는 집에 있는 전등을 콘센트에 꽂는 것과 크게 다르지 않았습니다. 다음 단계는 즉각적인 만족감을 가져다주었습니다: 컴퓨터에서 켜고 끄는 단어를 입력하여 조명을 켜고 끄는 것은 스위치를 돌리는 것과는 매우 다른 느낌이었죠! 그들은 크게 흥분했고, 이때 경험한 성공의 달콤함 덕분에 이후에 겪게 될 어려움도 극복할 수 있었어요.

이는 조명이 자동으로 켜지고 꺼지도록 하자는 자연스러운 제안에서 시작되었습니다. 이를 위해 사용할 수 있는 도구는 로고(Logo) 언어였는데, 소녀들이 몇 주 전에 시작한 그래픽 작업에서는 거의 알지 못했던 요소였습니다. 그중 한 명은 타자만 칠 수 있는 수준이었습니다.

REPEAT [ON OFF]

컴퓨터가 '오류 메시지'라고 응답하여 몇 번을 해야 하는지 알려주었습니다. 명령어를 다음과 같이 변경했습니다.

REPEAT 10 [ON OFF]

이번에는 컴퓨터가 불평하지 않았습니다. 컴퓨터는 로고(Logo) 문법에 맞춰 지시한 내용을 수행했어요. 컴퓨터는 더도 말고 덜도 말고 시키는 대로만 한다는 말대로 말이죠. 그것은 어떤 의미에서는 맞는 말입니다. 하지만 컴퓨터가 하라는 대로 하는 것이 항상 사람이 생각한 방식과 같진 않습니다. 또한 컴퓨터가 하는 일이 항상 보이는 것과 같지도 않습니다.

이번에는 컴퓨터가 시키는 대로 하지 않은 것 같네요. 불이 한번 켜졌다가 꺼졌고, 기대에 찬 관찰자들은 두 번째 깜박임이 오기를 기다렸지만 깜박임은 끝내 돌아오지 않았습니다. 무슨 일이 있었던 걸까요? 놀라고 좌절한 소녀들은 영어로 된 요청을 이해하지 못하는 외국 사람들에게 더 큰 소리로 말하는 것처럼 반응했습니다: 불을 깜빡이는 횟수를 늘려서 컴퓨터에게 명령을 더 강력하게 전달한 것입니다.

REPEAT 1000 [ON OFF]

이번 수정으로 문제가 해결되지는 않았지만 소녀들은 힌트를 얻었습니다. 불은 여전히 한 번만 켜졌지만 꺼지기 전까지 더 오래 켜져 있었어요. 한 소녀는 "불이 많이 켜지는 것과 오래 켜지는 것의 차이를 모르겠어요."라고 말했습니다. "그래!" "바보 같죠." 모두 웃었지만 컴퓨터의 작동 가설에 대한 확신은 곧 좌절감으로 바뀌었고, 작동 오류를 기계 탓으로 돌리니 기분이 나아졌지만 여전히 불은 깜빡이지 않았습니다. 하지만 이 가설은 건설적인 행동으로 이어졌습니다. 첫 번째 행동은 10,000번을 반복해 가설을 확인하는 것이었습니다. 실제로 불빛은 10배나 더 오래 켜져 있었지만, 여전히 한 번만 켜지고 꺼지는 주기를 반복했습니다. 실험을 고안하는 것은 가설의 질을 높여주었고, 이번 실험으로 그들의 가설이 검증된 것처럼 보였습니다. 하지만 불빛을 깜빡이게 하려는 목표는 달성하지 못했습니다.

흥미롭게도 목표에 더 가까워진 것은 더 나은 가설을 통해 유익한 질문을 제시하고 통찰력을 끌어올린 덕분이었습니다. 누군가는 "그런데 어떻게 이럴 수 있지?"라고 질문할 만큼 그들의 기존 가설을 충분히 믿고 있었습니다. 어떻게 횟수와 시간을 혼동할 수 있을까?"라고 질문할 정도로요. 소녀들은 기계의 어리석음에 웃음을 터뜨렸지만, 기존 가설은 논리를 잃게 되었습니다. "알아요." 한 소녀가 말했죠. "너무 빨라서 볼 수가 없잖아요. 컴퓨터는 정말 빠르죠. 수만 번을 반복하는데 연달아 움직여요." 아하! 이 통찰은 문제를 해결함과 동시에 큰 기쁨을 선물했습니다. 마리아가 말했습니다: "맞아, 이건 너무 빨라. 속도를 늦추라고 하자." 만 번의 깜박임이 눈에 보이지 않을 정도로 빠르게 일어났다는 생각에 웃음이 터지자 누군가가 "어떻게?"라고 물었고, 다른 사람이 "잠깐만, 잠깐만. 바로 그거야! 로고(Logo)에서 WAIT라고 하면 되잖아."라고 말했죠. 그래서 그들은 타이핑을 했습니다.

REPEAT 10000 [ON WAIT OFF WAIT]

이 작업은 순조롭게 진행되었지만 큰 문제를 해결하는 과정에서 작은 문제가 발생했습니다. 컴퓨터에서 또 한 번 불만이 제기되었습니다: 이전에 몇 번을 반복해야 하는지 구체적으로 말하지 않았던 것처럼, 이제는 얼마나 기다려야 하는지 말하지 않은 것이었습니다. 그래서 로고(Logo)의 방식에 대해 조금 알고 있던 그들은 "WAIT에 숫자 부여"를 시도했습니다.

REPEAT 10000 [ON WAIT 5 OFF WAIT 5]

그들은 운이 좋았습니다. 숫자가 적절했고 깜박이는 효과가 있었기 때문에 이번에는 더 큰 성공감을 느낄 수 있었습니다. 그들은 여전히 점멸 시스템의 작동 방식에 만족하지 못했지만 그날은 너무 기뻐서 더 이상 작업할 수 없었습니다.

다음 날에는 더 기분 좋은 깜박임 리듬을 얻기 위해 숫사를 조절했습니다. 그들은 원리를 완전히 파악했습니다.

REPEAT 10000 [ON WAIT 4 OFF WAIT 10]

레고 집의 깊숙한 곳에서 불빛 하나를 무한히 깜박이게 하는 것은 기술의 세계로 들어서는 작은 발걸음이었지만, 그 발걸음은 벽을 깨뜨렸습니다. 한 번 더 실험을 하자 집 안에는 수많은 불빛이 깜박거렸죠. 일주일 후, 소녀들은 예쁜 레고 조각과 교환했던 모터를 되찾기 위해 모든 방법을 동원했습니다: 이제 그들은 거실에 회전하는 크리스마스 트리를 만들고 싶었습니다. 이것은 결코 쉬운 일이 아니었습니다. 기어를 올바르게 장착하기 위해 이번엔 컴퓨터 프로그래밍이 아닌 기계공학의 영역에서 어려움을 겪었지만, 그들은 모든 레고 활동이 끝나기 전에 그 기술적 장벽을 넘어 예술적이며 기술적인 작품을 완성하고 문화적 장벽을 뛰어넘는 최초의 다리를 스스로 건설해냈습니다.

마리아는 "나는 못 해", "그건 나랑 안 맞아"라고 자신의 정체성을 프로그래밍해 모든 활동을 가로막던 하나의 장벽을 넘었습니다. 벽을 하나씩 넘을 때마다 그녀는 이러한 정체성이 변할 수 있다는 것을 이해하게 됩니다. 본인에게 자신의 지적 정체성을 형성하고 재구성하는 선택권이 있다는 사실을 아는 것이야말로 가장 강력한 힘을 발휘하는 아이디어입니다. 저에게 마리아의 이야기는 그 자체로 이 아이디어 이상의 것을 상징하게 되었습니다. 그것은 선택권을 행사하는 방법에 대한 메시지를 담고 있습니다. 마리아는 처음부터 소년들처럼 총알을 깨물고 트럭을 만들기로 결정했을 수도 있습니다. 그렇게 했다면 불쾌한 경험으로 이어져 이 활동이 자신에게 맞지 않다는 생각이 더 깊어졌을 것입니다. 대신 그녀는 자신의 본능을 따라 자신에게 맞는 활동에 참여하면서 새로운 방향으로 진화할 수 있는 가능성을 열어두었습니다. 교육자의 문제는 우리가 이야기에서 확인한 가능성을 어떻게 향상시키고 확장할 것인가 하는 것입니다. 우리는 레고－로고(Lego－Logo)를 디자인하면서 적절한 학습 환경을 위해 기술 인프라로서 역할을 잘 수행할 수 있는 자료를 제공하는 방법을 알게 되었습니다. 하지만 이보다 더 중요한 것은 올바른 학습 문화를 조성하는 것입니다.

　일부 교육자들은 교사가 처음부터 깜박이는 불빛 프로젝트를 제안했더라면 더 효율적이고 편안한 학습이 이루어졌을 것이라고 생각할 것입니다. 심지어 이러한 상황에서 개인의 어려움을 '진단'하고 학습 경로를 처방하는 컴퓨터 프로그래밍을 꿈꾸는 연구자들도 있습니다. 그러나 이러한 사고방식은 본질적인 사실을 놓칠 위험이 있습니다: 마리아와 친구들에게 힘을 준 것은 마침내 불빛이 깜빡였다는 사실이 아니라 내면화된 장애를 극복할 수 있는 자신만의 방법을 찾았다는 사실이었습니다. 물론 교사가 이 부분에 대해 어느 정도 지도를 해줄 수도 있지만, 이보다 더 섬세한 교육 과제나 현대 컴퓨터의 의사결정 능력을 덜 활용하는 과제를 상상하기는 어렵습니다. 교사로서 저는 학생들이 스스로 얼마나 잘했는지에 대한 인식을 강화할 수 있도록 함께 활동 과정을 점검하는 대화를 나누는 것이 교사가 할 수 있는 최선의 역할이라고 생각합니다.

　예를 들어, 저는 아이들에게 집을 지은 것이 어려운 상황에서 자신의 강점과 자신감을 활성화하는 훌륭한 전략이었다는 것을 깨닫게 해주고 싶었습니다. 토론 주제는 레고나 전등, 모터가 아니라 지적으로 어렵거나 불편한 상황에 대처하는 방법이 될 것입니다. 문제를 해결하고 프로젝트를 관리하기 위한 전략에 대한 이야기도 포함될 수 있습니다. 그리고 학생들이 감정적으로 충분히 안전하다고 느낀다면 젠더와 인종 문제에 대해 이야기할 수도 있습니다. 토론을 어느 정도 정치화할지는 상황에 따라 다르겠지만, 학생들이 주도적으로 참여한다면 정치적 차원을 숨겨서는 안 된다고 생각하며 그것이 없으면 소녀들이 그들 작업의 지적 영향력을 충분히 이해하지 못할 것이기 때문에 반드시 정치적 내용에 대해 이야기할 것입니다. 레고-로고 (Lego-Logo) 워크숍의 교육적 미덕은 학생들이 그곳에서 발견한 것을 자신만의 방식으로 받아들일 수 있는 여지를 제공한 것이었습니다. 이를 가능케 한 요인은 '허용적인' 교수학습태도였습니다: 학생들은 워크숍의 주제와 관련된 프로젝트를 열심히 수행해야 했지만, 프로젝트 선택에 있어 매우 폭넓은 재량권을 부여받았습니다. 그렇다면 관용적 교수학습태도가 모든 교육 문제를 해결했을까요? 그렇지 않았습니다. 또 다른 요인은 레고-로고(Lego-Logo)와 그것이 조성한 학습 문화에 내재되어 있습니다. 많은 교사들이 이 워크숍의 교수학습태도를 기존 수업에 도입하려고 노력합니다. 그러나 의도가 아무리 좋더라도 아이들이 전통적인 교육과정의 틀에 맞추기를 요구할 때, 특히 수학이나 과학과 같이 개인적 활용의 여지가 매우 좁은 과목에서 이러한 관용은 기만적입니다.

재미있는 학습

데비는 분수, 마리아는 공학에 대해 이야기합니다. 각 이야기에는 명확한 해피엔딩으로 끝나는 중심 서사가 있습니다. 하지만 그에 못지않게 작은 연결의 짜임새도 중요합니다. 마리아는 순식간에 천 개의 사건이 일어날 수 있다는 사실에 재미를 느낍니다. 천 개는 큰 숫자이지만 아주 짧은 시간일 수도 있습니다. 이 개념은 그 자체로 중요합니다. 하지만 그보다 더 중요한 것은 학교 수학에서는 거의 다루지 않는 수학과 유머를 연결한 농담을 통해 이 개념을 적용했다는 사실입니다.

한 친구와 어린 딸의 대화는 특정 가족 문화에서 진지함과 유머가 어떻게 자연스럽게 혼합되는지 보여줍니다. 이는 풍부한 연결망을 천천히 구축함으로써 수학적 발달에 도움이 됩니다.

> 딸: 아빠, 2가 4의 절반인 거 알아요?
> 아버지: 흥미로운 얘기네. 그래, 알고 있단다. 6의 절반이 뭔지 아니?
> 딸: (잠시 생각하더니) 3이요.
> 아버지: 그럼 3의 절반은 뭘까?
> 어린이: (더 오래 생각하더니) 어느 반쪽이요?
> 아버지: (말뜻을 이해하기 위해 고심하다가) 큰 반쪽.
> 딸: 2.
> 아버지: 나머지 절반은?
> 딸: (왜 물어보는지 이해가 안 된다는 듯) 당연히 1이죠.

이런 일을 매우 진지하게 받아들이면서도 유머러스하게 대하는 이 가족의 분위기를 이해하지 못하면 이야기의 핵심을 놓칠 수 있습니다. "어느 반쪽이요?"는 이 가족의 문화에서 농담으로 취급되며, 이러한 작은 사건들을 통해 숫자로 장난하고 농담하는 가족 문화가 형성됩니다. 여기서 흥미로운 것은 아이가 짝수에는 정확한 반쪽이 있고 홀수에는 반쪽이 없다는 중요한 개념을 배웠다는 것이 아닙니다. 흥미로운 것은 가족들이 따뜻하고 아늑한 삶의 차원에서 수학을 편안하게 느낄 수 있도록 여러 작은 기회들을 제공한다는 것입니다.

로고(Logo) 수업에서 일어나는 많은 유머러스한 사건들은 이 가족의 사건과 일맥상통합니다. 아래 예시를 통해 로고(Logo) 컴퓨터 환경이 어떻게 여러 사건들을 풍성하게 연결할 수 있는지에 대한 시야를 넓힐 수 있습니다.

유치원생인 던은 화면의 물체를 디자인하고 움직일 수 있는 로고 (Logo) 프로그램을 가지고 놀고 있었습니다. 브라이언과 헨리를 매료시켰던 것과 같은(물론 더 단순하지만) 서로 얽혀있는 운동 패턴을 만들었습니다. 물체의 속도는 숫자를 입력하여 제어할 수 있었습니다. 따라서 아이는 속도 10이 속도 2보다 훨씬 빠르다는 것을 알 수 있었고, 심지어 속도 2가 속도 1보다 두 배 빠르다는 생각을 하기 시작했습니다.

잠시 후 던은 흥분한 나머지 선생님과 친구들에게 자신의 화면을 보라고 소리쳤습니다. 그녀는 자신이 타이핑하는 것을 숨기기 위해 한 손가락을 다른 손으로 가린 채 무언가를 타이핑했습니다. 모두가 기대에 찬 표정을 지었습니다. 던은 "이것 봐요!"라고 소리쳤습니다. 그러나 아무 일도 일어나지 않았습니다. 던이 다시 "봐요, 봐요!"라고 외쳤지만 선생님이 무슨 일이 일어났는지 파악하기까지 한참이 걸렸습니다: 속도를 0으로 설정했기 때문에 아무 일도 일어나지 않았던 것입니다. 속도가 0일 수 있다는 것, 즉 가만히 서 있는 것이 속도 0으로 움직이는 것임을 깨닫게 되었습니다.

저는 던에게 일어난 일을 역사적으로 중요한 수학적 사건의 재연으로 해석합니다. 초등학교 4~5학년 때 힌두교 수학자들이 0을 발견했다는 이야기를 듣고 그게 무슨 뜻인지 궁금했던 기억이 납니다. 그들은 무엇을 발견한 것일까요? 원형 기호를 사용한 것일까요? 그들과 던이 발견한 것은 0을 숫자로 취급할 수 있다는 것이었습니다. 이후 저는 이 발견을 한 아이가 던뿐만이 아니라는 사실을 알게 되었습니다. 컴퓨터도 필요하지 않았습니다. 실제로 교사 모임에서 설문조사를 해보면 자녀가 있는 사람의 10명 중 1명 정도는 "이 집에 뱀이 있니?"

157

라고 물었을 때 참신한 답을 들어본 적이 있다고 답했습니다. "네, 있어요. 뱀이 0마리 있어요."

컴퓨터 없이도 비슷한 발견을 하는 아이들이 많다는 사실은 던과의 에피소드에서 느끼는 흥분을 감소시키기보다는 오히려 증가시킵니다. 이것은 컴퓨터에서만 경험할 수 있는 기이한 현상이 아니라 자연스러운 수학적 사고 발달 과정을 보여줍니다. 컴퓨터는 발견의 가능성을 더 높이고 더 풍부하게 만드는 데 기여할 것입니다. 던은 농담으로 선생님과 친구를 웃기는 것 이상을 할 수 있습니다: 0을 숫자로 받아들이고 가만히 서 있는 것을 0의 속도로 움직이는 것으로 받아들임으로써 행동의 범위가 넓어졌습니다. 조금 후에 그녀는 SETSPEED 0 명령으로 움직임을 멈추는 프로그램을 작성할 수 있게 됩니다. 더 흥미로운 것은 이 농담이 확장될 수 있다는 것입니다. 거북이는 FORWARD −50 명령에 복종하여 50보 뒤로 이동합니다. 마찬가지로 음수만큼 뒤로 가라는 명령은 거북이를 앞으로 나아가게 합니다. 이를 통해 음수도 숫자라는 것을 이해하고 거북이와 함께 놀면서 그 실체를 더욱 명확히 파악합니다.

마리아의 경험을 세밀하게 살펴보면 다른 부수적인 학습 기회가 있음을 알 수 있습니다. 그중 하나가 실험을 다루는 것입니다. 소녀들은 과학에서 반복적으로 일어나는 상황을 재현합니다. 처음에는 당황스럽지만, 이 상황은 지난 백 년 동안 아무도 신경 쓰지 않았던 문제를 연구하는 일반적인 학교 과학 실험보다 훨씬 더 현실적입니다. 학생들은 가설에 대해 토론하여 가장 가능성이 있어 보이는 가설을 선택합니다. 그리고 가설을 검증하기 위해 실험을 진행합니다. 가설은 원론적으로 검증되었지만 약간의 수정이 필요합니다. 가설을 구체화하여 학생들이 지향하는 다음 단계로 나아갑니다. 이것은 실제 "과학"과 매우 흡사합니다. "학교 과학"과는 매우 다릅니다.

데비와 마리아의 이야기에는 '처방적' 측면이 있습니다: 주인공들은 지식 영역과의 빈약했던 관계를 점차 개선해나갑니다. 이는 자칫 초기 관계가 건강해야만 성장 가능성이 있는 것으로 해석되어 이 이야기의 처방적 측면이 약화될 수 있습니다. 그럼에도 불구하고 이 이야기들은 수학이나 기술과의 건강한 관계의 초기 단계를 보여준다는 것 자체로 의의가 있습니다. 다음 이야기는 훨씬 더 발전된 관계의 양상을 보여줍니다.

리키의 발명품

리키는 MIT 레고 연구실에 처음 들어왔을 때 초등학교 4학년 학생이었습니다. 그가 첫 세션에서 무엇을 했는지는 모르겠습니다. 저는 그가 진동으로 움직이는 로봇을 만드는 프로젝트를 시작하고 나서야 그의 작업을 알게 되었습니다.

핵심 아이디어는 대부분의 사람들이 한 번쯤은 해봤을 관찰에서 나왔습니다: 기계는 진동하면 움직이는 경향이 있습니다. 균형이 틀어진 세탁기는 많은 소음을 내고 산산조각이 날 듯 보일 뿐만 아니라 단단히 고정하지 않으면 움직이기 쉽습니다. 이런 '흔들림' 현상은 일반적으로 기기의 진동을 줄이거나 더 단단히 고정하여 극복해야 할 성가신 문제로 여겨집니다. 리키는 다른 방법을 택했습니다. 그는 진동하는 레고 구조물을 보고 이동하는 성질을 이동 수단으로 활용하면 어떨까 생각했습니다. 이것은 우연한 관찰을 유리한 방향으로 전환한 명백한 우연성의 사례였습니다. 중요한 발견은 우연한 관찰에서 시작하여 "운"에 기인하는 경우가 많습니다. 그러나 과학을 비롯한 모든 분야가 그렇듯 대상을 이해하고 탐구하려는 호기심, 에너지, 끈기, 지성의 발휘, 협조적인 환경 등 다른 요소들이 갖춰지지 않는다면 어떤 행운도 빛을 발하지 못할 것입니다. 리키는 이 모든 것을 놀라운 방식으로 보여줍니다.

레고 모터가 진동할 때 움직이는 것을 관찰한 그는 진동을 어떻게 하면 더 크게 만들 수 있을까 고민했습니다. 어떻게 하면 더 효과적으로 진동하도록 만들 수 있을까요?

다양한 상황에서 리키가 능숙하게 작업할 수 있게 도운 그의 전략은 자신이 원하는 것이 잘 구현된 익숙한 상황을 찾는 것이었습니다. 리키는 팔을 격렬하게 휘두르며 익숙한 상황을 찾았습니다. 팔을 움직이면 그의 몸이 무작위로 움직이는 것처럼 보였습니다. 이런 현상이 더 빨리 일어난다면 "진동"이 될 것입니다. 그래서 그는 레고 모터에 팔을 달기 시작했습니다.

리키는 이 질문을 생각하지 않을 수 없었습니다: 팔이란 무엇인가? 인간의 팔은 복잡한 시스템입니다. 리키는 이를 단순화했습니다. 그는 팔의 윗부분이 어깨를 돌리고 팔의 아랫부분을 제어할 수 없는 방식으로 휘두를 수 있다는 점이 중요하다고 생각했습니다. 그래서 그는 팔의 이러한 특징을 구현할 수 있는 레고 조각을 찾았고 결국 성공했습니다. 이 팔에 장착된 레고 모터는 더 많이 진동하고 더 많이 움직였습니다.

다음 단계는 이 동력원을 사용할 차량을 만드는 것이었습니다. 리키의 아이디어는 다리가 달린 플랫폼을 만들고, 그 플랫폼에 모터를 장착한 후 진동하도록 하는 것이었습니다. 하지만 이 구조에는 치명적인 버그가 있는 것으로 밝혀졌습니다. 모터를 켜면 너무 강하게 진동하여 레고 조각이 사방으로 날아가고 결국 장치 전체가 산산조각이 나버렸죠.

어떻게 해야 할까요? 리키는 진동을 줄이거나 구조물의 저항을 높이는 두 가지 방법을 고려했습니다. 당연히 두 번째 방법이 더 매력적으로 보였습니다. 하지만 어떻게 실행해야 할까요?

첫 번째 아이디어는 많은 버팀목을 추가하여 전체를 강화하는 방식이었는데, 결과적으로 너무 무거워져서 차량이 거의 움직이지 않을 것 같았습니다. 그러다 다음 기발한 아이디어가 떠올랐습니다: 작고 컴팩트하게 만드는 것입니다.

모터는 여전히 진동했지만 장치가 날아가지는 않았습니다. 차량은 살짝 움직이더니 곧 자기 발에 걸려 넘어지는 것처럼 쓰러졌습니다. 모터를 멈추고 일으켜 세워서 다시 시도합니다. 결과는 같습니다. 이제 어쩌죠?

해결책은 한 동급생에게서 나왔습니다. 발을 만들어봐! 왜? 어떻게? 토론은 곧바로 행동으로 이어졌습니다. 스케치에 표시된 것처럼 레고 바퀴를 신발로 사용하여 발을 만들기로 했습니다. 바퀴가 없는 탈것을 만들기로 했는데 바퀴를 사용하는 것이 반칙이 아닌가 하는 의구심이 잠시 들기도 했습니다. 하지만 의구심은 곧 해결되었습니다: 바퀴를 바퀴로 사용하지 않았기 때문입니다. 바퀴가 정사각형이었다면 목적에 더욱 부합했겠지만, 당장 손에 잡히는 것이 둥근 바퀴였기 때문에 그대로 사용했습니다. 이 아이디어가 받아들여지자 리키의 작품에 바퀴가 아닌 바퀴가 있다는 사실이 눈에 띄게 부각되었고, 그는 누가 물어봐도 기꺼이 설명해 주었습니다.

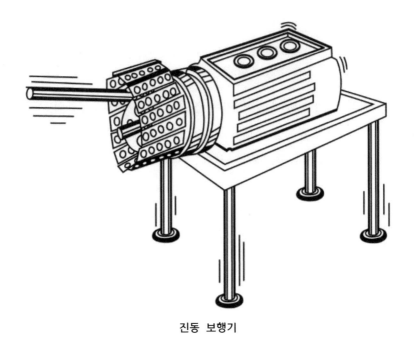

진동 보행기

성공입니다! 이 기계는 예상했던 것보다 훨씬 더 잘 작동했습니다. 작은 기계가 힘차게 움직일 뿐만 아니라 그 과정에서 매력적이고 진중한 기계 소리가 났습니다.

다음 단계는 무엇인가요? 단순히 성공했다고 해서 좋은 프로젝트를 마무리할 수는 없습니다. 그는 로봇을 가지고 놀면서 새로운 문제와 해결책의 핵심을 발견했습니다. 모터를 작동시키면 로봇은 충분히 잘 움직였지만 임의의 경로로 움직였습니다. 로봇을 조종할 수 있을까요? 성공의 기쁨이 희미해질 때쯤, 그 주변에 서 있던 모든 사람들이 시동을 걸었을 때 방향이 약간 바뀌는 것을 발견했습니다. 물리학자들은 이 점프의 원인에 대해 이름을 붙였습니다: 그들은 이를 각운동량 보존(conversation of angular momentum)이라고 부릅니다. 실제로 이것이 의미하는 바는 모터가 한 방향으로 회전하기 시작하면 모터와

162

연결된 무언가가 다른 방향으로 회전해야 한다는 것입니다. 물리학이나 무용을 공부한 사람이 아니라면 이 말이 믿기지 않을 수도 있겠지만, 리키와 그의 친구들은 물리학자들이 밝혀낸 내용에 대한 고민을 멈추지 않았습니다. 그들은 아이디어의 핵심을 꿰뚫고 있었습니다. 모터를 켜고 끄는 것으로 로봇을 조종할 수 있을지도 모른다는 생각이었죠.

그렇게 하려면 약간의 기술적 문제가 있었지만 그럼에도 불구하고 해결책이 있었습니다. 이제 기계를 조종할 수 있습니다!

다음 문제를 해결해 봅시다: 직진하도록 스스로 방향을 조정할 수 있을까요? 물론 가능했고 리키는 이를 수행하는 방법을 잘 알고 있었습니다. 리키가 지금보다 개선된 기술을 사용할 수 있었다면 자가 조향 프로젝트를 수행했을 것이라고 확신합니다. 하지만 당시의 기술로 구현하기에는 너무 복잡하고 도움이 많이 필요했기 때문에 그는 다른 방향으로 관심을 돌리기로 결정했습니다.

리키는 좀 더 고급 수준에서 작업했지만, 그의 방법은 다른 이야기에서 본 것과 공통점이 많았습니다. 데비나 마리아처럼, 그리고 주방 수학의 고수들처럼, 그는 자신의 방식대로 느낀 대로 일했습니다. 그는 정확한 계획을 따르지 않았지만 목표가 있었고 그것을 실현하기 위해 최선을 다했으며, 일하면서 목표가 진화하도록 허용했습니다. 그는 특정 목적을 위해 만들어진 방법이나 재료에 의존하여 로봇을 만들지 않았으며, 심지어는 전혀 다른 목적을 위해 만들어진 것을 사용하기도 했습니다.

즉흥적인 요소를 활용하여 진행 중인 작업을 유연하게 조정하는 리키의 작업 방식은 셰리 터클(Sherry Turkle)과 제가 인류학자 클로드 레비 스트라우스(Claude Levi-Strauss)가 "땜질(tinkering)"이라고 번역한 프랑스어 단어에서 따온 브리콜라주(bricolage)를 대표하는 예라고 할 수 있습니다.

더티 댄싱

이 책에서 저는 학습에 대한 비전을 제시하기 위해 다양한 종류의 이야기를 소개했습니다. 일부는 완전히 공상적인 비유이고, 일부는 실제 사건에 대한 설명이며, 일부는 가상의 시나리오입니다. 다음 이야기는 학습에 관한 비전문가가 만든 장편 영화에서 가져왔습니다. 이미 저의 비정통적인 방법론에 질려 버린 학자들은 이것이 너무 지나치다고 생각할 수도 있습니다. 영화가 어떻게 교육에 대한 유효한 아이디어의 원천이 될 수 있을까요?

저는 영화 사용을 정당화하는 것에서 나아가, 학습에 관심이 있는 모든 사람들에게 개인적인 경험을 살펴보자는 의미에서 일반 문화를 아이디어의 원천이지 토론의 기초로 삼도록 권유하고 싶습니다. 이러한 권고는 학습을 관계, 영성 또는 미적 감수성과 같은 삶의 한 차원으로 바라보는 데서 비롯됩니다. 이러한 모든 차원에서 우리는 소설, 연극, 그림 등 상상력을 발휘한 작품을 통해 세련미와 감수성을 키웁니다. 이러한 작품들은 어떤 의미에서는 그저 '허구'일 수 있지만, 다른 의미에서는 과학자들이 그러한 주제를 밝히기 위해 수행한 실험만큼이나 깊이 있고 종종 더 정확한 진실을 전달합니다. 저는 우리가 비슷한 방식으로 학습에 대해 배울 수 있으며, 예술의 이러한 측면에 대한 비판적 토론을 연습한다면 더 많은 것을 배울 수 있을 것이라고 믿습니다.

학습 전문가들이 예술작품 속 학습의 표현을 진지하게 살펴봐야 하는 또 다른 이유도 있습니다. 그들이 지식의 원천으로서 소설을 외면하더라도 다른 사람들은 무의식적으로 대중문화에 널리 퍼져 있는 학습 이미지에 영향을 받을 수 있기 때문입니다. 그리고 그 대상이 학생이나 학생을 양육하는 부모라면 학습에 대한 이미지가 실제로 학습이 이루어지는 방식에 영향을 미치게 될 것입니다.

로미오와 줄리엣(Romeo and Juliet)이 사랑에 관한 이야기라면 영화 더티 댄싱(Dirty Dancing)은 학습에 관한 이야기라고 할 수 있습니다. 영화의 오프닝 장면에서 제니퍼 그레이(Jennifer Grey)는 모범생 베이비 역을 맡아 또래 친구들이 신체 감각과 움직임 감각을 열심히 연마하는 와중에도 어설픈 걸음걸이와 자세로 지적인 고민에 사로잡혀 있었습니다. 베이비는 타고난 댄서가 아니고 춤에 대해선 아는 게 없기 때문에 일주일도 채 남지 않은 화려한 댄스 공연에서 여성 파트너를 대신하려면 얼마나 많은 학습이 필요한지 전혀 알지 못하는 것 같습니다. 사실, 비판적인 교사라면 남자 파트너(패트릭 스웨이지(Patrick Swayze) 분)와 일주일 동안 집중적으로 연습한 끝에 능숙하게 연기를 펼치는 베이비의 모습을 보여주는 스토리의 비현실성을 탓할 수 있습니다. 제 입장에서는 이 기간이 현실적인지는 모르겠지만, 학교에서 연습하는 과정보다는 영화에 나오는 학습 과정을 통해 달성할 가능성이 훨씬 더 높다고 생각합니다.

학습 전문가는 목표를 달성하는 데 필요한 시간보다 베이비의 경험의 질에 더 많은 관심을 가질 것입니다. 이 영화가 매력적으로 다가온 이유는 영화가 주목하는 좋은 학습의 특징에 대한 신뢰성 때문이었습니다. 로미오와 줄리엣(Romeo and Juliet)의 극적인 드라마가 덜

극적인 우리 삶 속 인간 문제를 상세히 반영하는 것처럼, 학습의 특징 중 일부(아마도 학습 속도)가 과장된 형태로 제시된다는 사실은 예술적 매체 사용의 이점(확실히 단점은 아님)으로 보입니다.

영화 속 캐츠킬 산맥의 한 리조트에서는 두 부류의 사람들과 두 종류의 춤, 두 종류의 학습을 관찰할 수 있는 액션이 펼쳐집니다. 리조트 직원들은 부유하고 고루한 손님들이 내년에도 다시 방문하길 바라는 마음으로 최선을 다해 응대합니다. 리조트 직원들은 손님이 줄어들면 안 된다는 상사의 압박에 시달리며 빡빡한 리조트의 규율을 따르고 있습니다. 리조트는 두 계급을 가능한 한 멀리 떨어뜨리도록 구성되어 있지만 그러한 분리선은 절대적이지 않으며, 그들이 교차하면서 영화적 행동이 촉발됩니다. 부모님을 따라 아무런 매력도 없는 이곳에 도착한 베이비는 불안하게 경내를 헤매다가 직원 숙소를 우연히 발견하고, 그곳에서 자신이 속한 울타리와는 전혀 다른 충격적인 사회를 마주하게 됩니다. 그곳에서 그녀는 다른 교차로의 희생자를 만납니다: 나중에 그녀가 대신 하게 되는 댄서는 임신한 상태로 아기의 아버지인 리조트 주인의 조카에게 버림받은 상태였고, 베이비의 제안으로 리조트를 떠나 낙태수술을 받게 됩니다.

베이비의 첫 번째 충격은 더티 댄싱에서 비롯됩니다. 리조트 볼룸에서 손님들은 차분하게 스텝을 밟습니다. 어떤 이들은 음악에 맞춰 형식 없이 셔플을 추기도 합니다. 다른 사람들은 공식적인 스텝 시퀀스를 따릅니다: "앞으로 .. 앞으로 .. 앞으로 . . 옆으로 . . 함께"와 "천천히 .. 천천히 .. 천천히 .. 빨리 .. 빨리 .. 천천히.."와 같은 공식적인 스텝을 따르기도 합니다. 직원 숙소에서도 사람들이 춤을 춥니다. 참 낯부끄러운 동작들입니다. 그들은 성행위를 노골적으로 암시하는 동작을 취하고 서로를 에로틱하게 만집니다. 하지만 제 생각에 더티 댄싱(dirty dancing)이라는 표현은 이보다 더 깊은 의미를 담고 있습니다. 춤에서 진정으로 강력하고 에로틱한 것은 성행위에 대한 역학적 암시가 아니라 몸과 에너지, 열정의 온전한 결합입니다.

춤에서 춤추는 법을 배우는 것으로 초점을 옮기면 무엇이 깨끗하고 무엇이 더러운지에 대한 감각이 더 명확해집니다. 춤을 형식적으로 정의하면 우리에게 익숙한 종류의 가르침이 되는데, 저는 이를 '깨끗한 가르침'이라고 부르고 싶습니다. 신사적인 볼룸 댄스 학교에 가본 사람이라면 누구나 이것이 어떤 것인지 알 거라고 생각합니다. 전달해야 할 정보는 명확하게 정의되어 있습니다. 폭스 트롯 박스의 스텝은 앞으로 함께 전진했다 뒤쪽으로 함께 물러서는 것입니다. 이해했나요? 조금 연습한 다음 전진 스텝을 해볼게요. 두 가지를 모두 익히면 연결 연습을 할 거예요.

학습자와 교사의 관계는 다른 것은 모두 묵살하고 일련의 단계를 숙달하는 비인격적인 기술 작업에 국한된다는 점에서 "깨끗하다"고 할 수 있습니다. 끝으로, 학습자와 학습 내용 간의 관계를 깔끔한 외과 수술에 비유해보겠습니다: 새로운 지식은 이미 존재하는 지식에 대한 방해를 최소화하고 학습자의 자아와 사회에 대한 감각에 최소한의 영향을 미치는 방향으로 받아들여집니다.

베이비가 댄스 강사와 함께 일하기 시작할 때 우리는 매우 다른 것을 보게 됩니다. 영화는 이를 명시적으로 보여주지는 않지만, 그녀는 이전에 받은 댄스 레슨과 일반적인 수업 경험을 바탕으로 이 과정이 깨끗한 학습의 패턴을 따를 것이라고 예상합니다. 하지만 그녀는 매우 다른 패턴을 경험하게 됩니다. '스텝'을 배우는 것은 중요하지 않았습니다. 그녀의 튜터는 그녀에게 "음악을 심장으로 들으라"고 말하며 천천히 발전하는 에로틱한 관계를 통해 그녀를 공간과 몸에 대한 색다른 감각으로 끌어들입니다. 그는 평형감각과 자세, 자신감을 기르기 위해 높고 좁은 통나무 다리를 위험하게 건너게 합니다. 그녀가 춤을 배우면서 일어나는 일은 감정적으로 중립적인 일련의 기술에만 국한되지 않습니다. 일반적인 의미의 '프로그램'이라고 할 수는 없습니다. 여기에는 자신과의 새로운 관계에 들어가는 것도 포함됩니다. 여기에는 권위자와의 관계, 아버지와의 관계, 그리고 가족이 살고 있는 상류층 세계와의 관계 변화도 포함됩니다.

제가 춤 배우기 영역에서 '깨끗한' 학습과 '더러운' 학습이라고 불렀던 대조적인 학습 모델이 보다 추상적이고 지적인 것으로 간주되는 다른 영역에도 적용되는지 의문을 던지는 것은 합리적입니다. 이에 대한 답을 찾기 위해 가장 추상적인 영역, 즉 수학부터 시작하여 학교의 다른 영역과도 얼마나 유사성을 띠는지 살펴보겠습니다.

어떤 측면에서는 깔끔한 쪽이 더 쉽게 작동합니다. 깨끗한 학습은 춤을 스텝을 설명하는 공식으로 축소하고, 수학을 기호를 조작하는 절차를 설명하는 공식으로 축소합니다. 폭스 트롯 박스 스텝의 공식은 분수를 더하거나 방정식을 푸는 공식과 엄밀히 유사합니다. 깔끔한 춤 수업의 조건은 학교 수학에도 동일하게 적용됩니다. 감정이 배제됩니다. 교사와 학생 사이의 관계는 공부하는 주제에 대한 정보 교환에만 국한됩니다. 에로틱한 것은 어떤 역할도 하지 않습니다.

더러운 학습의 측면에서는 그 유사성이 덜 명확해 보일 수 있습니다. 저는 베이비의 학습을 '더럽다'고 표현하면서 신체적 참여, 두려움 극복, 사회적 계급 문제를 언급했습니다. 이러한 문제는 본질적으로 춤과 관련이 있는 것처럼 보이지만 수학과는 관련이 없어보입니다. 학교 수학의 일반적인 모델을 받아들인다면 그렇게 보일 수 있다는 데 동의합니다. 그러나 무도회장이나 아서 머레이(Arthur Murray)의 사교 댄스 강연에서 흔히 볼 수 있는 춤과 무용 학습 모델을 따른다면 춤 역시 그러한 문제와 관련이 없는 것처럼 보입니다. 학교 교과로서의 수학의 측면과 더 강력한 주장을 하는 수학의 측면을 구별하기 위해서는 약간의 해체 작업이 필요합니다.

브라이언과 헨리가 하고 있던 것을 수학으로 받아들인다면 수학과 무용의 거리가 조금은 줄어드는데, 그들이 두 가지 작업을 동시에 하고 있었기 때문입니다. 그들은 분명 깔끔한 수학 수업에서 상상할 수 있는 것보다 자신을 더 많이 드러내고 있었습니다. 마리아는 사회적 협력관계를 구성하기 위해 노력했습니다. 데비는 브라이언과 헨리가 그랬던 것처럼 자신에 대한 인식을 바꾸고 있었습니다. 이러한 상황에서 학생들은 베이비의 학습이 도달한 수준으로 나아갈 수 있습니다. 만약 그들이 그렇게 멀리 나아가지 못한다면, 그것은 학교 과목이 춤과 본질적으로 다르기 때문이 아니라 베이비가 오늘날 학교에서 기대할 수 있는 것보다 더 온전히 무용과의 관계를 맺을 수 있는 환경에 있었기 때문입니다.

07

●　●　●

주입식 교육Instructionism vs 구성주의Constructionism

지금까지는 구체적 학습에 중점을 두고 논의를 진행해왔습니다. 비록 한 장에 불과하지만 이번 장에선 다른 관점과 비교하고 대조하기 위해 조금 더 학문적이고 추상적인 스타일로 전환해보겠습니다. 이를 통해 지금까지 주로 이야기를 통해 소개해 온 학습(mathetic)의 아이디어를 좀 더 날카롭게 다듬고 형식화(항상 개선을 의미하진 않음)하는 작업을 진행할 것입니다.

제가 구체적인 글쓰기 방식을 선호하는 것은 단순히 추상적인 언어로 표현할 수 있는 것을 풀어서 전달하기 위한 문학적 전략이 아닙니다. 그보다는 매체(medium)를 메시지로 삼기 위해서 사용합니다. 제 메시지의 중심 주제는 추상적 추론을 과대평가하는 일반적인 경향이 교육 발전의 큰 장애물이라는 것입니다. 저는 진정한 학습의 변화가 일어나기 위해선 인지적 발달이 구체적인 것에서 추상적인 것으로 이동한다는 전통적인 생각(intellectual progress)을 뒤엎고 보다 구체적인 학습 방식으로 인식론적 전환(epistemological reversion)을 이루는 것이 중요하다고 생각합니다. 또한 학습 내용뿐만 아니라 교육자의 담론에서도 이러한 반전이 필요합니다. 교사가 직접 구체적인 표현 방식을 사용하면 의미하는 바를 그림을 그리듯 선명하게 설명할 수 있고, 구체적인 사고의 힘을 더 풍부하게 느낄 수 있습니다. 그러나 놀랍게도 추상적 형식화(abstract formulation)가 가장 필요한 개념이 바로 '구체성(concreteness)'입니다.

교육 담론에서 구체적(concrete)이라는 단어는 일상적인 의미로 자주 사용됩니다. 교사가 수 개념 학습을 위해 구체적인 자료를 사용한다고 하면, 나무 블록을 사용하여 숫자 패턴을 만드는 것과 같은 방법을 쉽게 떠올릴 수 있습니다. 그러나 이 단어는 좀 더 전문적인 의미로도 쓰이는데, 그중 가장 유명한 것은 장 피아제(Jean Piaget)의 유명한(한편으로는 악명 높은) 단계 이론(theory of stages)과 밀접한 관련이 있습니다. 안타깝게도 이 두 가지 의미는 종종 혼동되는 경우가 많습니다: 피아제가 사용한 '구체적'의 의미를 일반적인 의미로 읽는 함정에 빠지기 쉬우며, 교사들을 위해 "피아제가 쉽게 만들었다"는 식의 거들먹거리는 어조로 쓰인 많은 책들이 이 오류를 뒷받침하고 있습니다. 사실 피아세는 초등학생의 사고를 "구체적(concrete)"이라고 설명할 때 우리가 아는 것보다 더 복잡하고 흥미로운 개념을 암시했습니다. 이것은 물리학자들이 사용하는 '힘'이나 정신과 의사들이 사용하는 '우울증'만큼이나 전문적인 용어이며, 이 모든 경우에 각 단어의 의미는 상식에 반하는 이론에 의해 왜곡될 수 있음을 깨닫지 못하면 쉽게 그 의미를 오해할 수 있습니다. 피아제의 "구체적 지능(concrete intelligence)"이라는 개념은 그가 평생에 걸쳐 진행한 연구를 통해 형성한 이론적 관점을 바탕으로 합니다. 우리는 매우 통찰력 있는 이 개념을 피아제의 이론적 구성, 특히 그의 "단계(stage)" 개념의 일부 문제적 측면과 구분해서 바라봐야 합니다. 이 장의 제목이기도 한 교육 철학의 대립은 피아제의 이론적 틀에서 '구체적 지능'의 의미를 파악하는 데 좋은 맥락을 제공합니다.

접미사 '-주의(-ism)'는 추상성을 나타내는 표식이며, 제목에 이 접미사가 들어간 것은 저의 지적 스타일의 변화를 반영합니다. 수업주의(instructionism)라는 단어는 교육학(pedagogy) 또는 가르치는 기술과는 다른 의미를 지닙니다. 여기에는 보다 이념적이고 프로그램적인 차원에서 교육 방법이 개선되어야 더 나은 학습이 가능하다는 믿음이 담겨있습니다. 학교가 완벽하지 않다면, 어떻게 해야 할까요?: 더 잘 가르치면 됩니다. 구성주의(constructionism)는 이 "명백한 진리(obvious truth)"를 부정하는 교육 철학 계열 중 하나입니다. 구성주의는 가르치는 행위의 가치에 의문을 제기하지는 않습니다. 그것은 어리석은 일이죠: 모든 가르치는 행위가 아동에게서 발견의 기회를 박탈한다는 (피아제에 의해 시작된 것은 아니지만) 진술조차도 가르침을 멈추라는 단호한 명령이 아니라 가르침을 자제해야 한다는 것을 역설적으로 상기시켜줄 뿐입니다. 구성주의적 태도는 최소한의 가르침으로 최대의 학습을 이끌어내는 것이 목표이기 때문에 가르침을 전혀 무시하지 않습니다. 물론 다른 모든 것을 그대로 둔 채 가르치는 양만 줄인다고 해서 이를 달성할 수 있는 것은 아닙니다. 다음의 아프리카 속담은 우리에게 필요한 변화의 양상을 선명하게 보여줍니다: 배가 고픈 사람에게 물고기를 잡아줄 수도 있지만, 직접 물고기를 잡는 법을 가르치는 것이 더 낫다.

전통적인 교육은 시민들이 알아야 한다고 생각하는 것을 먼저 결정하고 아이들에게 이 "물고기"를 먹일 준비를 합니다. 구성주의는 아이들이 필요한 지식을 스스로 찾아야("낚시") 가장 잘 이해할 수 있다는 가정에 기반을 두고 있으며, 조직적인 교육 또는 비공식적인 교육은 아이들의 노력이 도덕적, 심리적, 물질적, 인지적으로 지원받을 때 가장 큰 효력을 발휘한다는 입장입니다. 아이들에게 가장 필요한 지식은 더 많은 지식을 습득하는 데 도움이 되는 지식입니다. 이것이 바로 우리가 학습(mathetics) 방법을 발전시켜야 하는 이유입니다. 물론 낚시에 대한 지식 외에도 좋은 낚싯줄을 가지고 있어야 하므로 컴퓨터가 필요하고, 물이 풍부한 곳을 알아야 하므로 풍성한 학습(mathetics) 활동을 제공하는 "마이크로월드"가 개발되어야 합니다.

가장 극단적인 형태의 문제를 살펴보기 위해 수학의 사례를 들여다봅시다. 미국(그리고 전 세계 대부분의 지역) 사회가 수학적 성취도가 낮은 사회라는 것은 분명합니다. 우리의 수학 교육 수준은 평균적으로 열악합니다. 그러나 수업의 개선이 더 나은 성과를 위한 유일한 길은 아닙니다. 또 다른 길은 아이들에게 브라이언처럼 수학을 사용하거나, 데비처럼 수학에 대해 생각하거나, 던처럼 수학을 가지고 놀 수 있는 진정으로 흥미로운 마이크로월드를 제공하는 것입니다. 아이들이 정말로 무언가를 배우고 싶고, 그것을 실제로 사용할 수 있는 기회가 있다면 가르침이 부실하더라도 스스로 배울 것입니다. 예를 들어, 많은 아이들이 전문적인 가르침 없이도 어려운 비디오 게임을 배웁니다! 어떤 사람들은 닌텐도의 전화 상담 시스템을 이용하거나 게임 전략에 관한 잡지를 읽으며 학교 과목이었다면 교사가 제공했을 조언을 구합니다. 또한, 교육이 제대로 이루어지지 않는 이유 중 하나는 아무도 학습을 싫어하는 아이들을 가르치기를 좋아하지 않기 때문입니다. 따라서, 구성주의적 접근 방식은 교육 효과도 높이고 가르침의 필요성도 줄여 두 가지 장점을 모두 달성할 수 있습니다.

데비는 최소한의 적절한 교육으로 큰 효과를 거둔 좋은 예를 보여줍니다. 컴퓨터 프로그래밍을 가르치고 복잡한 프로젝트를 개발하는 방법에 대해 고민해보게 하는 것은 마치 물고기 잡는 법을 가르치는 것과 같았습니다. 이러한 기술을 통해 그녀는 소프트웨어를 구축하고 분수에 대한 생각을 바꿀 수 있었습니다. 그녀는 이전에 배운 것과는 매우 다른 것을 배웠습니다. 이것은 과거에 과정 학습(process learning)이라고 불렸던 것과는 매우 다릅니다. 1960년대 새수학 운동이 절정에 달하던 시기에는 특정 과학적 내용보다 '과학적 사고의 과정(the process of scientific thinking)'을 가르치는 것이 더 중요하다는 말이 유행했습니다. 중요한 차이점은 내용이 분리된 과학적 과정은 매우 추상적이라는 점입니다. 데비가 배운 프로그래밍 기술은 분수에 대한 지식보다 모든 면에서 훨씬 더 현실적(down-to-earth)이고 구체적이었습니다.

분수 개념에 대한 시험에서 거둔 데비의 성공은 주제 X에 대한 학생의 지식을 향상시키는 유일한 방법이 X에 대해 가르치는 것이라는 교육 철학에 반하는 것입니다. 우리 사회에 만연한 이 생각에 의문이 드는 사람이라면 이반 일리치(Ivan Illich)의 『탈학교 사회(Deschooling Society)』를 읽고 우리 주변의 현상들을 더욱 냉정하게 바라볼 수 있을 것입니다. 일리치는 학교가 가르치는 가장 중요한 교훈은 배움의 필요성이라는 자신의 주장을 설득력 있게 서술하고 있습니다. 학교의 가르침은 학교에 의존하게 하고 학교의 교수학습방법을 광적으로 신봉하게 합니다. 이러한 학교의 폐쇄적인 교육 행태는 세계적으로 보편적인 현상이지만, 놀랍게도 우리 모두는 이에 반하는 개인적인 경험과 지식을 가지고 있습니다. 우리는 어떤 지식 분야에 진심으로 몰입하게 되면, 학교가 있든 없든, 그리고 학교가 진리로 여기는 교육과정과 시험, 또래 집단이라는 도구가 없어도 그것을 배울 거라는 것을 알고 있습니다. 반대로 해당 영역의 지식이 흥미롭지 않으면 학교에서 가르친다 하더라도 그것을 배우는 게 어려울 것이라는 것을 알고 있습니다. 학교가 지배하는 사회에서 교육의 가장 중요한 원칙은 가르치지 않아도 배울 수 있고, 가장 적게 가르칠 때 가장 잘 배울 수 있다는 통념에 반기를 드는 것입니다.

주방 수학은 많은 사람들이 가르침 없이도, 심지어 전혀 쓸모 없는 수학을 배웠을 때도 자신에게 필요한 수학을 스스로 배울 수 있다는 것을 보여줍니다. 사실, 의지가 있는 사람은 필요한 것을 배우는 방법을 스스로 찾기 때문에 결국 교육의 심각한 위기는 없을 것처럼 보이기도 합니다!

물론 이러한 안일한 진단으로 문제가 가려지진 않습니다. 사람들이 가르침 없이도 수학적 방법을 개발하여 사용한다고 해서 현재의 교육적 안일함을 정당화할 수 없습니다: 주방 수학은 사람들의 수학적 능력을 보여주는 훌륭한 예시이지만 사용 범위가 극히 제한적입니다. 결론은 사람들이 어차피 스스로 개발하기 때문에 도움이 필요하지 않다는 것이 아니라, 이러한 비공식적 학습 환경에서는 학교에서 볼 수 없는 자연스럽고 풍성한 학습이 일어나며 이를 위해 학교에서도 다른 종류의 지원이 필요하다는 것입니다. 교육자의 문제는 이러한 자연스러운 학습 과정을 거스르지 않고 함께 일할 수 있는지 여부이며, 이를 위해서는 그 과정이 무엇인지에 대해 더 많이 알아야 합니다. 주방 수학 지식 뒤에는 어떤 종류의 학습이 있으며, 어떻게 그런 학습을 촉진하고 확장할 수 있을까요?

이러한 질문은 우리를 "수업주의(instructionism) 대 구성주의(constructionism)"의 두 번째 갈등 지점으로 이끕니다. 학교 시스템에 대한 부족한 성찰은 주방 수학을 통해 발견한 작은 문제입니다. 이보다 더 큰 문제는 학교의 실패가 아니라 학교의 문제를 해결하기 위해 자신만의 방법을 개발한 사람들의 성공, 즉 학교가 그들에게 전달하지 못한 것이 아니라 그들이 스스로 구성한 것입니다.

제가 구성주의의 핵심 요소로 강조하고 있는 '전달(conveying)'과 '구성(conducting)'의 개념은 이미 다양한 교육 운동의 기반이 되어버린 주제입니다. 많은 교육자들과 인지 심리학자들에게 제 주장은 구성주의(v)(constructivism)라는 용어를 연상시키는데, 현대 교육에서는 주로 지식은 단순히 다른 사람에게 '전달(transmitted)'되거나 '이미 만들어진 상태로 전달(~conveyed ready made)'될 수 없다는 피아제의 논리를 다시 언급하는 의미로 사용되고 있습니다. 정보를 설명함으로써 성공적으로 정보를 전달하는 것처럼 보일 때에도, 뇌가 작동하는 과정을 들여다보면 대화 상대방이 당신이 "전달(conveying)"하고 있다고 생각하는 정보를 개인적인 버전으로 "재구성(reconstructing)"하고 있음을 관찰할 수 있습니다. 구성주의(n)(constructionism)는 레고와 같은 기본적인 '세트'부터 프로그램을 만들 수 있는 '세트'인 프로그래밍 언어, 케이크뿐만 아니라 레시피와 사용 중인 수학(mathematics-in-use)까지 구성하는 '세트'로서의 주방까지 아우르는 '지식을 구성하는 도구 모음(~connotation of construction set)'의 의미를 지니기도 합니다. 저는 학생들의 '머릿속'에서 일어나는 구성 작용이 모래성, 케이크, 레고 집, 기업, 컴퓨터 프로그램, 시, 우주론 등 '세상' 속에서 일어나는 보다 대중적인 구성 작용에 의해 뒷받침될 때 특히 활발하게 이루어진다고 확신합니다. '세상' 속에서는 제품을 보여주고, 토론하고, 검증하고, 탐색하고, 감탄할 수 있습니다. 모든 것은 세상 속에 존재합니다.

따라서 제가 구성주의(v)(constructivism)를 개인적으로 재구성한 개념인 구성주의(n)(constructionism)는 다른 교육 사조보다 정신적 구성에 대한 아이디어를 더 면밀히 살펴본다는 특징이 있습니다. 구성주의(n)는 머릿속 구성 작용을 지원하는 구체적 구성 작용의 역할에 특별한 중요성을 부여하여 이상주의와의 차이점을 부각합니다. 또한 여러 종류의 구성(그중 일부는 정원 가꾸기와 같은 단순한 구성과는 거리가 멀다)을 인식하고 사용되는 방법과 재료에 대해 질문함으로써 머릿속 구성 작용에 대한 아이디어를 더 진지하게 받아들입니다. 어떻게 하면 지식을 구성하는 전문가가 될 수 있을까요? 어떤 기술이 필요한가요? 그리고 이러한 기술은 지식의 종류에 따라 동일한가요?

학습(mathetics)이라는 것은 이와 같이 진지하게 고민해봐야 할 질문들을 제공합니다. 이 질문에 답하기 위해 지식에 대한 전통적 관점을 따르지 않고 학교의 방식으로 배울 수 없는 지식의 개념을 성립한 두 사상가, 장 피아제(Jean Piaget)와 클로드 레비 스트라우스(Claude Levi-Strauss)의 아이디어를 논의하고 현재 목적에 맞게 다소 변형하여 제시하고자 합니다. 여기서 이 두 저자를 거론하는 목적은 이들을 통해 구체성의 엄밀한 의미를 도출하여 구체적인 지식을 구성하는 기술이 중요한 학습(mathetics) 기술임을 주장하기 위함입니다. 그리하여 최종적으로는 학교의 문제점에 대한 또 다른 결론, 즉 구체적인 것에서 추상적인 것으로 최대한 빨리 전환하려는 비뚤어진 노력으로 인해 가장 중요한 작업에 최소한의 시간을 소비하게 되는 결과를 초래한다는 결론을 이끌어내고자 합니다.

레비 스트라우스는 1966년 저서 『야만인의 마음(The Savage Mind)』(프랑스어 제목은 '라 펜세 소바주(la pensée sauvage)'로 프랑스에서는 야생화를 '플뢰르 소바주(fleurs sauvage)'라고 부른다는 사실을 염두에 두고 읽어야 합니다)에서 "원시(primitive)" 사회가 "구체적인 과학"을 수행하는 방식을 언급하기 위해 번역 불가능한 프랑스어 단어인 브리콜라주(bricolage)를 채택했습니다. 그는 주방 수학과 학교 수학을 구분하는 것과 비슷한 방식으로 브리콜라주(bricolage)를 동료들이 설명하는 "분석적 과학"과 구분했습니다. 학교 수학은 현대 과학의 이념과 마찬가지로, 모든 문제와 모든 사람에게 적용되는 보편적으로 올바른 단일 방법이라는 일반성의 이상에 기반을 두고 있습니다. 브리콜라주(bricolage)는 고장 난 것은 무엇이든 고쳐주겠다며 문을 두드리는 만능 재주꾼인 철 지난 방문형 땜장이의 방식을 은유적으로 표현한 것입니다. 어떤 일이 닥치면 땜장이는 여러 가지 도구가 든 가방을 뒤져서 당면한 문제에 맞는 도구를 찾고, 한 가지 도구가 작업에 적합하지 않으면 상황이 일반적이지 않다고 해서 화를 내는 일 없이 바로 다른 도구를 시도해 봅니다.

지적 활동의 방법론으로서 브리콜라주(bricolage)의 기본 원칙은 다음과 같습니다: 가지고 있는 것을 사용해서, 즉흥적으로 만들고 작동시켜 보세요. 진정한 브리콜뢰르(bricoleur)의 가방 속 도구는 실용적인 쓸모 이상의 기준으로 오랜 시간에 걸쳐 세심하게 선택된 것일 것입니다. 이러한 정신적 도구는 여행자 땜장이의 물리적 도구만큼이나 착용감이 좋고 편안할 것이며, 익숙한 느낌과 편안함을 줄 것이고,

일리치가 '유쾌한(convivial)' 것, 제가 마인드스톰에서 '동조적(syntonic)'이라고 부르는 것과 같은 개념일 것입니다. 여기서 저는 브리콜라주(bricolage)라는 개념을 정신 구조를 만들고 수정하고 개선하는 기술을 향상시키기 위한 아이디어와 모델의 원천으로 사용하겠습니다. 또, 더 나은 브리콜뢰르(bricoleur)가 되기 위해 체계적으로 노력하는 것이 가능하다고 주장하며, 이를 학습 방법(mathetic skill) 개발의 한 예로 제시합니다. 바퀴를 신발로, 모터를 진동기로 사용하는 등 레고 부품을 제작자가 상상하지 못한 용도로 사용하는 리키의 독창성(그리고 즐거움)에 대한 이야기에서 진정한 브리콜뢰르(bricoleur)의 정신을 가장 직접적으로 볼 수 있습니다. 또한 이렇게 레고-로고(Lego-Logo)를 사용하면 브리콜라주(bricolage) 기술을 활용하기 좋은 마이크로월드를 경험할 수 있습니다. 그리고 이것은 식물에 대한 제 경험에서도 발견됩니다.

주방 수학은 주변에 진행 중인 활동과 원활하게 연결되어 땜장이의 기술과 도구를 제공하는 브리콜라주(bricolage)를 명확하게 보여줍니다. 브리콜라주(bricolage)의 반대는 계산기를 사용하거나 암산으로 분수 문제를 풀기 위해 '요리하는 마이크로월드'를 떠나 '수학의 세계'로 향하는 것입니다. 그러나 훌륭한 브리콜뢰르(bricoleur)로서 주방 수학의 실무자는 요리를 멈추고 수학으로 전환하지 않으며, 오히려 외부 관찰자는 재료의 수학적 조작과 요리 조작을 구별할 수 없을 정도입니다. 주방 수학은 좋은 학습을 촉진하는 연결성과 연속성의 특성을 보여줍니다. 이러한 내재성은 수업주의(instructionism)와 구성주의(constructionism)를 비교하는 학습에 대한 질문(mathetic question)과 분석 과학(analytic science)과 브리콜라주(bricolage)를 비교하는 인식론적 질문(epistemological question) 사이의 관계를 선명하게 조명합니다. 1과 1/2에 2/3를 곱하는 것과 같은 분석적 원리는 수학에서 직접적인 교육을 통해 일상적으로 가르칩니다. 그러나 주방 수학과 주방의 밀접한 연관성은 수학적(또는 다른 종류의) 브리콜라주(bricolage)를 별도의 과목으로 '가르치는 것'이 설사 가능하더라도 자연스럽지 않을 것이라고 시사합니다. 학습의 자연스러운 맥락은 수학 자체가 아닌 다른 활동에 참여하는 것입니다.

데비와 주방 수학을 비교하면 이 과정에서 컴퓨터의 특별한 역할을 알 수 있습니다. 저는 많은 사람들이 요리, 정원 가꾸기, 집안일, 게임, 스포츠 경기(선수든 관중이든)를 하면서 자신의 학습 과정에 대해 정중하고 사려 깊은 대화를 나눈다면 역량과 자신감이 향상될 것이라고 확신합니다. 이 중 어느 활동에도 컴퓨터가 반드시 필요하진 않습니다. 그러나 데비나 마리아, 브라이언의 경험을 통해 컴퓨터가 과학 및 수학 콘텐츠가 포함된 활동에 브리콜뢰르(bricoleur) 또는 브리콜뢰즈(bricoleuse)로서 참여할 수 있는 기회의 폭을 매우 크게 넓혀주는 것을 알 수 있습니다.

데비의 경험 단계는 브리콜뢰르(bricoleur) 식의 도용을 통해 참여와 역량이 확장되는 것을 보여줍니다. 첫 번째 단계에서는 데비가 익숙한 활동을 컴퓨터에서 최소한의 변형만 거친 채로 수행하는 것을 볼 수 있습니다. 그녀는 워드 프로세서에 불과한 컴퓨터를 사용하여 시를 씁니다. 그런 다음 그녀는 종이 페이지를 꾸미는 것처럼 시를 꾸밉니다. 이 작업에 완전히 익숙해졌을 때 비로소 그녀는 분수로 재미있는 일을 하기 시작합니다. 그제서야 그녀는 분수와 관련된 활동에 빠져듭니다. 그러나 주방 수학이 요리와 분리되지 않는 것처럼 이러한 활동은 시 작업과 형식적으로 구별할 수 없습니다. 익숙한 것을 새로운 것으로 이어가는 것이 바로 분수를 "모든 것"과 연결시키는 돌파구를 마련하는 것입니다.

구체적인 것(concrete)에 대한 이러한 찬사를 추상(abstract)으로 나아가는 디딤돌로 삼는 전략과 혼동해서는 안 됩니다. 그렇게 되면 추상이 궁극적인 앎의 형태로 고착화될 수 있습니다. 저는 추상적 사고만이 '진정한' 정신 작용으로 여겨지는 것을 막기 위해 민감하고 논란의 여지가 있는 이야기를 꺼내보려 합니다. 대부분의 경우 구체적인 사고가 오히려 '진정한' 정신 작용에 가까우며, 추상적 원칙은 다른 많은 원칙과 마찬가지로 구체적인 사고를 향상시키는 도구의 역할을 합니다. 확실한 브리콜뢰르(bricoleur)에게 공식을 활용하는 방법은 최우선순위는 아니지만 언제든 이용할 수 있는 수단입니다. 주방에서 1과 1/2에 2/3를 곱하는 공식은 주걱과 계량컵을 사용한 즉흥적인 방법과 크게 다르지 않은, 완벽하게 허용되는 방법입니다.

이러한 발언을 두고 "논리적 비약(logic bashing)"이라는 비난이 쏟아지고 있습니다. 하지만 이 문제는 사실 균형의 문제입니다. 저는 수학자이며 추상적 추론(abstract reasoning)의 경이로움을 직접 경험했습니다. 추상적 추론의 즐거움과 그 힘을 잘 알고 있습니다. 또한 그것이 무분별하게 사용될 경우 얼마나 답답한 결과를 초래할 수 있는지도 잘 알고 있습니다. 그동안의 인지적 문화는 전통적으로 좋은 사고와 추상적 사고를 동일시하는 경향이 지배적이었기 때문에 균형을 이루기 위해서는 긍정적인 차별의 개념으로 구체적 사고를 재평가하는 노력이 꾸준히 이어져야 합니다. 또한 사람들이 인식하지 못할 정도로 교묘한 형태의 추상성 역시 경계해야 합니다. 예를 들어, 마치

"정답"인 것처럼 주어지는 프로그래밍 스타일은 추상적인 방식과 구체적인 방식 사이에 강한 가치 판단을 내포하고 있습니다.

셰리 터클(Sherry Turkle)은 자신의 저서 『제2의 자아(The Second Self)』에서 컴퓨터를 충분히 접할 수 있고 개인 스타일을 개발할 수 있는 충분한 자유가 주어진 아이들이 사용하는 프로그래밍 스타일에 대해 설명합니다.

제프는 최초의 우주 왕복선 프로그램을 만든 사람입니다. 그는 다른 일을 할 때와 마찬가지로 계획을 세웁니다. 로켓, 부스터, 별을 통과하는 여행, 착륙을 계획하는 것도 마찬가지일 것입니다. 그는 프로그램을 전체적으로 구상한 다음 관리하기 쉬운 부분으로 나누었습니다. "큰 판지에 각 부분을 적었습니다. 하룻밤 사이에 모든 것이 머릿속에 그려졌고, 빨리 학교에 와서 실행하고 싶었습니다." 컴퓨터 과학자들은 이러한 글로벌 "하향식", "분할 및 정복" 전략을 "좋은 프로그래밍 스타일"로 인정할 것입니다. 그리고 우리 모두는 제프에게서 기계를 잘 다루고, 과학을 잘하며 조직적이고, 자신감과 확실한 의도, 성공에 대한 결의를 가지고 사물의 세계에 접근하는 "컴퓨터 전문가(computer person)" 또는 엔지니어의 모습을 발견합니다.

케빈은 아주 다른 종류의 아이입니다. 제프의 모든 행동이 정확하다면 케빈은 몽환적(dreamy)이고 인상적(impressionistic)입니다. 제프가 다른 아이들에게 자신의 생각을 강요하는 경향이 있다면, 케빈은 따뜻하고 소탈하며 사교적이어서 인기가 많습니다. 케빈과의 만남은 종종 그가 학교 연극 리허설에 불려 나가느라 중단되곤 했습니다. 연극은 신데렐라였고, 그는 왕자님 역을 맡았습니다...

케빈도 우주 장면을 만들고 있습니다. 하지만 그가 작업하는 방식은 제프의 방식과는 전혀 다릅니다. 제프는 로켓 우주선의 세부적인 형태에 크게 신경 쓰지 않고 복잡한 시스템이 전체적으로 함께 작동하는 것에 집중합니다. 하지만 케빈은 그래픽의 미학에 더 신경을 씁니다. 그는 로켓의 모양에 많은 시간을 할애합니다. 그는 원래의 아이디어를 포기하고 스크래치 패드 모양 메이킹 도구로 계속 '낙서(doodle)'를 합니다. 그는 계획 없이 실험하고 다양한 모양을 화면에 그려보며 작업합니다. 그는 종종 뒤로 물러서서 자신의 작품을 여러 각도에서 살펴보고 마침내 검은 밤을 배경으로 한 빨간색 도형, 즉 유선형의 미래지향적인 디자인을 완성합니다. 그는 흥분한 나머지 친구 두 명을 불렀습니다. 한 명은 검은색에 빨간색이 들어간 것에 감탄합니다. 다른 한 명은 빨간색 모양이 "불처럼 보인다"고 말합니다. 제프는 점심 식사를 하러 가는 길에 우연히 케빈의 기계를 지나치다가 마침 프로그램 제작을 위한 도구 키트에 추가할 새로운 트릭을 찾고 있던 차라 자동적으로 그 화면을 확인합니다. 그는 어깨를 으쓱합니다. "이미 다 해본 거예요." 새로운 것도 없고, 기술적으로 달라진 것도 없고, 그냥 뺄간 짐 하나...

다음날 케빈은 바닥에 붉은 불꽃이 붙은 로켓을 가지고 있습니다. "이제 움직이게 만들어야겠어... 움직이고 날개가 있어야 해... 움직이고 날개가 있어야 해." 스크래치 패드로 조금 더 실험해보니 날개는 쉽게 만들 수 있었습니다. 하지만 그는 어떻게 하면 제대로 움직일 수 있을지에 대해서는 확신이 없었습니다. 케빈은 프로그램을 작성하는 방법을 알고 있지만, 자신의 의사를 기계에 투입시키는 데는 관심이 없습니다. 그는 주로 흥미로운 시각 효과를 만드는 데 관심이 있으며 자신이 만든 효과에 이끌려 움직입니다.

추상적인 것에 대한 과잉 평가는 실제와 이론에서 상호 강화적인 방식으로 교육의 진보를 가로막습니다. 교육 현장에서 추상적－형식적 지식에 대한 강조는 학습에 직접적인 장애가 되며, 성격, 문화, 성별, 정치와 관련된 이유로 일부 어린이는 다른 어린이보다 더 큰 피해를 받기 때문에 완전한 억압은 아니더라도 심각한 차별의 원인이 되기도 합니다. 케빈은 자신만의 스타일로 일할 수 있는 환경에 있는 것이 행운입니다. 많은 학교에서 그는 '제대로' 일해야 한다는 압박을 받았을 것이고, 설령 그의 작업 방식이 용인되더라도 그가 '예술적'이기 때문이라는 비아냥거림이 있을 수 있습니다(진지한 학업 학생이 아니라는 의미의 어조로). 예를 들어, 저와 공동으로 작성한 논문에 실린 인터뷰에서 터클은 한 여학생으로부터 제프의 '딱딱한' 스타일을 따라야 한다는 압박이 너무 크고 자신의 감각과도 상반되어 필수 과목을 수료하기 위해 "다른 사람이 되기로 결심했다"는 이야기를 들었습니다. 비슷한 상황에 처한 다른 학생들은 수강을 포기하기도 했습니다.

게다가 추상적 사고에 대한 과잉 평가는 교육 문제에 대한 토론을 무력화시킵니다. 그 이유는 학생들에게 추상적인 사고 방식을 강요하는 교육자들도 제가 구체적인 글쓰기 스타일을 채택할 때 시도했던 것처럼 그들이 설교하는 것을 실천하지만 그 효과가 구체적 스타일과 매우 다르기 때문입니다.

연구 질문의 형식화 단계에서도 간단한 예시를 살펴볼 수 있습니다. 제 앞에는 "컴퓨터가 학습에 미치는 영향에 대한 평가"와 같은 제목의 숫자, 표, 통계 공식으로 가득 찬 논문 더미가 놓여 있습니다. 저자들은 자신들의 연구가 '추상적'이라는 지적에 분개하며 "입장이 바뀌어 버렸다"고 말할 것입니다: 그들은 저의 "추상적인 일화적 철학

(abstract anecdotal philosophizing)"과는 현저하게 대조되는 "구체적인 수치 데이터"를 만들어 냈습니다. 그러나 그들의 데이터가 아무리 구체적이라고 해도 '컴퓨터'의 '효과'에 대한 통계적 질문은 완벽하게 추상적입니다. 왜냐하면 이러한 모든 질문은 다른 모든 요인을 동일하게 유지하면서 한 가지 요인만 변화시켜 그 효과를 연구하도록 고안된 실험 형태인 '과학적 방법'으로만 검증되기 때문입니다. 이 방법은 약물이 질병에 미치는 영향을 측정하는 데 매우 적합합니다: 연구자들은 약물을 복용한 환자와 그렇지 않은 환자를 비교할 때, 다른 요인은 어떤 것도 다르지 않은지 확인하기 위해 큰 고통을 감수합니다. 하지만 아무것도 바뀌지 않은 교실에 컴퓨터를 배치하는 실험보다 더 터무니없는 실험은 없을 것입니다. 우리는 앞선 예화들을 통해 컴퓨터가 모든 것을 변화시킬 수 있을 때 가장 잘 작동한다는 것을 알 수 있습니다.

추상적 사고의 핵심은 구체적인 현실의 세부 항목들에서 순수한 본질적 요소를 추출하여 추상화하는 것입니다. 일부 과학에서는 이를 통해 놀라운 결과를 얻기도 했습니다. 예를 들어, 아이작 뉴턴(Isaac Newton)이 태양 주위의 지구와 달의 움직임을 이해할 수 있었던 것은 이러한 복잡한 물체를 각각 '추상화'하여 표현함으로써, 즉 각 물체를 전체 질량이 한 지점에 집중된 입자로 취급함으로써 그의 운동 방정식을 적용할 수 있었기 때문입니다. 많은 심리학자들이 이와 유사한 학습 과학을 성립하기를 꿈꾸었지만, 지금까지 그런 종류의 과학은 만들어지지 않았습니다. 이것은 '과학'이라는 개념이 여기에 적용되지 않기 때문이라고 생각하지만, 제가 틀렸다고 하더라도 교육계의 뉴턴이 탄생할 때까지는 다른 방식의 이해가 필요합니다. 특히 구체적인 상황에 가까이 다가갈 수 있는 방법론이 필요합니다.

얼마 전까지만 해도 이러한 제안은 과학적 방법의 개념과 일치하지 않는 것으로 여겨졌을 것입니다. 그러나 지난 수십 년 동안 인류학자들은 레비 스트라우스보다 더 부지런히 실험실에서 과학자들의 실제 행동을 조사하면서 그가 먼 마을의 방식을 조사할 때처럼 엄격하게 연구해 왔습니다. 이 운동의 주요 인물 중 한 명인 브루노 라투르(Bruno Latour)는 구체적 과학과 분석적 과학 사이의 이론적 경계가 모호하고 레비 스트라우스가 펜세 소바주(la pensée sauvage)라고 묘사한 사고방식과 행동 방식에 의해 그 경계가 자주 침범된다는 사실을 발견했습니다. 우리가 학교에서 배워온 매우 엄격하고 형식적인 과학적 방법이라는 개념은 실제로는 책에서 선포되고 학교에서 가르치고 철학자들이 주장하지만 실제 과학의 실천에서는 널리 무시되는 이데올로기입니다. 라투르에게 레비 스트라우스의 "독선적인 확실성을 지닌 '거대한 이분법'은 불확실하고 예상치 못한 여러 구분들로 대체되어야 한다"는 주장을 전합니다.

이러한 관찰은 전통적인 과학이 남성 중심적이라고 주장한 페미니스트 학자와 최고의 전문 프로그래머 중 일부는 제프보다는 케빈과 같은 스타일로 일한다는 것을 발견한 저와 셰리 터클(Sherry Turkle)을 포함한 여러 출처에서 나온 것입니다. 교육자들은 이러한 데이터를 진지하게 받아들이고, 학교에 대한 생각에 관한 여러 가지 시사점을 곰곰이 살펴봐야 합니다.

수업주의적(instructionist) 관점에서 가장 간단하고 즉각적인 발견은 아이들에게 과학의 본질에 대한 보다 현대적인 이미지를 제공해야 한다는 것입니다. 여기서 중요한 것은 너무 느리게 진행되고 있는 학교 과학의 내용을 단순히 최신으로 업데이트하는 것이 아니라, 아이들에게 과학 활동의 본질에 대한 더 나은 감각을 제공하는 것인데, 이 목표는 학교 현장과 맞지 않아 거의 무시되고 있습니다. 진실을 추구하는 교육의 본질과 달리 과학의 전통적 이미지는 오히려 과학의 실제 모습만 알면 과학적 삶에 매력을 느끼고, 자신의 사고와의 유사성을 발견하며 과학적 사고에 매료될 학생들을 쫓아버리고 있기 때문에 변화가 반드시 필요합니다.

이번에는 장 피아제(Jean Piaget)와 그의 동료들이 어린이에 대해 관찰한 몇 가지 중요한 사항을 논의하면서 구성주의적(constructionist) 의미를 살펴보겠습니다. 기본적으로 피아제는 레비 스트라우스와 같은 관찰을 했지만, 인류학자가 먼 사회에서 펜세 소바주(la pensée sauvage)를 관찰했다면 피아제는 가까운 곳, 즉 어린이에게서 펜세 소바주(la pensée sauvage)를 관찰했습니다. 두 사람 모두 '우리'가 알고 있던 것과 다른 사고의 개념을 발견했고, 그것은 단순히 잘못된 것으로 치부할 수 없는 내적 일관성을 지니고 있었습니다. 두 사람 모두 각 사건을 전혀 새로운 사고방식을 발견한 중요한 사건으로 여겼고, 각각 '구체적'이라는 단어를 사용하여 "구체적 과학(the science of concrete)"과 "구체적 조작기(the stage of concrete operations)"로 이름 붙였습니다. 두 사람 모두 고대 그리스 시대부터 시작된 추상적 사고의 법칙에 대한 연구와 함께 구체적인 사고의 작용을 연구하기 시작했습니다. 이 과정은 비추상적 사고방식의 작동 원리에 대한 귀중한 통찰력을 제공했지만 동시에 같은 맹점을 지니고 있었습니다. 그들은 자신들이 발견한 구체적인 사고가 레비 스트라우스의 '미개발' 사회나 피아제의 아직 '발달하지 않은' 어린이처럼 저개발 국가에만 국한된 것이 아니라는 사실을 인식하지 못했습니다. 모든 어린이와 태평양과 아프리카 사람들, 파리와 제네바의 가장 교양 있는 사람들도 구체적 사고 과정을 거칩니다.

더욱이, 가장 중요한 것은 학식 있는 사람들은 문제 해결을 위한 예비적 탐색이나 자신의 전문 분야를 벗어나 초보자로서 활동할 때만 '구체적인 사고'에 의존하지 않는다는 점입니다. 라투르를 인용하면서 언급했듯이, 레비 스트라우스와 피아제가 '구체적'이라고 규정한 특징은 중요하고 정교한 지적 활동의 핵심입니다. 이에 대해 특정 학문에 대한 전문적 논의 없이는 사례를 들기가 어렵습니다. 추상성의 과대평가가 남성 중심적이라고 주장하는 양성평등학자들은 노벨상을 수상한 생물학자 바바라 맥클린톡(Barbara McClintock)에 대한 에블린 폭스 켈러(Evelyn Fox Keller)의 전기를 인용하는 것을 좋아합니다. 켈러는 비전문적 언어로 쉽게 설명할 수 있는 사건을 강조합니다: 맥클린톡은 그녀의 중요한 유전적 발견보다 식물 안으로 들어가 그들의 개체와 세포를 살펴보면서 식물을 연구했다는 말로 더 잘 알려져 있습니다. 세포 속으로 들어가는 맥클린톡의 이미지는 반추상적인 접근 방식의 느낌을 생생하게 전달하지만, 피상적인 수준을 뛰어넘어 핵심을 이해하려면 켈러의 책을 읽거나 급성장하는 전통 인식론 비판 분야에 대한 새로운 책을 찾아보길 바랍니다.

프로이트는 자신의 이론에 대한 꺼림칙한 반응이 공격적이고 성적인 무의식에 대한 억압의 표현이라고 설명했습니다. 이런 관점에서 피아제와 레비 스트라우스 이론의 맹점은 '억압(resistance)'적 현상으로 설명될 수 있습니다. 피아제는 자신이 발견한 새로운 사고 개념이 여러 세대의 인식론자들이 설정한 기준에 부합하지 않을 가능성을 용납할 수 없었습니다. 그래서 그는 그러한 사고의 존재와 효과는 인정했지만 그것이 어린이에게만 적용되는 개념이라고 한정 짓습니다. 또한 피아제의 글을 접한 독자들은 피아제가 자신의 사고가 지배적인 인식론의 형식적이고 분석적인 면보다 브리콜뢰르(bricoleur)적인 면이 더 많다는 것을 인정하지 않기 위해 자신을 보호하고 있다고 추측할 수도 있습니다. 하지만 궁극적인 이유가 무엇이든, 피아제가 자신의 최고의 발견을 단계 이론이라는 덤불 속에 숨겼다는 사실은 분명합니다.

피아제의 이론은 지적 발달을 세 가지 큰 시기로 나누어 설명하는데, 이는 우연인지 모르겠지만 학교가 보는 인생 시간표의 세 가지 주요 시기와 거의 일치합니다. '감각 운동기(sensorimotor stage)'라고 불리는 첫 번째 시기는 유치원 시기와 거의 일치합니다. 이 시기는 아이들이 즉각적인 상황에 반응하는 전조작기입니다. 피아제가 '구체적 조작기(concrete operations)'라고 부르는 두 번째 시기는 초등학교 시기와 거의 일치합니다. 이 시기는 사고가 당면한 상황을 훨씬 뛰어넘는 구체적인 논리의 시기이지만, 여전히 보편적 원리로 작동하지는 않습니다. 대신, 연필과 종이로 분수 문제를 풀 수 없는 주방 수학 전문가와 같이 여전히 특정 상황에 국한된 방법을 사용합니다. 마지막으로 중고등학교를 비롯한 나머지 인생에 적용되는 '공식적인 단계(formal stage)'가 있습니다. 이 단계에서는 논리, 연역, 귀납, 그리고 경험적 검증과 반박을 통해 이론을 발전시키는 원리에 의해 생각이 주도되고 훈련됩니다.

연속적인 단계에 대한 이 깔끔한 그림은 매우 강한 긍정과 부정의 반응을 불러일으켰고, 이후 이어진 논쟁은 피아제의 정말 중요한 공헌을 가려버렸습니다: 피아제의 다양한 인식 방식에 대한 설명은 이 단계들이 시간 순서대로 깔끔하게 이어지는지에 대한 논쟁보다 훨씬 더 중요합니다. 그리고 특히 중요한 것은 구체적 조작의 중간 단계의 성격과 발달에 대한 설명입니다. 이것이 그가 노년기의 대부분을 바친 작업이자 논리, 수, 공간, 시간, 운동, 생명, 인과관계, 기계, 게임, 꿈 등 엄청난 범위의 영역에서 아이들이 어떻게 생각하는지에 대해 쓴 100권이 넘는 책의 주제입니다.

피아제가 아이들과 나눈 수천 건의 대화는 레비 스트라우스의 브리콜뢰르(bricoleur) 이미지와 잘 맞아떨어집니다. 아이는 논리적으로 동일해 보이는 문제에서 사용되는 것과는 매우 다른 사고방식을 상황에 적용합니다. 피아제의 또 다른 특징은 시간의 흐름에 따른 변화에 초점을 맞춘다는 점입니다. 예를 들어, 그는 4살 정도의 어린아이들과 숫자와 관련된 상황에 대해 대화를 나눕니다.

가장 잘 알려진 예는 이른바 보존 실험입니다. 이 실험에서는 4세부터 7세까지 다양한 연령대의 어린이들에게 각각 달걀이 들어 있는 달걀 컵을 한 줄로 보여주고 달걀이 더 많은지, 아니면 달걀 컵이 더 많은지 물어봅니다. 모든 연령대의 일반적인 대답은 "아니오" 또는 "똑같다"입니다. 그런 다음 달걀 컵에서 달걀을 꺼내 한 줄로 늘어놓고 달걀 컵을 촘촘히 모아 어린이가 볼 수 있도록 합니다. 같은 질문을 던집니다. 다양한 조건하에 여러 번 실시된 이 실험에서 거의 모든 4~5세 어린이가 "달걀이 더 많다"고 자신 있게 대답합니다. 아이들은 광범위한 교차 질문을 받고, 다른 아이들이 모두 계란이 더 적다고 말했다고 알려주거나 계란과 계란 컵을 세어보라는 식으로 생각을 바꾸라는 압력을 받더라도 이 입장을 옹호할 것입니다. 대부분의 어린이는 다른 아이들의 의견을 따르는 것을 거부하고, 어떤 어린이들은 세고 나서 "세어보면 똑같은데 달걀이 더 많아요"라고 단호하게 말하기도 합니다. 이 실험에서 가장 먼저 주목할 만한 점은 이 아이들이 어른들에게는 너무나 당연한 것, 즉 피아제 이전에는 아무도 알아차리지 못했을 정도로 명백한 진리에 반하는 견해를 가지고 있다는 것입니다. 아이들은 질문에 대한 어른들의 대답을 몰라서 어쩔 줄 모르는 것이 아니라, 확고하고 일관되게 다른 대답을 하고 있습니다.

이 과정에서 다루는 개념을 살펴보면 아이들은 기괴한 "비보존주의적" 대답을 한 것이 아니라 질문을 잘못 이해했을 가능성이 더 크다는 합리적인 의심이 듭니다: 그들은 숫자가 아니라 점유 공간에 대해 질문을 받고 있다고 생각합니다. 어떤 의미에서는 이런 의견도 타당합니다. 아이들이 정말 우리처럼 질문을 이해했다면 우리처럼 대답할 것입니다. 그러나 이 반대 의견은 피아제의 실험의 의미를 훼손하는 것이 아니라 오히려 강화시킵니다. 실제로 오해가 있을 수 있지만 그것은 "단순한 언어적 오해"가 아닙니다. 그것은 아이의 정신 세계를 반영합니다. 어른이 질문을 잘못 이해했다면 "아니, 공백이 아니라 숫자를 말하는 거야."라고 말할 것입니다. 그러나 네 살싸리 아이에게 이렇게 말하는 것은 아이가 두 개념을 구별하는 방법을 모르기 때문에 아무 소용이 없습니다. 숫자는 "세서미 스트리트"에서 볼 수 있는 것이고, 공간은 앉아있는 곳입니다. 달걀과 달걀 컵에 대한 구분과도 관련이 없습니다. 이러한 오해는 해당 영역에 대한 어린이의 지식 발달 상태를 보여줍니다. 구체적인 시기에 이루어지는 작업은 관련 정신적 실체를 점차적으로 성장시키고 그러한 구별이 의미를 갖도록 연결성을 부여하는 것입니다. 여러분이나 제가 달걀 여섯 개를 볼 때, 사물의 색이나 모양과 함께 6이라는 수 개념도 인식합니다. 데비와 마찬가지로 우리에게 숫자(또는 분수)는 모든 대상에 '부여하는' 것입니다. 그러나 우리는 그렇게 하기 전에 그것을 '가지고 있어야' 하는데, 감각운동을 하는 아이에게는 그것이 없거나 초기 데비의 분수처럼 너무 단단히 고정되어 있어서 조작할 수 없는 것처럼 보입니다. 이러한 생각에 따라 저는 피아제의 구체적 조작기에 나타나는 현상들을 데비가 분수를 학습한 방식이나 제가 '꽃'과 '식물'을 학습한 방식에 대한 모델로 봅니다. 이렇게 보면 피아제 사상의 교육적 의미는 반전됩니다. 교육 분야에서 그의 추종자들은 구체적 조작기에서 다음 단계로의 전환을 서두르거나 적어도 두 단계를 통합하려 합니다. 그러나 저의 전략은 제 나이에도 전형적인 구체적 사고를 강화하고 지속시키는 것입니다. 아이들에게 어른처럼 생각하라고 강요하기보다는 아이들이 훌륭한 학습자라는 사실을 기억하고 그들을 닮아가기 위해 노력하는 자세가 필요합니다. 형식적 사고는 구체적인 방법의 범위를 넘어서는 많은 것을 할 수 있지만, 구체적 사고는 그 자체로 힘을 지닙니다.

구체적인 지식의 본질에 대해 생각할 때 전통적인 인식론이 누리는 장점 때문에 좌절감을 느끼지 않는 것은 불가능합니다. 전통적으로 지식의 단위는 명확하게 구분된 실체, 즉 명제이며 해당 지식을 논하기 위해 널리 사용되는 체계화된 언어가 있습니다. 대안적 인식론을 개발할 때 발생하는 격차 중 하나는 시간적 차이입니다: 늦게 시작된 것은 본질적으로 불리한 상황에 처하게 됩니다. 다원주의와 영역 간의 연결에 기반한 인식론은 덜 명확하고 복잡할 수밖에 없기 때문에 이러한 격차는 영구적일 가능성이 매우 높습니다.

좀 더 미묘한 성격의 새로운 격차는 지식과 미디어의 관계입니다. 전통적인 인식론은 텍스트, 특히 인쇄 매체와 밀접하게 연관된 명제에 기반을 두고 있습니다. 브리콜라주(bricolage)와 구체적 사고는 항상 존재했지만 텍스트의 특권적 위치에 밀려 학문적 맥락에서 소외되었습니다. 컴퓨터 시대로 접어들고 새롭고 역동적인 미디어가 등장하면서 이러한 상황은 달라질 것입니다. 지식을 다루는 방식에서 이러한 급진적인 변화를 예측하는 것은 무의미할 수 있지만, 이제 인식론과 학습과 관련하여 컴퓨터 역사의 몇 가지 측면을 보다 직접적으로 살펴보기 위해 이 질문을 염두에 두는 것은 흥미로울 것입니다.

08

• • •

컴퓨터 전문가

최초의 컴퓨터를 만든 선구자들은 기계가 어떤 종류의 작업을 하고 어떤 스타일의 사람들에게 도움이 될지 정확히 알고 있었습니다. 1940년대, 세계는 전쟁 중이었습니다. 무기의 설계 및 사용과 관련된 수치 계산, 정보가 오래된 뉴스가 되기 전에 더욱 복잡한 암호를 해독하기 위한 논리적 조작 등 수학자들은 이전에 느껴본 적 없는 시간 압박 속에서 복잡한 계산을 수행해야 했습니다. 선구자들은 수학자였으며 자신의 생각대로 기계를 만들었습니다. 자신들보다 더 부드러운 스타일을 가진 사람들을 위해 컴퓨터를 사용자 친화적으로 만드는 것은 생각조차 하지 않았을 것입니다. 다원주의의 여지가 없는 컴퓨터 문화가 발전할 수 있는 조건이 마련되었고, 그 인식론적 규범은 가장 분석적인 전통에 확고히 뿌리내리게 됩니다. 필연적으로 "힘든" 문화가 형성될 수밖에 없었습니다.

전시 상황만이 이러한 방식으로 컴퓨터 문화를 형성한 유일한 요인은 아니었습니다. 기술의 발전 단계도 같은 방향으로 작용했습니다. 초창기 컴퓨터의 등장은 기술적으로 약한 사람들에게 공포를 안겨주었습니다. 제가 처음 본 기계(앨런 튜링이 직접 설계한 영국의 ACE)는 기계라기보다는 책 대신 전자제품이 선반에 놓인 로봇 도서관처럼 보였습니다. 기술 공포증이 있는 교사가 이 기계를 처음 시험 삼아 써봤다면 흥미를 느끼기 어려웠을 것입니다! 기계의 외관뿐만 아니라 기계의 기술적 취약성은 사용 방법을 더욱 어렵게 만들었습니다. 오늘날의 컴퓨터를 더욱 '친숙하게' 만드는 인터페이스는 많은 잉여 컴퓨터 전력을 필요로 합니다. 그 당시에는 아무리 간단한 작업이라도 실행할 때 항상 기계의 마지막 힘까지 짜내야 했고, 이는 종종 수학적 계산의 이미지를 왜곡했습니다. 저는 프로그래밍에 대한 첫 경험이 데비나 브라이언 또는 코스타리카 선생님들이 말한 자기 표현 활동이라기보다는 점수론(number theory)의 문제를 푸는 것과 비슷했던 것으로 기억합니다. 제가 말하고자 하는 것은 이것이 단순히 수학적 문화였다는 것이 아니라(실제로는 그랬지만), 정확한 계산이 지배적인 역할을 하고 직관적이고 경험적인 것보다 기술적이고 분석적인 것이 더 많은 비중을 차지하는 특정한 종류의 수학적 문화였다는 점입니다.

초기 컴퓨터 문화가 오늘날까지도 대부분의 사람들에게 컴퓨터라는 단어의 대명사로 남아 있는 딱딱하고 분석적인 형태로 형성된 데에는 여러 가지 요인이 작용했습니다. 전쟁이 끝난 후 컴퓨터는 첨단 과학과 군대의 성역을 벗어나 비즈니스와 일반 산업 및 대학 연구 분야로 서서히 이동했습니다. 그 과정에서 컴퓨터는 그 문화를 함께 가져갔고, '분석 논리 엔진(analytic logic engine)'이라는 컴퓨터의 대중적인 이미지가 성장하고 뿌리를 내리게 되었습니다. 여기서 중요한 점은 기술이 더 이상 컴퓨터 문화를 필요로 하지 않거나 선호하지 않는 상황에서도 원래 컴퓨터 문화의 요소들이 어떻게 지속되었는가 하는 점입니다. 일단 시작되면 그 문화는 나름의 논리를 갖게 됩니다. 컴퓨터를 제어하는 초기의 극단적인 수학적 방법은 점차 완화되었지만, 핵심 요소는 여전히 남아있습니다.

ACE를 프로그래밍할 때 저는 실제로 IBM 카드에 하나씩 구멍을 뚫어 코드화된 0과 1의 시퀀스로 명령을 표현해야 했습니다. 코드가 기억나지 않지만, 최신 기계에도 비슷한 코드가 여전히 존재합니다: 예를 들어 11000010111010111000001000011100 시퀀스는 중앙 프로세서에 내리는 주어진 두 메모리 위치에 숫자를 더하라는 명령입니다. 이러한 코드는 여전히 이론적으로 중요하지만 오늘날 프로그램을 작성하는 사람이 실제 표현 매체로 사용하는 경우는 거의 없습니다.

명령을 2진수로 표현하는 것은 수학자에게도 너무 불투명하고 지루한 작업입니다. 컴퓨터 언어가 개발되어 메모리 위치 x와 y에 있는 숫자를 더한 후 그 결과를 메모리 위치 z에 배치하는 $z = x + y$와 같은 형태로 명령을 표현할 수 있게 되기까지는 그리 오랜 시간이 걸리지 않았습니다. 컴퓨터에 관한 인지적으로 강력한 사실 중 하나는 컴퓨터가 스스로 프로그램을 조작할 수 있다는 것입니다: 컴퓨터는 $z = x + y$를 적절한 이진수로 변환하도록 프로그래밍할 수 있으므로 이진 코드를 사용할 필요가 있는 유일한 경우는 변환을 수행하는 프로그램을 작성할 때입니다.

보다 투명하고 친숙한 표현 형식의 개발은 프로그래밍에서 딱딱한 분석적 사고방식의 종말을 의미하는 것이 아니라 가장 눈에 거슬리는 표현을 부드럽게 만들었을 뿐입니다. 수학자의 흔적은 여전히 대수적 형태의 명령어에 남아 있었고, 이보다 더 깊은 방식으로 프로그래밍 문화에 각인되어 있습니다. 예상했던 대로, 컴퓨터 프로그램의 적절한 구조에 대한 이론을 만들고 프로그램을 작성하는 과정에 대한 표준을 정립하는 데 가장 많은 노력을 기울인 것은 딱딱한 사고를 가진 수학자들이었습니다. 그 결과 프로그래밍에 대한 그들의 견해는 유일하게 옳은 것으로 굳어졌습니다. 이렇게 해서 오늘날에도 여전히 딱딱한 컴퓨터 문화를 지탱하는 새로운 요소가 출현하게 되었습니다. 딱딱한 사고의 보유자들은 자신의 작업 방식에 대한 이론적 정당성을 제시할 수 있는 능력과 욕구에서 우위를 점하고 있습니다. 비슷한 자기 영속적 요인이 인재 채용을 통해서도 작용합니다. 딱딱한 스타일의 문화가 지배적이기 때문에 그런 식으로 생각하는 신입사원을 끌어들이고, 다른 부드러운 방향으로 개발을 추진하는 경향을 보이는 사람들을 낙담시킵니다.

컴퓨터가 더 넓은 응용 분야로 확산되면서 교육에 컴퓨터를 활용하자는 아이디어가 떠오르기 시작했습니다. 실제로 1960년대 초에는 교육 현장의 변두리에서 낯선 주체들이 눈에 띄기 시작했습니다. (저는 교육의 변화 가능성에 매료된 컴퓨터 전문가 중 한 명이었고) 우리가 가져온 기술은 매우 원시적이었습니다. 당시의 전형적인 프로젝트는 멀리 있는 크고 비싼 컴퓨터와 연결된 덜컹거리는 텔레타이프 기계 앞에 아이를 앉히는 것이었습니다. 오늘날 아이들이 좋아하고 익숙해진 컴퓨터의 흥미로운 그래픽, 색상, 액션, 사운드 등이 전혀 없었습니다. 그러한 상황에서 실제로 수행되거나 학습된 것 중 오늘날 직접적으로 적용할 수 있는 것은 거의 없습니다. 그러나 당시 기술 형식이 일시적이었던 것과는 반대로 더 큰 컴퓨터 문화에서 우리가 가져온 이론적 방향, 즉 이데올로기는 탄력적이었습니다.

우리가 한 일의 중요하고 지속적인 측면은 교육적인 컴퓨터 문화의 씨앗을 심는 것이었습니다. 이 장의 주제는 이 씨앗이 많은 가지를 가진 나무로 발전하는 것이기 때문에 이에 대해 선별적으로 논의하고자 합니다. 가장 중요해 보이는 가지를 선택할 때 저는 제가 가장 활발하게 활동했던 분야에 집중했습니다. 제가 일한 곳만 중요하게 생각해서가 아니라 가장 중요한 분야에서 일하려고 노력했기 때문입니다.

교육용 컴퓨터의 역사를 이야기하는 가장 쉬운 방법은 정량적인 것입니다. 1960년대에는 철학과 심리학 출신의 패트릭 수피즈(Patrick Suppes), BASIC을 개발한 물리학 및 대학 행정학 출신의 존 케메니(John Kemeny), PLAto 시스템을 개발한 공학 출신의 도널드 비처(Donald Bitzer), 수학과 지능 연구 출신의 저와 같이 다른 분야에서 온 소수의 학자들이 이 분야를 개척했습니다. 이 분야를 조기에 상업화하려다 손해를 본 기업가들도 몇 명 있었습니다. 1970년대 초에도 이 세력은 소수에 불과했지만 70년대 중반에 마이크로컴퓨터가 등장하면서 큰 전환점이 찾아왔습니다. 1980년대 초까지 컴퓨터와 교육에 직업적 시간의 상당 부분을 할애하는 사람들의 수는 수백 명에서 수만 명으로 급증했습니다. 지금은 수십만 명에 달하는 사람들이 교육 컴퓨팅 세계의 연구 및 비즈니스 분야에 종사하고 있습니다.

설명하기는 어렵지만 꼭 알아야 할 훨씬 더 중요한 이야기는 주관적이고 사회학적인 것입니다. 바로 점점 더 많은 사람들이 어떻게 생각하는지, 그리고 이러한 문화의 발전이 사회의 더 큰 트렌드와 어떻게 관련되어 있는지에 관한 것입니다. 교육용 컴퓨팅의 발전에 영향을 미치거나 이해하고자 하는 모든 사람에게 제가 전하고 싶은 가장 중요한 메시지는 (학교에서 역사를 가르치는 방식에 관한 표현을 빌리자면) 잇달아 출시되는 제품에 대한 것이 아닙니다. 그 본질은 문화의 성장이며, 이러한 문화의 트렌드를 이해하고 육성해야만 건설적인 영향을 미칠 수 있습니다.

정량적 수준을 넘어선 이해를 위한 첫 번째 중요한 움직임은 교육에서 컴퓨터의 사용 방식을 분류하려는 시도였습니다. 이 분야의 첫 번째 논문 선집 중 하나인 한 책의 제목은 이러한 접근 방식을 재치 있게 표현하고 있습니다. 로버트 테일러(Robert Taylor, 컬럼비아 교사 대학의 교수이자 컴퓨터 및 교육 분야의 첫 번째 석사 프로그램을 만든 사람)는 『학교에서의 컴퓨터: 튜터, 튜티, 도구(The Computer in the School: Tutor, Tutee, Tool)』라는 책을 출간합니다. 부제의 첫 번째와 마지막 용어의 의도는 교육에서 컴퓨터가 할 수 있는 일에 대한 대중적인 모델과 충분히 일치합니다. 컴퓨터를 도구(tool)로 사용하는 사례는 모두에게 친숙할 것입니다. 워드 프로세서가 대표적이며, 시뮬레이션을 통해 생태학을 연구하는 프로그램이나 컴퓨터를 계산기로 사용하는 프로그램도 여기에 해당합니다. 튜터(tutor)라는 용어는 교육에서 컴퓨터의 가장 일반적인 이미지를 나타냅니다. 반면에 튜티(tutee)라는 용어는 제가 프로그래밍을 컴퓨터를 가르치는 과정으로 설명할 때 자주 사용하는 비유입니다. 어떤 과목을 배우는 가장 좋은 방법이 그 과목을 가르치는 것이라는 것은 모든 교수가 알고 있는 사실이라, 저는 장난삼아 아이가 컴퓨터를 '가르치는 것', 즉 프로그래밍을 통해 같은 종류의 혜택을 얻을 수 있다고 제안한 것이죠.

너무 자주 사용되어 원저자를 확인할 수 없었던 다른 분류는 "컴퓨터로 학습하기(learning with the computer), 컴퓨터로부터 배우기(learning from the computer), 컴퓨터에 대해 배우기(learning about the computer)"입니다. 컴퓨터로 학습하기는 도구(tool)와, 컴퓨터로부터 배우기는 튜터(tutor)의 개념과 정확하게 대응합니다. 컴퓨터 프로그래밍을 할 수 있다는 것은 다른 두 가지 사용 방식에서 요구하는 것보다 컴퓨터의 작동 방식에 대해 더 깊이 배운다는 것과 동의어라는 점에서 컴퓨터에 대해 배우기와 튜티(tutee)의 관계는 덜 직접적이지만 여전히 존재합니다.

하지만 이 장에서는 컴퓨터 사용 방식을 분류하는 대신 컴퓨터 사용에 대한 사고방식의 발전을 살펴봅니다. 저는 "고전적", "낭만적", "관료적", 마지막으로 "현대적" 시기라고 정의하는 컴퓨터 역사의 연속적인 시기에 대한 사고방식을 제안합니다.

돌이켜보면 교육용 컴퓨팅 개발의 초기 시기(대략 1960년대에 해당)는 웹스터식 정의에 따라 "고전적" 시기였다고 생각합니다: "확립된 방법, 취향 또는 비판적 기준에 대한 적합성... 형식에 대한 관심... 규칙성, 단순성, 균형, 비례 및 통제된 감정(낭만주의와 대조)." 여기에는 이중적인 의미의 적합성이 있습니다. 우리는 각자 다른 분야에서 교육계로 넘어왔기 때문에 지배적이고 딱딱한 컴퓨터 문화와 자신의 가정 교육 방식이 혼합된 일련의 방법, 취향, 비판적 기준을 따랐습니다. 동시에, 우리는 손님 또는 이방인이라는 생각 때문에 학교의 근본적인 가정에 도전하지 않는 방식으로 작업을 구성했습니다. 초기 커뮤니티에서 오랫동안 활동하며 주도적인 역할을 했던 저조차도 지금 생각해보면 놀라울 정도로 학교의 틀에 제 아이디어를 투영했습니다. 웹스터식 정의대로 감정은 확실히 통제되었고, 실제로 교육에 대한 사고와 관련된 범주로 인정받지도 못했습니다. 지배적인 컴퓨터 문화는 우리가 교육의 인지적 측면에만 집중하는 것을 선호했습니다.

초기 교육용 컴퓨터 문화를 구성한 세 사람인 수피즈, 케메니와 저를 살펴보면 교육에서의 컴퓨터 사용 방식에 대한 아이디어와 논쟁이 어떻게 '고전주의'를 관통하는지 알 수 있습니다. 패트릭 수피즈 (Patrick Suppes)는 제가 컴퓨터를 사용하여 학생을 프로그래밍하는 것으로 다소 과장되게 표현한 컴퓨터 사용 방식의 대명사, CAI(컴퓨터 보조 교육)의 아버지가 되었습니다. 존 케메니(John Kemeny)는 베이직 (BASIC)의 아버지 중 한 명으로, 컴퓨터를 바라보는 색다른 관점을 지지하는 기둥 역할을 했습니다: 학생은 컴퓨터를 프로그래밍하며 컴퓨터를 교육을 보조하는 로봇 교사가 아니라 학습을 돕는 도구로 여깁니다. 따라서 어떤 측면에서는 수피즈와 케메니가 정반대의 극단에서 있었습니다. 하지만 다른 측면에서는 매우 가까웠습니다. 두 사람은 학습의 인지적 측면을 독점적으로 강조했습니다: 그들은 학습을 습득해야 하는 사실과 기술의 관점에서 보았고, 감정이나 인격 또는 학습으로 환원될 수 없는 수준의 개인 발달에 대해서는 명시적인 관심을 두지 않았습니다. 그들은 학교를 수용하는 입장이었고, 교육에 대한 그들의 견해는 정치, 성별, 인종적 관점과 분리되었습니다. 이러한 측면에서 그들은 뜨거운 사회적 이슈와 컴퓨터의 '내밀한' 측면에 가장 큰 관심을 두는 '낭만주의'와는 달랐습니다. 그리고 저 역시 대체로 그들과 달랐습니다.

저는 확실히 그룹에서 고집스러운 독불장군이었습니다. 저는 CAI와 BASIC 모두와 다투었고, 이에 대한 대안으로 로고(Logo)를 개발했습니다. 하지만 제가 고심하던 아이디어의 반고전적 의미를 이해하는 데 5년이 걸렸습니다. 그 사이에 저는 '내 시대의 사람'처럼 행동하는 제 자신을 발견했습니다(혹은 '내 시대의 남자'처럼 행동한 저의 작업은 제가 남성 중심주의로 인식하는 것과 점차적으로 단절되어 왔지만, 일부 페미니스트 친구들은 남성이 남성 중심주의와 완전히 단절될 수 있다는 사실을 부정할 수도 있습니다).

수피즈의 작업물이 중요한 모델이 된 CAI의 개념은 컴퓨터를 값비싼 플래시 카드 세트처럼 사용한다는 비판을 받아왔습니다. 단순한 반복적인 암기라는 개념은 수피즈의 의도와는 거리가 멀었습니다. 그의 이론에는 컴퓨터가 적합한 학습이론을 이용해 어떤 플래시 카드 세트도 모방할 수 없는 방식으로 개별 학습자의 과거 이력에 기반한 최적의 학습 제시 순서를 생성할 수 있다는 확신이 담겨 있었습니다. 동시에 아이들의 반응은 학습 이론을 더욱 발전시키는 데 중요한 데이터를 제공하게 될 것입니다. 이것은 수준 높은 고등 과학이었습니다.

하지만 처음부터 몇 가지 고려 사항으로 인해 이 접근 방식은 저와 잘 맞지 않았습니다.

저는 본능적으로 이런 종류의 이론이 어린이에게 부여하는 지위를 거부했습니다. 행동주의자들은 그들의 사고의 기초를 '학습 이론 (learning theory)'이라고 부르길 좋아하지만, 그들이 말하는 학습은 학습자가 하는 '학습(learning)'이 아니라 교육자가 학습자를 대상으로 하는 '교육(instruction)'입니다.

당시 저는 인식론적으로 이에 대한 이견을 가장 잘 표현할 수 있었는데, 바로 사용되는 지식의 종류에 대한 차이를 다루는 방식이었습니다. 수피즈의 교육 이론은 아이들이 수학에서 배워야 할 내용을 컴퓨터 프로그램을 통해 순서대로 배열하고 셀 수 있는 정확한 '사실 (factlets)'로 축소하려고 했습니다. 이것은 특이한 시도가 아니었습니다. 그는 논리학의 관점에서 지식을 정밀한 입자로 구성된 것이라고 보는 입장을 지지했고, 통계적 관점에서 지식을 입자로 보고 셀 수 있다고 생각했으며, 신행동주의적 관점에서 그렇게 해야 한다고 주장했습니다. 그의 연구는 모든 것을 포용하는 인식론적 패러다임을 담고 있는데, 이는 당시 미국 학계의 여러 분야에서 지배적이었으며 일부 분야에서는 여전히 강력한 힘을 발휘하고 있습니다. 이 패러다임은 저를 교육에 입문하게 한 이론적 세계에서도 매우 중요했지만, 동시에 도전해야 할 장애물이었습니다. 저의 심리학 스승 피아제는 행동주의를 가장 일관되게(미국에서는 노암 촘스키(Noam Chomsky)가 가장 격렬한 비판가로 알려졌지만) 비판한 사람입니다. 인공지능(AI) 분야의 작업을 하며 저는 마빈 민스키(Marvin Minsky)와 함께 추론의 기초인 '논리(logic)'와 지식에 관한 모든 형태의 '입자적(particulate)' 및 '명제적(propositional)' 표현에 맞서 싸웠습니다.

이 문제는 데비를 바라보는 두 가지 관점을 대조함으로써 극명한 형태로 드러납니다. CAI는 데비의 어려움을 분수에 대한 특정 지식(knowledge)의 결핍으로 진단하고 이를 보충하여 문제를 치료하고자 합니다. 하지만 저는 관계(relationship)에 문제가 있다고 진단합니다: 데비와 분수의 관계와 그녀가 가시고 있는 여러 지식의 관계 모두에 약점이 있습니다. 그 결과 데비는 기존 지식을 효과적으로 활용하거나 새로운 지식을 생성하거나 발견하는 일을 주도적으로 할 수 없습니다. 저는 데비에게 사실적인 정보를 제공하는 것이 아니라 이미 알고 있는 여러 요소, 예를 들어 분수에 대한 직관적인 지식, '실제 세계'에 대한 지식, 학습 전략에 대한 지식을 연결하도록 격려하면서 교육 목표를 제시합니다. 연결고리를 만드는 것은 데비만이 할 수 있는 일입니다. 데비만의 연결고리가 있어야 합니다.

CAI를 옹호하는 사람은 "하지만 데비 같은 사람들에게 우리 프로그램을 진행하면 점수가 향상되는 것을 보았습니다. 접근 방식이 옳아야 합니다."라고 말할 수 있습니다. 데비의 점수가 향상된다고 해서 그 이론이 옳다는 뜻은 아닙니다. 다르게 설명할 방법이 있을까요? 한 일화가 그 해답을 제시합니다.

한 어린이가 곱셈 문제를 풀려고 CAI 프로그램을 사용하는 것을 관찰하고 있었습니다. 그런데 뭔가 이상한 일이 벌어졌습니다. 아이는 빠르고 정확하게 곱셈 문제를 풀면서도 쉬운 문제에서 연달아 오답을 냈습니다. 아이가 프로그램에 지루함을 느끼고 자신이 고안한 게임을 더 재미있게 즐기고 있다는 사실을 깨닫기까지는 시간이 좀 걸렸습니다. 이 게임은 약간의 생각이 필요했습니다. 이 게임은 컴퓨터의 질문에 대한 "올바른" 답변을 프로그램이 "실수"에 대한 설명을 쏟아낼 때 가장 많은 컴퓨터 활동을 생성할 답변으로 재정의했습니다.

이 아이는 CAI 프로그램이 수학 능력을 향상시킨다는 통계를 입증할 아이 중 한 명일 것입니다. 그렇다면 이 프로그램이 실제로 수학을 가르치는 좋은 방법이었을까요? 이 말은 반은 맞고 반은 틀립니다. 실제로 학습이 일어났기 때문에 맞고, 프로그래머가 의도한 것과는 전혀 다른 이유로 학습했기 때문에 틀립니다. 여기서 쟁점은 자기 주도적 활동이 수학 학습을 위해 세심하게 통제된 프로그램 활동보다 더 나은지 여부이며, 이 아이는 자기 주도적 대안을 지지했습니다. CAI 영업사원은 아이가 실제로 학습을 했다면 이는 중요하지 않다고 반박할 수도 있습니다(수피즈는 그러지 않겠지만요). 이에 대한 저의 답변은 컴퓨터가 있든 없든 암기식 방법(rote method)에 의한 대부분의 학습에 대한 것입니다. 네, 실제로 아이들은 무엇으로든 게임을 만들고 그것을 통해 배울 수 있습니다. 그런데 만약 우리가 원하는 것이 그런 것이라면 이 장난기(playfulness)를 최대한 활용할 수 있는 상황을 열심히 찾아야 합니다.

이 일화는 수피즈와 제가 일하는 작업 환경의 지적 분위기 차이를 잘 보여줍니다. 그가 논리라는 엄격하게 통제된 사고 속에서 일할 때 저는 MIT AI 연구소의 유쾌한 분위기에서 일하고 있었습니다. 물론 우리 둘 다 형식적 사고(formal thinking)와 직관적 사고(intuitive thinking)의 중요성을 부정하지는 않았습니다. 하지만 우리는 둘 사이의 관계가 역전되는 것을 보았습니다. 논리주의자는 논리를 주된 사고 유형으로 보고 직관적인 것을 논리적인 용어로 설명하려고 애씁니다. 인공지능 분야의 많은 동료들은 우리가 직관적 사고라고 생각하는 것을 할 때도 여전히 (자신도 모르게) 정확하고 논리적인 규칙을 따르고 있다고 주장했고, 일부는 여전히 그렇게 주장하고 있습니다. 그렇기 때문에 그들은 직관적 추론과 유사한 작업을 수행하도록 컴퓨터를 프로그래밍할 때마다 기뻐합니다. 컴퓨터는 명확한 규칙을 따르기 때문에 어떤 작업이든 규칙에 따라 수행합니다. 저의 도전은 다른 종류의 것이었습니다. 기본적인 사고는 직관적인 반면, 형식석인 논리적 사고는 인위적인, 그러나 분명 매우 유용한 구조입니다: 논리는 활용 가치가 높지만 가장 중요한 것은 아닙니다. 저는 형식적이고 규칙에 따른 행동(rule-driven behavior)으로 보였던 것이 다른 것으로 밝혀질 때마다 기쁩니다. 그래서 CAI 프로그램을 가지고 노는 아이의 사례를 보면서도 매우 만족스러웠습니다.

따라서 수피즈와 제가 아이들에게 길러주고 싶은 지식의 종류는 매우 달랐습니다. 우리 토론의 진정성은 우리가 생각하는 방식과 생각하는 방식에 대한 이해에서의 개인적인 스타일도 달랐다는 점에서 드러났습니다.

제가 수피즈를 만났던 초반에 그는 우리가 과학 철학에 관한 콘퍼런스에서 벌인 토론을 요약하여 스타일 문제를 공식화했습니다. "막연하게 옳은 것보다 정확하게 틀린 것이 낫다"는 그의 말은 제가 가르치는 일의 근본적인 문제라고 생각했던 것을 상징적으로 보여주어 기억에 남습니다.

저는 이것이 교육의 근본적인 문제라고 생각했습니다. 수학이나 과학과 같은 학교 과목에서 가장 큰 어려움 중 하나는 학교가 학생에게 정답만을 요구한다는 것입니다. 물론 어떤 상황에서는 정확한 답이 필요합니다. 하지만 이러한 상황에서는 창의적인 사람들이 가장 소중히 여기는 사고를 발전시킬 수 없습니다. 이런 사고는 논리학자들이 좋아하는 진리에서 진리로, 전제에서 해결책으로 나아가는 사고가 아닙니다. 일반적인 사고 과정에서는 좋은 방향으로 나아가기 위해 궤도를 벗어날 때마다 되돌아가서 수정을 반복합니다. 이런 종류의 사고는 항상 막연하게 옳은 동시에 막연하게 틀립니다.

가르침의 딜레마는 그러한 과정에서 다른 사람이 어디에 있는지 알기 어렵다는 데서 비롯됩니다. 그렇다면 교사는 학생에게 어떻게 조언해줄 수 있을까요?

저는 교사들이 어떻게 이 작업을 할 수 있는지에 대한 이론을 찾기 위해 많은 노력을 기울였습니다. 그러다 로고(Logo) 워크숍에서 선생님들이 힘들어했던 것과 같은 이유로 저 역시 깊이 있는 이론을 찾지 못한다는 것을 깨달았습니다: 저는 학교에 있는 아이들에게 집중하고 있었기 때문에 전통적인 학교 수업에서 지도 과정을 개선할 방법을 찾고 있었습니다. 그러나 저의 트레이드마크가 될 컴퓨터 사용법을 개발하게 된 돌파구는 '아이들을 잊고' 제 자신에 대해 생각할 수 있게 되었을 때 찾아왔습니다.

1965년 키프로스를 방문했을 때였습니다. 저는 1963년 컴퓨터가 없던 제네바 대학교에서 갑자기 세계 최고의 컴퓨터를 무료로 사용할 수 있는 MIT로 옮기면서 받은 문화적 충격에서 아직 벗어나지 못하고 있었습니다. 이 외딴 지중해 섬에서 저는 컴퓨터가 항상 존재하던 생활 방식에서 벗어나 오랜만에 컴퓨터의 부재를 느꼈습니다. MIT에 온 후 제가 얼마나 많은 것을 배웠는지, 한동안 저를 괴롭혔던 이론적 문제에 대한 돌파구를 찾기 위해 컴퓨터를 어떻게 사용했는지, 컴퓨터와 관련된 개념이 다양한 분야에서 제 생각을 어떻게 변화시켰는지에 대한 생각이 떠올랐죠. 그 순간 아주 '당연한' 아이디어가 떠올랐습니다: 제가 컴퓨터로부터 얻은 것을 아이들도 제공받아야 한다는 것이었습니다! 컴퓨터는 아이들에게 작업과 생각을 돕는 도구로서, 프로젝트를 수행하는 수단으로서, 새로운 아이디어를 생각할 수 있는 개념의 원천으로서 제공되어야 합니다. 제게 필요한 것은 다음에는 이 합계를 하라거나 저 단어의 철자를 외우라는 훈련과 연습 프로그램이 아니었습니다! 왜 아이들에게 그런 것을 강요해야 할까요? MIT에서 저를 새로운 개인 학습의 길로 이끌었던 것은 CAI 프로그램과는 완전히 달랐습니다. 저는 어떻게 하면 아이들에게도 제가 MIT에서 컴퓨터를 접하면서 느꼈던 것과 같은 지적 향상을 가져다줄 수 있을까라는 질문에 집중하게 되었습니다.

아이들이 실제로 컴퓨터로 무엇을 할 수 있는지에 대한 사례를 찾아보면서, 저는 제가 컴퓨터를 통해 혜택을 받았다고 생각하는 방법들을 목록으로 만들고 각 사례마다 비슷한 것을 아이들에게 제공할 수 있는지 스스로에게 물어보았습니다. 한동안 저는 목록의 첫 번째 항목, 즉 저를 MIT로 이끈 주된 관심사인 인공지능을 그냥 지나쳤습니다. "분명히 어린이용은 아니겠지." 그러다 몇 년 전 피아제와의 대화에서 아이들이 작은 인공지능을 만들어 놀 수 있다면 어떤 일이 일어날지에 대해 장난스럽게 추측했던 대화가 떠올랐습니다. 저는 인공지능의 본질은 이론적 심리학을 구체화하는 것이라고 말했었죠. 따라서 (구체성이야말로 아이들이 좋아하는 것이기 때문에) 원칙적으로 기초적인 형태의 인공지능은 어린이용 조립 세트(construction set)가 될 수 있습니다. 심리학자들에게 마음의 구체적인 모델을 만드는 것이 도움이 된다면, 그것이 더더욱 필요한 어린이들에게 도움이 되지 않을 이유가 없겠죠?

피아제는 자신이 가장 좋아하는 격언 중 하나인 "이해하는 것은 발명하는 것이다"를 새로운 영역에 적용하는 것을 좋아했습니다. 피아제의 혼란스러운 연구에서 촉발되는 열띤 토론 속에서 우리는 생각하는 기계, 즉 지능을 발명하는 데 필요한 재료를 가지고 놀면서 사고를 이해하게 되는 아이들의 이미지에 사로잡혔습니다. 우리는 둘 다 그것이 현실적이라고 생각하지 않았고, 그저 철학적 사고실험(Gedankenexperiment)의 시나리오일 뿐이었습니다. 하지만 키프로스의 어느 산에서 갑자기 이 아이디어는 철학적 추측에서 실제 프로젝트로 바뀌었습니다.

그 차이는 사람들이 실제로 "인공지능을 만들 때(do AI)" 무엇을 하는지에 대한 (한 가지 버전의) 매우 구체적인 그림에서 비롯되었습니다. 체스를 두거나 고양이를 보는 것과 같은 인간의 정신 활동 중 하나를 선택한 다음, 비슷한 일을 하는 컴퓨터 프로그램을 작성하고, 마지막으로 컴퓨터 프로그램이 인간이 한 일을 '실제로' 수행하는지에 대해 깊게 토론합니다. 저는 이런 종류의 활동을 많이 해왔고, 이런 활동이 인간의 사고에 대한 흥미롭고 생산적인 통찰력을 자극한다는 것을 알고 있었습니다. 사실 저는 인공지능 프로그램이 사람을 완전히 모방하는 데 성공했다고 생각하지는 않았지만, 유사점보다 차이점이 더 두드러진 경우에도 기계에 대한 토론은 사람들이 생각하는 방식과 생각하지 않는 방식에 대한 귀중한 통찰력을 제공했습니다. 기초 인공지능을 연구하면 아이들에게도 사고에 대한 새로운 맥락을 제공할 수 있을 것 같았습니다. 물론 아이들이 서투른 체스까지 할 수 있는 프로그램을 만들 수 있을 거라고는 생각하지 않았기 때문에 더 간단한 게임을 찾다가 성냥개비 더미로 하는 게임 계열에 집중했습니다. 그 둘의 원리는 같았습니다. 제가 생각한 어린이용 기초 인공지능의 희망적인 시나리오는 다음과 같았습니다.

한 무리의 아이들이 21개의 성냥 더미에서 두 명의 플레이어가 번갈아 가며 한 개, 두 개 또는 세 개의 성냥을 꺼내 마지막 성냥을 가져가는 사람이 지는 '21'이라는 성냥개비 게임을 연구하고 있습니다. 아이들의 당면 목표는 바로 훗날 전문가 시스템(expert system)이라고 불리게 될 것을 만드는 사람들의 목표와 같습니다: 프로그램이 모방하고자 하는 활동을 하는 사람을 주의 깊게 관찰하고, 컴퓨터가 비슷하게 행동하도록 프로그램에 넣을 수 있는 규칙을 생각해내는 것이죠. 이 과정의 물리적 측면은 중요하지 않았습니다. 오늘날에는 아이들이 실제로 막대기를 들어 올리는 로봇을 만들 수 있는 수단이 존재합니다. 저는 실제로 이 장을 쓰는 동안 레고-로고(Lego-Logo)라는 확장형 레고 키트를 사용하여 휴식을 취하기 위해(그리고 그런 농담을 좋아해서) 로봇을 만들었는데, 이 로봇은 제가 여기서 설명하는 바로 그 작업의 실패작(20년 후!)이었습니다. 오늘날의 최첨단 교육용 컴퓨팅에서는 화면에 아이콘으로 표시되는 계산 개체를 사용하여 게임을 진행하는데, 컴퓨터는 아이콘을 행(row)에서 빈(bin)으로 이동시키고 사람은 마우스로 드래그하거나 키보드를 사용하여 아이콘을 이동시키는 방식으로 진행합니다. 1960년대에는 덜컹거리는 텔레타이프 기계를 사용했는데, 시나리오가 작동하면 일치하는 항목은 X로 표시되고 기계는 이동할 때마다 행을 다시 입력했습니다. 인간 플레이어는 숫자를 입력하는 방식으로 반응했습니다. 중요한 것은 아이들이 프로그래밍을 어떻게 할 것인지, 그리고 실제로 그 아이디어가 지적 발달 단계에 대한 기존 지식에 반하는 것인지 여부였습니다.

발달 심리학 업계에 종사하는 제 친구들은 아직 중학생 정도의 발달 수준, 즉 소위 형식적 조작기에 도달하지 않은 아이들이 프로그래밍을 다룰 수 있는지에 대해 냉소적이었습니다. 저는 그것이 "프로그래밍"의 의미에 따라 얼마나 달라질 수 있는지 잘 알고 있었기 때문에 이 질문이 애매하다고 생각했습니다. 초등학교 3학년이나 5학년에게 포트란이나 LISP 같은 당시의 프로그래밍 언어로 게임 프로그램을 처음부터 만들게 하면 좋은 결과가 나오지 않을 것은 직관적으로 분명해 보입니다. (베이직이나 파스칼이 있었다면 이들도 포함시켰을 것입니다.) 이것은 이러한 언어가 성인용으로 설계되어 수학적 정교함을 전제했기 때문일까요, 아니면 프로그래밍의 개념의 속성 때문일까요? 과연 "프로그래밍의 개념"과 같은 것이 존재할까요, 아니면 "프로그래밍"은 근본적으로 다른 방식으로 구성되는 것일까요?

이런 질문은 영원히 끝나지 않을 수 있습니다. 합리적인 해결 방법은 기존 프로그래밍 언어보다 어린이들의 요구와 능력에 더 잘 맞는 프로그래밍 언어를 만드는 것뿐이었습니다. 당시 저는 MIT에서 일하면서 학교에서 프로그래밍을 가르치려는 최초의 시도를 진행하고 있던 리서치 회사 볼트, 버라넥 앤 뉴먼(Bolt, Beranek and Newman)의 교육 기술 책임자 월리 피버자익(Wally Feverzeig)이 이끄는 그룹에서 파트타임으로 컨설팅을 하고 있었습니다. 이 그룹은 기존 프로그래밍 언어를 가르치려는 시도에서 완전히 새로운 언어를 개발하는 것으로 목표를 바꾸는 데 흔쾌히 동의했습니다. 우리는 팀을 구성하여 다음 해에 로고(Logo)라는 이름을 가진 최초의 언어를 출시했지만, 학교에서 현대식 로고(Logo)로 작업하는 수백만 명의 아이들 중 이 언어를 알아보는 사람은 거의 없었습니다. 우리는 '형식적인' 경계 바로 안쪽의 중학생 수준에서 첫 번째 시도를 하는 것이 현명하다고 판단했고, 언어의 교수법과 개선 사항을 개발하면서 더 낮은 연령으로 내려가는 것이 좋겠다고 생각했습니다.

키프로스 프로젝트가 초등학교 7학년 학생들이 실제로 시나리오를 구현하는 단계로 발진하기까지 2년의 시간과 많은 노력이 필요했습니다. 여기에 예상치 못한 반전까지 연출되어 우리의 상상보다 더 흥미로운 일이 벌어졌습니다. 이 학생들은 전문가 시스템을 구축하는 이른바 '지식 엔지니어'의 길을 따르기보다는 컴퓨터가 '초보자'처럼 행동하도록 의도적으로 일련의 '비전문가' 시스템을 구축한 다음 전문성을 높이는 단계적 과정을 거치는 심리학자의 길을 따랐습니다.

놀랍게도 어린 학생들은 "똑똑한 프로그램"보다 "멍청한 프로그램"에 더 흥미를 보였습니다. 완벽하게 플레이하고 항상 승리하는 프로그램을 만드는 것도 재미있지만, 친구들이 저지르는 실수를 보고

웃으며 이길 수 있는 프로그램을 만드는 것이 더 재미있다고 생각하는 학생들도 있었습니다. 실제 사례는 컴퓨터와 프로그래밍 그 이상의 좋은 대화를 이끌어내며 제 가상의 시나리오를 뛰어넘었습니다. 한 수업에서 멍청하고 똑똑하다는 단어의 사용이 격렬한 토론의 대상이 되었는데, A가 B의 프로그램이 멍청하다고 말하자 B가 "멍청한 게 아니라 규칙을 더 추가하기 위해 일부러 그렇게 만들었어"라고 반박하는 대화가 오갔죠. "기다려 봐, 가장 똑똑해질 테니까! 진짜 멍청한 건 아무것도 추가할 수 없도록 만들어서 더 나아질 수 없는 것들이야."라고 말했습니다. 다음 수업에서는 이러한 판단을 내리는 단어를 프로그램에 적용해야 하는지 프로그래머에게 적용해야 하는지에 대한 토론이 이어졌고 마침내 합의가 이루어졌습니다: 멍청하다, 똑똑하다 같은 단어를 사용하는 것이야말로 정말 멍청한 짓이라고 말이죠.

　　B는 첫 번째 샷에서 정확하게 맞추려고 총을 쏘다가 완전히 빗나가는 위험을 감수하는 대신, 정확하진 않지만 방향을 바꿀 수 있는 프로그램을 의도적으로 설계하는 전략을 옹호함으로써 막연하게 옳거나 정확하게 틀릴 수 있다는 패트릭 수피즈(Patrick Suppes)의 말을 떠올리게 했습니다. 이는 노벨 경제학상 수상자이자 AI의 창시자 중 한 명인 허버트 사이먼(Herbert Simon)이 평생의 좌우명으로 삼은 볼테르의 격언 "최고는 선의 적이다(the best is the enemy of the good)"의 근간이 되는 생각을 그대로 표현한 것입니다. 볼테르, 사이먼, B, 이 세 사상가 모두 학교의 인식론에서 가장 잘못된 점, 즉 막연하게 옳을 수 있는 여지가 거의 없다는 점을 지적합니다.

　　학교 공부의 많은 부분에서 정답을 고집하는 것은 단순히 편협한 교육이나 시험 방식 때문만은 아닙니다. 교육과정의 내용과 연필과 종이라는 매체는 본질적으로 참과 거짓, 옳고 그름의 인식론에 편향되어 있습니다. B가 발견한 것은 프로그래밍이 본질적으로 "옳은가?"가 아니라 "여기서 어디로 갈 수 있는가?"에 의해 평가되는 편향성을 가지고 있다는 것입니다. 이 점에서 그는 혼자가 아닙니다: 많은 거장 프로그래머들은 막연하게 원하는 프로그램을 '빠르고 어수선하게' 만든 다음 거기서부터 어떻게 나아갈지 살펴보는 것으로 일을 시작해야 한다고 주장합니다. 물론 창의적인 작업의 다른 (아마도 모든) 영역에서도 마찬가지입니다. B의 사례에 대한 제 해석은 다른 영역에서도 이러한 발견을 할 수 있었지만(물론 컴퓨터가 등장하기 전에도 많은 사람들이 그렇게 했습니다!), 적절한 지원 환경에서 프로그래밍을 하는 것이 특히 유리한 조건을 제공하며, 발견자(discover)가 어릴수록 더욱 그러하다는 것입니다.

스물하나 게임은 중학생이 이해할 수 있는 수준의 프로그램으로 플레이할 수 있을 만큼 간단하여 사고 전략에 대한 토론을 할 수 있었습니다. 학생들은 대략적인 영어 문장을 생성하는 프로그램을 만드는 네 열중했고, 이를 통해 문법에 내한 새로운 이해에 도달했습니다. 하지만 무언가 부족한 점이 있었고, 어린이가 AI를 다룬다는 아이디어는 거의 20년이 지난 후 레고와 결합하여 프로그래밍이 가능한 로봇을 만드는 조립 세트(construction set)를 제작하기 전까지는 실제로 시작되지 않았습니다. 이 두 가지 상황의 차이는 제 이야기, 아니 이 책 전체의 핵심과 맞닿아 있습니다. 하지만 저는 너무 앞서 나가고 있습니다.

당시 저는 행복하기도 하고 좌절하기도 했습니다. 실험을 통해 7학년 학생들도 로고(Logo)를 배우고 제가 기대했던 것들을 할 수 있다는 것을 알았으니까요. 저는 그 사실을 그냥 지나치지 않고 중요한 발견이라고 생각했습니다. 일부 학생들의 지적 능력이 향상되었다는 것은 의심할 여지가 없었습니다. '보통(average)' 학생이었던 몇몇 학생은 A학점을 받는 학생이 되었습니다. 저는 확신을 느꼈고, 아이들의 학습 방식에 변화를 가져올 수 있다는 야심찬 꿈을 꾸기 시작했습니다.

하지만 중학생은 더 이상 어리다고 보기 어려운 나이였고, 컴퓨터와의 접촉이 학습에 중요한 영향을 미치는 게 맞다면 훨씬 어린 나이에 시작해야 한다고 생각했습니다. 그러나 이 작업의 특성을 봤을 때 연령을 낮추는 것이 단순히 교육 기술을 개발하는 문제가 아니라는 것을 알 수 있었습니다. 있는 그대로의 언어로 작업하는 것이 어떤 것인지, 우리가 사용하던 종류의 프로젝트에서 작업하는 것이 어떤 것인지 깊이 느낄수록 심리학자 친구들의 말이 옳았다는 것이 더욱 분명해졌습니다. 프로그래밍이 이런 의미라면 형식적 시기 전 단계의 아이들을 위한 것이 아니라는 것이죠. 저는 이 문제에 접근하는 다른 방법이 필요하다는 것을 깨달았습니다. 근본적으로 다른 아이디어가 필요했습니다.

그 아이디어가 떠오르는 데는 시간이 걸렸고, 그것이 무엇인지 알아차리는 데는 더 오랜 시간이 걸렸습니다. 처음에는 새로운 것을 너무 열심히 찾으려다 막히는 경우가 많았어요. 나중에는 문제에 대한 해결책이 이미 있었지만, 너무 먼 곳을 바라보느라 눈이 피곤해지고 정신이 흐려져 가까이 있는 걸 보지 못했다는 것을 깨닫게 되었죠. 오히려 상황을 너무 심각하게 받아들이지 않고 새로운 것을 찾는 것을 멈추었을 때 해결책을 찾을 수 있었습니다. 새로운 아이디어는 손에 쥐고 있는 것을 좀 더 편안하게 바라보는 데서 나왔죠.

저는 평소처럼 컴퓨터에 낙서를 하며 특별히 중요하거나 어렵지 않은 작은 프로그램을 작성하고 있었습니다. 그냥 노는 것이라고 할 수도 있었죠. 그런 활동이 정신에 어떤 작용을 하는지는 모르겠지만, 종이에 연필로 무늬나 그림을 그리면서 생각하거나 강의를 들을 때와 같은 작용이 일어나지 않을까 생각합니다. 프로그램을 작성하는 것도 여러 가지 면에서 그림 그리기와 비슷할 수 있다는 생각에서 이번 프로젝트가 시작되었습니다. 연필과 종이로 그리는 그림이 물리적 형상의 표현이 될 수 있듯이, 어떤 의미에서 21 프로그램은 정신적 과정의 형태를 표현한, 일종의 그림이라고 할 수 있습니다. 지식 엔지니어의 작업 방식은 초상화가의 작업 방식과도 공통점이 있습니다. 초상화가는 사람이 어떻게 보이는지 살펴보고 연필과 종이 또는 물감과 캔버스라는 매체로 특징을 포착하려고 노력합니다. 지식 엔지니어는 사람이 어떻게 행동하는지를 살펴보고 핵심적인 특징을 컴퓨터 매체에 담으려고 합니다. 이러한 비유는 다소 부자연스럽지만, 21 프로그램에서 무엇이 중요한지에 대한 인식의 전환을 가져왔습니다. 이전에는 이 프로그램이 일종의 사고를 표현한다는 사실이 중요하다고 말했지만 이제는 프로그래머가 하는 일을 표현한다는 것이 중요하다고 말하고 싶었습니다. 그 일은 꼭 생각하는 것일 필요는 없었고, 걷거나 그림을 그리는 것이 될 수도 있습니다. 사실 걷기나 그림 그리기가 21 게임을 하는 것보다 더 좋을 수도 있습니다. 아이들은 이러한 활동에 대해 더 많은 관심을 갖고 더 많이 알고 있기 때문입니다.

거북이(turtle)는 도대체 어떻게 아이가 그림이나 걷기와 같은 물리적 움직임을 컴퓨터로 캡처할 수 있을까 하는 생각에서 출발했습니다. 그 결과로 바퀴를 장착한 R2D2와 비슷한 모양의 노란색 로봇이 탄생했습니다. 최근에는 컴퓨터가 내장된 훨씬 더 작은 로봇과 컴퓨터 화면에만 존재하는 거북이가 개발됐지만, 그 당시 거북이는 사용하던 아이들 키만큼이나 큰 커다란 물체였고, 전선과 전화선으로 멀리 떨어진 컴퓨터와 연결되어 방 하나를 가득 채웠습니다. 적절한 로고(Logo) 문법으로 지시를 내리면 거북이가 명령을 수행했습니다. 기본 단어 몇 가지가 내장되어 있었고, 새로운 단어를 정의하고 싶을 때 로고(Logo)로 컴퓨터와 소통할 수 있었습니다. 가장 놀라운 점은 거북이를 제어하는 데 필요한 몇 가지 새로운 명령을 로고(Logo)에 부여함으로써 거북이로 할 수 있는 일이 극적으로 바뀌었다는 것입니다. 얼마 전까지만 해도 7학년에서 어떻게 한 학년 아래로 내려갈지 고민했다면, 이제는 취학 연령 이하의 어린이도 충분히 접근할 수 있을 것 같은 '아기 AI'의 영역이 생겼습니다.

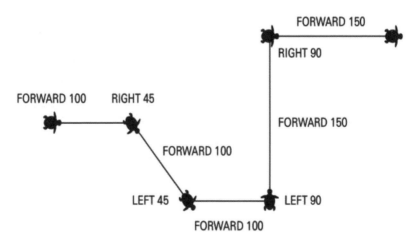

FORWARD, RIGHT, LEFT 명령을 보여주는 거북이 경로입니다.

로고(Logo)의 필수 명령어를 알아봅시다. FORWARD 50을 입력하면 거북이가 향하고 있는 방향으로 일정한 거리를 이동하게 되는데, 이를 거북이 50걸음이라고 합니다. RIGHT 90을 입력하면 군대에서 오른쪽으로 돌라고 명령할 때(우향~우)의 동작을 수행합니다. 거북이는 제자리에서 방향만 바꿉니다. 명령을 받았을 때 이미 움직이고 있었다면(한 번에 하나의 명령만 가능했던 이전 형태의 로고(Logo)에서는 불가능했지만), 방향을 바꾸고 현재 향하고 있는 방향으로 계속 움직입니다.

하지만 왜 어린이가 이 일을 하고 싶어 해야 할까요? 그리고 어린이가 그렇게 했을 때 우리가 기뻐해야 하는 이유는 무엇일까요?

거북이(turtle)를 가지고 노는 아이들은 제가 지난 몇 페이지에서 언급한 선입견과 일맥상통하는 원론적인 대답을 몸소 보여주었습니다. 아이들이 보여준 첫 번째 단계는 거북이를 뛰어넘으며 태워달라고 요구하는 것이었습니다. 1단계: 아이들은 매우 좋아했습니다. 어른들이 주저하자 아이들은 서로에게 거북이를 움직이는 명령을 입력해달라고 요청했습니다. 2단계: 아이들은 주도권을 잡고 자신의 목적에 맞게 거북이를 사용하기 시작했습니다. 얼마 후 아이들은 새미있는 경로를 생성하는 명령을 내리는 창의력을 발휘하기 시작했습니다. FORWARD 50 BACK 40 RIGHT 10(그리고 계속 반복)은 몇몇 학생들이 좋아할 작업을 수행합니다. 3단계: 발명으로 이어집니다. 4단계: FORWARD와 RIGHT 명령은 결합하면 어떤 경로나 모양도 만들 수 있는 보편적인 세트라는 수학적 발견으로 이어집니다.

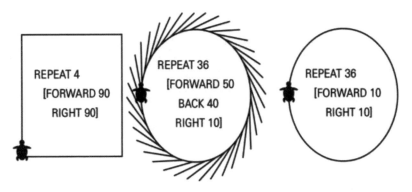

반복 명령을 다른 명령과 결합합니다.

　　드디어 저를 괴롭히던 사고의 개념화와 컴퓨터의 역할에 대한 인지적 문제가 해결 가능해 보이기 시작했습니다. 어느 날, 한 소년이 거북이에게 자신의 이름을 쓰게 하려고 고민하는 것을 보게 되었습니다. 그는 A를 쓰고 싶었고 거북이가 얼마나 돌아야 하는지, 얼마나 전진해야 하는지 명확하지 않았기 때문에 약간의 기하학 이론을 개발해야 했습니다. 이 진짜 기하학은 몇 가지 중요한 측면에서 학교 기하학과는 달랐습니다. 첫째, 이 소년에게 자연스럽게 다가온 실제 문제에서 출발합니다. 물론 일반 기하학에서도 이런 일이 발생할 수 있습니다. 하지만 여기서 일어날 가능성이 훨씬 더 높습니다. 둘째, 계속해서 틀리면서 목표와 가까워집니다. 이 소년은 자신이 틀렸다는 것을 알고 자신이나 다른 사람에게 무슨 일이 일어났는지 물어볼 수 있습니다. 거북이의 움직임은 자신의 개념을 외부화하여 생각하고 이야기할 수 있도록 합니다. 또한 다른 문제를 대신 해결해보거나 다른 사람의 해결책을 빌려와 자신의 상황에 맞게 조정하는 등 현실 세계에서 사람들이 사용하는 '문제 해결' 전략을 적용해볼 수 있습니다.

　　A를 만들려고 했던 소년은 이를 실천했습니다. 처음에 그는 상

단에서 45도 각도를 만들고 싶었기 때문에 거북이에게 FORWARD 50 RIGHT 45 FORWARD 50을 지시했습니다. 그림을 보면 알 수 있 듯이 이것은 충격적인 결과로 이어졌습니다. 무슨 일이 일어났을까요? 거북이가 도는 각도를 기하학에서는 '외각'이라고 부르는데, 소년은 각도를 반대로 계산했습니다. 소년은 그 사실을 몰랐지만 여기에서 아이디어를 얻었습니다. 그래서 몇 번의 시행착오와 계산 끝에 그는 FORWARD 50 RIGHT 135 FORWARD 50을 입력했습니다. 하지만 이제 문제는 가운데 막대기를 만드는 것이었습니다. 가장 먼저 해야 할 일은 분명합니다: BACK 20. 이제 거북이는 얼마나 회전하고 얼마 나 앞으로 나아가야 할까요? 이때 그는 다른 아이가 거북이가 앞서 만 든 커다란 정삼각형을 벽에 붙이는 것을 발견했습니다. "유레카!" A 는 왜 꼭대기에 45도가 필요했을까요? (나중에 소년은 이렇게 설명했습니 다)내 친구 메리가 삼각형을 만들 수 있다면 나도 만들 수 있을 것 같 았어요. 그리고 삼각형에 다리를 추가하면 A가 되겠지. 삼각형을 만 드는 것은 어려웠지만, 메리가 해낸 것을 본 그는 자신도 해결책을 찾 을 수 있다고 확신했습니다. 결국 A가 완성되었습니다.

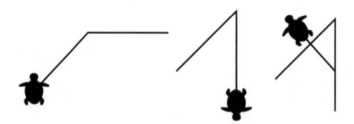

두 개의 비스듬한 선과 하나의 막대기로 이루어진 A 모델을 완 성하기 위해 도전합니다.
시도하면 할수록 목표에 가까워집니다.

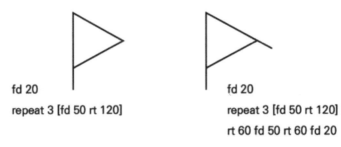

fd 20

repeat 3 [fd 50 rt 120]

fd 20

repeat 3 [fd 50 rt 120]

rt 60 fd 50 rt 60 fd 20

A의 새 모델은 두 개의 다리가 있는 삼각형입니다.

절차는 다음과 같습니다: 한쪽 다리(fd 20)를 그린 다음 삼각형을 그리고, 거북이를 조작하여 다른 쪽 다리로 이동합니다. 이때, repeat 3(fd 50 rt 120)을 반복하면 거북이가 처음 위치로 돌아간다는 사실에 주의하세요. 왜 120일까요? 거북이가 120도씩 세 번 돌면 360도 움직인 것이 되기 때문입니다.

제프와 케빈이 보여준 스타일의 차이에 대한 관찰이 컴퓨터가 단순히 학교 학습을 개선하는 것이 아니라 다양한 사고와 학습 방식을 지원할 수 있다는 생각으로 이어지기까지는 8년이 더 걸렸습니다. 하지만 저는 이 아이들을 지켜보면서 컴퓨터와 교육용 컴퓨팅이 기존의 방식을 확인하고 강화하던 고전적인 시대에서 벗어나고 있다는 사실을 깨달았습니다. 곧 낡은 사고방식에 대한 순응이 새로운 방식에 대한 비전으로 대체되는 낭만주의 시대가 도래할 것입니다.

09

• • •

사이버네틱스

　이라크 전쟁을 통해 마치 공중 비행하는 곤충처럼 격납고나 건물 입구로 돌진하는 '스마트' 미사일이 전 세계에 보도되었고, 우리는 사이버네틱스 기술이 무엇인지 두 눈으로 확인할 수 있었습니다.

　군사적 주제로 논의를 시작하는 것이 암울하지만, 저의 작업들 역시 이러한 사회적 현실에 영향을 받아 추진되었습니다. 새로운 기술은 아이들을 위해 개발되지 않습니다. 많은 기술들이 전쟁 중에 개발되고, 극비 사항으로 분류되어 제한적 형태로 공개됩니다. 고의적인 은폐가 아니더라도 요즘은 유용한 기술을 불투명하게 포장하는 경향이 있습니다. 과거에는 한 사회가 알고 있는 모든 것이 아이들이 사용하거나 장난스럽게 모방할 수 있도록 공개되었습니다. 제가 어렸을 때만 해도 기술은 지금보다 훨씬 더 '투명'했습니다. 트럭과 자동차의 내부를 관찰하면서 작동 과정을 이해하고, 엔진을 튜닝하거나 청소하고 밸브를 다시 장착하는 통과의례를 거친 것이 저의 성장에 지대한 영향을 미쳤다고 생각합니다. 저는 많은 사람들이 전선 교체와 간단한 땜질로 낡은 트랙터를 수리해야 하는 농장에서 자랐다는 사실이 그 유명한 미국인의 '할 수 있다' 정신에 기여했다고 생각하며, 현대 기계의 불투명성이 또 다른 환경적 위험, 즉 학습 환경을 제한하는 요소가 아닐까 생각합니다.

물리학자 리처드 파인만(Richard Feynmann)은 구식 라디오의 투명성이 자신의 유년기에 미친 영향에 대해 글을 썼고, 셰리 터클(Sherry Turkle)은 MIT 컴퓨터 과학자들과의 인터뷰를 통해 발열하는 진공관이 그들의 지적 발달에 영향을 미쳤다는 사실을 발견했습니다. 마이크로칩이 그 자리를 대신할 수 있을까요? 불투명해진 것은 기술뿐만이 아닙니다. 브롱크스 식물원(Bronx Botanical Garden)에서 실시한 설문조사에 따르면 많은 어린이들이 당근의 원산지를 캔으로 알고 있는 것으로 드러났습니다. 심지어는 자신이 먹는 닭고기와 책 속의 귀여운 닭고기 그림을 같은 것으로 인식하지 못하는 아이들도 있습니다. 그 나이 때 저는 새를 죽여서 깃털을 뽑고 털끝을 그슬리는 것을 보는 데 익숙했고, 부엌에서 처음 해부를 할 때 심장과 내장을 제거해 보겠다고 주장하곤 했습니다. 캔이나 포장, 믹스에 담긴 음식이 없었기 때문에 제가 받아들인 주방 지식은 확실히 더 풍부했습니다.

모든 어린이가 사회의 모든 지식을 충분히 접할 수 있었다고 생각하지는 않습니다. 하지만 적어도 변화가 더디던 시기에는 사회 구성원들이 알아야 할 것과 아이들에게 제공되는 (대부분의 경우 의도되지 않은) 학습 기회 사이에 균형이 유지될 수 있었습니다. 오늘날에는 이 균형이 깨지고, 어떤 경우에도 맹목적인 사회 세력이 학습에 대한 접근성의 차이를 통해 삶의 지위를 부여하는 것이 더 이상 용납되지 않기 때문에, 아이들에게 제공되지 않은 지식을 제공하기 위한 의도적인 노력이 필요합니다. 학교는 아무리 최선을 다해도 이 일을 하기에는 너무 느리고 소극적입니다. 이러한 인식에 기반하여 로고(Logo)는 처음부터 기술적 특권층(1960년대 초에는 군산복합체라고 불렸던)이 독점했던 프로그래밍을 아이들에게 제공하겠다는 로빈 후드의 비전을 품고 출발했습니다. 이 장에서는 기술자들의 보물창고를 습격한 사람들의 이야기를 다룹니다.

　TV에서 미사일을 본 대부분의 사람들에게 미사일의 작동 원리를 묻는다면 "그렇게 하도록 프로그램되어 있다"는 것 외에 더 나은 설명을 할 수 없을 것입니다. 그러나 우리는 좀 더 구체적인 답을 줄 수 있는 아이디어(그리고 아이들이 이를 응용할 수 있는 기술)를 원합니다. 미사일은 현 세기의 지식 역사에서 중요한 역할을 해왔으며 앞으로 그 중요성이 더욱 커질 특정 아이디어를 사용하여 특정 방식으로 프로그래밍되었습니다. 제 바람은 이러한 아이디어를 활용하고자 하는 모든 사람들에게 스마트 미사일 기술을 비롯한 모든 기술과 과학 분야가 투명하게 공개되는 것입니다. 사실, 이러한 아이디어는 지식의 많은 영역과 밀접하게 연결되어 있기 때문에 저는 학교가 성역화시킨 교과목들보다 젊은이들에게 더 가치 있다고 생각하는 새로운 '과목'을 설계하는 기초로 이 아이디어를 사용하고자 합니다.

　이 새로운 과목의 윤곽은 앞으로 서서히 드러날 것이며, 그 윤곽이 선명해지는 때가 학교와 그보다 넓은 학습 환경의 맥락에서 이 과목을 배치하는 문제를 거론할 최선의 시기일 것입니다. 여기서 저는 이 과목에 대한 예비적인 정의를 내리되, 토론의 씨앗으로서, 또 스마트 미사일과 같은 실질적 개체를 발명하고 제작하는 데 필요한 지식의 핵심으로서 이 정의를 제시하겠습니다. 이러한 지식만을 다룬다면 과목의 이름은 "제어 공학" 또는 "로봇 공학"이 될 것입니다. 그러나 해당 지식은 생물학, 심리학, 경제학, 역사학, 철학 등 다른 지식 영역과의 연결을 위한 준비 영역일 뿐입니다. 이러한 상호 연관성을 고려하려면 이 주제에는 더 넓고 덜 기술적인 이름이 필요합니다. 저는 수학자 노버트 위너(Norbert Wiener)의 영향력 있는 저서에서 그 이름을 빌려오고자 합니다: 동물과 기계의 제어와 소통, 사이버네틱스 (Cybernetics: Control and Communication in the Animal and the Machine). 사이버네틱스(cybernetics)라는 단어가 그동안 영어권 국가에서 확고한 뿌리를 내리지 못한 것은 사실이지만, 다른 언어권에서의 성공적 정착을 선례 삼아 영어권에서도 학습 지향적인 의미로 새롭게 사용될 기회가 다시 한번 주어져야 할 것입니다. 혹은 최소한 이 책에서의 논의를 위한 잠정적인 명칭으로는 충분할 것입니다.

"어린이를 위한 사이버네틱스"라고 불릴 과목을 개발하는 이번 프로젝트는 어린이가 기초 수준의 인공지능을 경험하는 프레임워크를 개발하고자 했던 이전 프로젝트의 비전을 넘어섭니다. 두 프로젝트는 자신과 다른 사람들에게서 관찰할 수 있는 행동을 표현하는 매체로 기술을 사용한다는 점에서 공통점이 있습니다. 그러나 이를 수행하는 방식은 세 가지 측면에서 다릅니다: 표현할 수 있는 행동의 범위가 훨씬 넓어지고, 학생들의 작업에 대한 정서적 애착이 더욱 깊어지며, 근본적인 인식론이 더 유연해지고 다원화된다는 것입니다.

스마트 미사일은 체스 플레이어가 아닌 말벌의 지능을 가지고 있음에도 불구하고 더욱 넓어진 행동 범위를 보여줍니다. AI에서 사이버네틱스로의 전환은 체스나 성냥개비 게임과 같이 주로 논리적 특성을 지닌 행동의 프로토타입에서 보다 생물학적(biological) 특성을 지닌 프로토타입으로 초점을 확장시켰습니다. 프로토타입은 인간을 넘어 동물과 로봇을 포함하며, 사실을 넘어 상상의 세계까지 포함하기도 합니다. 어린이용 사이버네틱 조립 세트 제작에 대한 매우 제한적인 실험(일부는 레고 제조업체와 협력하여 진행) 환경에서도 9−11세 어린이들은 '용', '뱀', '로봇'으로 묘사되는 멋진 장치를 만들 수 있었습니다. 어린이들이 조립 세트를 사용하여 만든 최고의 프로젝트 중 상당수는 생명체를 표현하기보다는 생물학적 기능을 시연하는 수준이지만, 어린이들의 작품은 인공지능보다는 최근 '인공 생명체'라고 부르게 된 개념에 더 가깝다고 할 수 있습니다. 예를 들어, 아이들이 "살아있는 집"이라고 부르는 작품의 여러 버전을 살펴봅시다. 외부 조명이 어두워지면 내부 조명이 켜지고 문이 닫히는 집과 온도가 내려가면 에너지를 절약하기 위해 창문과 셔터가 닫히는 집이 있었고, 알람시계가 정해진 시간에 울리고 10초 후에도 침대에 사람이 있으면 침대가 기울어지는 '능동 가구'가 있는 집도 있었습니다.

상상은 작품에 대한 친밀감의 문을 열어주고, 과학과 기술에 대한 학생들의 정서적 반응이 학교에서의 전형적인 반응과 어떻게 다른지 엿볼 수 있는 기회를 제공합니다. 상상은 주로 창의적 글쓰기와 미술 수업에서 권장되어 왔습니다. 과학에서 상상력을 배제하는 것은 아이들과 과학 사이에 유대감을 형성할 수 있는 기회를 빼앗는 어리석은 일입니다. 저는 아이들이 과학과 기술을 이용해 자신만의 용, 즉 공상에서 비롯된 아주 특별한 종류의 용을 만들려고 노력하는 모습을 보면서 여기에 훨씬 더 유망한 무언가가 존재한다는 것을 느꼈습니다. 학생들은 과학과 기술을 자신에게 친숙한 작업에 활용하면서 온전히 자신의 것으로 소화합니다. 이런 점에서 인공지능 프로젝트는 제공된 프로그램이 자신의 상상 세계를 표현하기에 적합했던 일부 어린이에게는 유효했지만, 다른 종류의 상상력을 가진 어린이에게는 오히려 제한적이었습니다. 글, 그림, 멀티미디어와 마찬가지로 창의적인 매체로서의 사이버네틱스는 모든 사람에게 적용될 만큼 개방적이며, 설사 그렇지 않은 경우라도 가능성의 범위를 확장시키는 역할을 합니다.

과학을 '사용되는 지식'으로 전환하는 것은 인식론적 의미를 지니는데, 이는 권위에 기반한 참−거짓 인식론보다 지식에 대해 더 풍부한 방식으로 생각할 수 있게 해주기 때문입니다. 지식은 유용하고, 다른 사람들과 공유할 수 있으며, 개인의 스타일에 부합할 때 그 가치를 인정받게 됩니다. 전통적인 수업에서는 자기 주장이 확실하고 대담한 학생들만이 교사가 옳지 않다고 규정한 사고방식에 대해 효과적으로 반박할 수 있습니다. 그러나 지식이 응용되는 환경에서는 누구에게나 자연스레 발언의 기회가 주어집니다: "보세요, 이것도 효과가 있어요!" 교과목으로서의 사이버네틱스는 단순히 배우는 것에서 그치는 것이 아니라 실제로 활용된다는 점에서 인식론적 파급효과를 지니지만, 그 자체로도 인식론에 기여합니다.

이러한 인식론적 기여는 '정확히 틀린 것'과 '막연하게 옳은 것'을 언급한 수피즈의 관점에서 스마트 미사일을 들여다보면 확인할 수 있습니다. 무기 개발의 영역에서 정통적인 위계적 인식론에 반대되는 부드럽고 협상적인 인식론을 따르는 것은 역설적으로 보일 수 있습니다. 사람들은 군대를 위계질서의 결정체로 여기며, 무기는 가장 마초적이고 타협이 불가능한 대상으로 생각합니다. 다행히도 부드러운 인식론의 특징 중 하나는 강경한 인식론에서 불일치와 모순으로 간주되는 것에 대해 더 큰 관용을 보인다는 것입니다.

다윗이 물맷돌을 사용하여 골리앗의 머리에 돌을 던졌을 때, 그는 정확히 옳은 작전을 수행했습니다: 조준이 정확하지 않았다면 그 시도는 아무런 가치가 없었을 것입니다. 그러나 포격 기술이 발달하면서 정확하게 틀린 것에도 가치가 생기기 시작했습니다. 목표물이 얼마나 빗나갔는지 알면 다음 포를 더 정확하게 조준할 수 있었기 때문에 오류는 정보의 원천이 되었습니다. 하지만 포병은 여전히 정밀한 계산의 영역에서 일하고 있습니다. 실제로 늘어난 대포의 사거리에 따라 처리해야 할 계산 작업이 복잡해지자 이를 해결하기 위해 컴퓨터 기술 역시 발전하게 되었습니다. 보이지 않는 목표물을 향해 날아가는 발사체가 다양한 온도와 대기권 조건을 통과하기 위해선 수많은 계산과 정보가 필요했고, 그 계산과 정보의 수준은 점차 인간의 두뇌가 감당할 수 있는 한계를 넘어가기 시작했습니다. 이미 19세기에 포탄의 설정값을 조회할 수 있는 수학적 표를 만드는 것이 포병의 주요 임무가 되었습니다. 제2차 세계대전이 발발하자 그 필요성이 압도적으로 커져 최고의 수학자들이 이 작업에 동원되었고, 이 작업을 통해 존 폰 노이만(John von Neumann)과 노버트 위너(Norbert Wiener)는 컴퓨터와 컴퓨팅 사고력(computational thinking)의 개념을 주창한 선구자로 우뚝 서게 됩니다.

새로운 기술은 항상 이전에 해오던 일을 더 잘하기 위해 개발됩니다. 각 분야에 적용되는 신기술과 마찬가지로 더 정확한 표를 계산하는 기계 역시 이러한 목적으로 개발되었습니다. 대포를 작동할 때는 "준비, 조준, 발사"가 가장 중요합니다. 일단 발사된 포탄은 물리법칙과 환경적 우연이 정한 위치에 떨어지며, 발사된 이후에는 누구도 그 위치를 수정할 수 없습니다. 새로운 기술을 활용하여 누구도 해본 적이 없는 일을 성공시키기 위해서는 오랜 시간을 들여 아이디어를 발전시켜야 합니다. 대포의 경우 핵심 아이디어는 (실제로 2차 세계대전 중에 완성하진 못했지만) 목표물의 정확한 위치 주변을 대략적으로 조준한 후 그 범위를 점차 좁혀가는 무기를 만드는 것이었습니다. 이 기술은 단순히 전통적인 관행을 양적으로 개선한 것이 아닙니다. 궁극적인 목표는 같았지만 그 접근방법은 완전히 새로운 사고방식을 사용한다는 점에서 인식론적 차이를 보입니다.

전통적인 인식론은 정확성의 인식론입니다: 지식은 정확할 때 가치가 있으며, 정확성이 결여되면 열등한 것으로 간주됩니다. 반면 사이버네틱스는 "관리된 모호함(managed vagueness)"의 인식론을 만들어냅니다. 그렇다고 해서 기준이 느슨하다는 의미는 아닙니다: 스마트 미사일은 결과적으로 기존 대포보다 훌륭한 성능을 발휘합니다. 사이버네틱스는 제한된 지식을 최대한 활용하는 방법을 연구하는 기술입니다.

이 마지막 문장을 통해 우리는 인식론에서 특정한 사이버네틱스적 경향을 엿볼 수 있습니다. 사이버네틱스의 모든 것을 파악하기에는 아직 멀었지만, 여기서 우리가 주목할 것은 어린이 학습의 핵심 원리로서의 사이버네틱스입니다. 이제 아이들이 스마트 미사일을 모방하고 이를 통해 불확실성 관리를 배울 수 있는 거북이 프로그래밍의 예시를 살펴보겠습니다.

거북이(turtle)는 학생들이 자신의 행동을 표현(또는 "스케치")하는 매개체로 프로그래밍을 사용한다는 개념에서 시작되었습니다. 이전 장에서 언급한 기하학 프로그램은 우발적인 상황을 고려하지 않고 미리 결정된 동작을 통해 이 작업을 수행했습니다: 예를 들어 삼각형을 그리려면 앞으로 100만큼 이동하고 120도 우회전한 후 이를 두 번 반복합니다. 이러한 행동 설명 방식과 사이버네틱 모드의 차이를 설명하기 위해 거북이(turtle)를 처음 생각해냈을 때 떠올렸던 저의 경험담을 이야기해보려 합니다. 저는 오래전 비행기 조종을 배울 때 A 지점에서 B 지점까지 비행하는 두 가지 모드를 명확하게 구분하는 법을 배웠습니다. 첫 번째는 '추측 항법(dead reckoning)'으로, 이 항법은 비행기가 출발하기 전에 모든 것을 계획합니다. A에서 B까지의 거리와 방향을 측정하고 바람을 연구하며, 바람을 무시할 경우 항로를 얼마나 벗어날 수 있는지 계산합니다. 비행기에 탑승한 후에는 이론상 지도가 필요 없습니다. 방향을 100도로 설정하고 시속 150노트로 75분 동안 비행하면 목적지에 도착할 수 있습니다. 두 번째 방법은 '파일럿 항법(pilotage)'입니다. 원칙적으로는 지상에서 계산을 할 필요 없이 지도에 A에서 B까지 선을 그은 다음 비행하면서 지상의 랜드마크를 지도의 기호와 비교하며 경로를 수정하면 됩니다: 호수 끝을 지나... 왼쪽에 약 1마일 떨어진 TV 타워...

앞서 설명한 것처럼 거북이(turtle)는 추측 항법의 정신으로 프로그램되었습니다. 파일럿 항법을 적용하기 위해서는 거북이에게 주변 환경을 관찰할 수 있는 눈이 필요했고, 거북이에게 센서를 장착하여 주변 환경과의 상호작용을 컴퓨터에 보고할 수 있게 되자 이러한 형태의 항해가 가능해졌습니다. 거북이에게 여러 종류의 센서가 탑재되었습니다: 터치 센서는 접촉 여부를, 빛 센서는 빛의 밝기를, 소리 센서는 소리 크기를, 온도 센서는 기온을 컴퓨터에 보고합니다. 거북이는 여전히 프로그램을 따르지만, 센서를 통해 거북이 프로그램과 거북이의 움직임 사이에 새로운 관계가 형성됩니다. '기하학 거북이'의 프로그램은 기하학적인 의미에서 실제 움직임을 지정합니다: 이렇게 앞으로 가고, 이렇게 우회전하고, 이렇게 좌회전하세요. 하지만 "사이버네틱스 거북이"의 프로그램에서는 "불빛을 찾아서 그쪽으로 가라"라고 말할 수 있습니다. 물론 실제로 이를 '말'하려면 센서 이상의 것이 필요하며, 센서를 사용하여 기계가 목표를 따라갈 수 있는 능력을 부여하는 방법에 대한 새로운 아이디어가 필요합니다. 이 프로그램은 더 이상 주어진 "청사진(blueprint)"을 따르지 않고 새로운 개념을 "창발(emerges)"합니다. 그리고 아이들은 이 새로운 프로그래밍을 통해 사이버네틱스의 세계에 발을 들여놓게 됩니다.

사이버네틱스 세계가 완전히 새로운 세계인 만큼 아이들은 기하학 거북이의 블록형 프로그래밍에서 사이버네틱 거북이의 대화형 프로그래밍으로 전환할 때 적지 않은 거부감을 드러냅니다. 예를 들어 터치 센서가 있는 거북이가 정사각형 상자를 돌도록 프로그래밍하는 방법을 생각해 봅시다. 많은 초보자가 추측 항법을 시도할 것입니다: 상자의 둘레를 측정하여 한 변의 길이가 130 거북이 단위임을 파악한 후 REPEAT 4 [FORWARD 130 RIGHT 90] 프로그램을 시도합니다. 컴퓨터는 더도 말고 덜도 말고 프로그래밍된 대로만 움직인다는 말을 들었기 때문에 순진한 프로그래머는 상자를 돌아다니는 데 필요한 움직임을 정확히 수행하라고 컴퓨터에게 지시합니다.

우리는 이 논리의 다양한 결함을 고려할 때 사이버네틱 사고에 대한 통찰력을 얻을 수 있습니다. 먼저 이 경우는 너무 정확하게 맞아서 되레 비참하게 틀릴 위험에 노출되어 있습니다. 이 프로그램은 모든 것이 계획대로 정확하게 진행될 경우에만 유효하게 작동합니다. 이 프로그램에는 오류의 여지가 없습니다. 거북이가 너무 빨리 또는 너무 많이 돌면 실패합니다. 실제로는 컴퓨터도, 거북이 같은 물리적 물체도 우리가 예상한 대로 정확하게 작동하지 않기 때문에 실패가 거의 확실합니다. 오류는 세상 모든 현상의 보편적인 특징이며, 이 경우는 작은 오류도 재앙이 될 수 있습니다.

정확한 프로그래밍 접근법의 또 다른 결함은 사이버네틱스 정신에 입각한 대안적 접근법, 즉 거북이의 입장이 되어보는 것과 비교해야만 이해할 수 있습니다. 대안적 접근법에서는 정확한 걸음 수로 상자 둘레를 도는 것이 아니라, 사이버네틱스 학자들이 피드백이라고 부르는 방법을 사용합니다. 모퉁이 끝까지 걸어갔을 때 제때 방향을 틀기 위해 상자와의 거리를 일정하게 유지하도록 걸음마다 경로를 조정하는 것입니다. 너무 가깝다고 느끼면 오른쪽으로 약간 돌아가고, 너무 멀다고 느끼면 왼쪽으로 약간 돌아갑니다. 이는 다음과 같은 과정을 계속해서 반복하는 프로그램으로 표현할 수 있습니다.

TEST LEFT − TOUCH ← 터치 센서가 다음 중 하나를 보고합니다.
IF YES [RIGHT 2] ← 상자와 부딪치므로 약간 반대로 돌리거나
IF NO [LEFT 2] ← 상자와 너무 멀어지므로 상자 쪽으로 약간 돌린 다음
FORWARD 2 ← 앞으로 이동합니다.

왜 명령문 속 수치가 2로 설정되었는지 궁금한 분들도 있을 겁니다. 물론 이 수치는 상황에 따라 2 대신 5, 1 또는 0.5로도 바뀔 수 있습니다. 중요한 것은 거북이가 왼쪽이나 오른쪽으로 조금씩 돌면서 앞으로 조금씩 이동한다면 결국 상자를 따라 돌게 된다는 것입니다.

이 프로그램의 가장 두드러진 특징은 상자의 크기와 모양이 모호하다는 것입니다. 상자의 크기는 프로그램에 표시되지 않으며 이는

프로그램이 모든 크기의 상자에 대해 작동한다는 것을 의미하기 때문에 강력한 강점이 됩니다. 더욱 놀라운 점은 각 모서리에서 돌릴 각도의 크기도 표시되지 않으므로 프로그램이 모든 크기뿐만 아니라 모든 모양의 물체에 대해 작동한다는 것입니다!

기하학적 접근 방식(geometric approach)과 사이버네틱 접근 방식(cybernetic approach) 중 어느 쪽이 더 나은지 의심하는 사람은 아무도 없을 것입니다. 기하학적 접근 방식은 불안정하고 특수합니다. 상자 모양에는 유효했던 프로그램이 원형 물체에서는 작동하지 않습니다. 반면 사이버네틱 접근 방식은 견고하고 보편적입니다: 거의 모든 형태의 물체에 유효하게 작동합니다. 하지만 제 경험에 비추어 볼 때, 문제를 냉정하게 해결하는 대부분의 사람들은 기하학적 접근 방식을 선호합니다.

왜 그럴까요? 첫 번째 요인으로 사이버네틱 상황에 대한 경험 부족을 들 수 있습니다. 하지만 그보다 더 강력한 요인은 일반 문화, 특히 학교에서 체득한 '추상적'이고 '수학적'인 것에 대한 과대평가라고 생각합니다. 사이버네틱 접근법의 성공으로 '구체석'인 것이 재평가되기 시작했습니다. 이 경우 구체적이라는 것은 거북이가 돌아가는 모습을 상상하면서 거북이의 입장이 되어보는 것을 의미합니다. 열린 마음으로 이 과정을 경험한 사람은 기하학적 접근법에 의문을 제기하고 사이버네틱 접근법을 선택하게 될 것입니다.

또한 "모호한" 사이버네틱 접근 방식은 모든 종류의 센서에서 작동할 수 있는 범용적인 접근 방식입니다. 예를 들어 양쪽에 빛 센서가 있는 거북이를 생각해 봅시다. 지금부터 거북이가 불빛을 감지하면 그 방향으로 움직이도록 프로그래밍해 보겠습니다.

고전적인 프로그래밍 접근 방식은 비행기의 추측 항법 절차를 정확히 모방할 것을 제안합니다: 문제를 두 부분으로 나누어 먼저 빛이 어디에 있는지 확인한 다음 그곳으로 이동하도록 구성합니다. 이 계획을 실행하려면 몇 가지 수학적 기술이 필요하지만 여기서 가장 흥미로운 것은 사이버네틱 방식의 놀라운 단순성이므로 생략하겠습니다. 실행 가능한 프로그램의 핵심 구조는 다음과 같습니다.

```
TEST LEFT−SENSOR ← RIGHT−SENSOR ← 왼쪽에서 빛이 더 강합니까?
IF  YES  [LEFT  10] ← 빛을 향해 거북이 방향 전환
IF  NO  [RIGHT  10] ← 빛을 향해 거북이 방향 전환
FORWARD 5 ← 어느 경우라도 앞으로 조금 나아가세요.
```

여기서 흥미로운 점은 빛의 위치에 대한 거북이의 지식이 극도로 모호하다는 점입니다. 불빛이 왼쪽에 있으면 거북이는 좌회전하고 오른쪽에 있으면 우회전합니다. 불빛이 중앙에 너무 가까우면 거북이는 사실상 무작위로 어느 한 방향으로 돌게 됩니다. 하지만 이 방식으로 거북이는 결국 불빛에 가까워지는 정도가 아니라 정확한 위치에 도달하게 됩니다!

'사슬은 가장 약한 고리보다 강하지 않다(the chain is no stronger than its weakest link)'는 속담이 있습니다. 이는 보편적인 진리를 표현한 것이 아니라 선형적 계층적 사고의 이데올로기를 표현한 것입니다. 많은 고전적인 컴퓨터 프로그램, 메커니즘, 논리적 논증은 모든 부분이 정확히 맞아야만 전체가 작동하는 방식으로 구성됩니다. 사이버네틱스의 기본 원리는 살아있는 시스템은 그런 식으로 작동하지 않는다는 것이며, 더욱이 생물학을 이해하는 것뿐만 아니라 기술을 설

계하고 사회 및 개인 생활을 수행하는 데 있어 이 냉혹한 진리에서 벗어나는 것이 매우 중요하다고 주장합니다. 초기 사이버네틱스의 가장 큰 매력은 부품의 역량을 뛰어넘는 시스템의 마법에서 비롯되었습니다. 현대 정보 이론의 창시자인 클로드 섀넌(Claude Shannon)은 놀랍도록 효율적인 오류 수정 코드를 만들었습니다: 이 코드를 사용하면 잡음이 많은 케이블로 인해 여기저기서 오류가 발생하더라도 수신 측의 디코딩 장치가 메시지를 재구성할 수 있었습니다. 프랭크 로젠블랫(Frank Rogenblatt)은 퍼셉트론(Perceptron)이라는 일종의 컴퓨터를 만들었는데, 이 컴퓨터는 부품을 무작위로 뽑아도 성능이 점진적으로 저하되지 않고 계속 작동하는 놀라운 능력을 가지고 있었습니다. (PC에서는 시도하지 마세요!) 위너와 함께 사이버네틱스의 공동 창시자로 꼽히는 다차원 수학자 워렌 맥컬록(Warren McCulloch)은 매일 수만 개의 뉴런이 죽어도 우리 뇌가 어떻게 인식 기능을 지속하는지, 알코올과 같은 화학 물질을 시스템에 주입하면 전체보다 개별 세포의 행동이 어떻게 변화하는지에 대해 설득력 있는 주장을 펼쳤습니다. 빛을 찾는 거북이가 가끔 실수를 해서 나른 길을 따라가더라도 결국에는 목표에 도달하듯이, 어느 쪽이 더 많은 빛을 받는지에 대한 판단이 무작위로 잘못되더라도 거북이는 결과적으로 목표에 도달할 것입니다.

시스템이 구성 요소보다 더 안정적일 수 있다는 지적은 무분별한 부주의에 대한 면죄부를 주기 위한 것이 아닙니다. 아무리 프로그램을 잘 작성하더라도 거북이의 오른쪽과 왼쪽에 반대로 배선을 연결한다면 거북이는 빛을 쫓아가기는커녕, 오히려 빛 공포증에 걸려 빛을 피하게 될 것입니다.

반면에 사이버네틱스를 경험한 초등학교 5학년 어린이는 이러한 배선 실수에 적응하는 간단한 프로그램을 작성할 수 있습니다. 사실 사이버네틱스는 정확히 예측하거나 완벽하게 제어할 수 없는 세계에 적응하는 원리들로 가득 차 있습니다. 이러한 원리에는 "중복성", "체계적 사고", "통계적 경향", "자기 조직화 시스템", "피드백" 등이 있습니다. 앞으로 살펴볼 대부분의 내용에는 이러한 다양한 원리들이 적용됩니다. 그러나 여기서는 사이버네틱스가 어떤 종류의 아이디어를 생성하는지 보여주기 위해, 그리고 사이버네틱스를 어린이에게 제공할 지식으로 선택한 결정의 타당성을 설명하기 위해 "피드백"을 예로 들어 설명하려 합니다.

이러한 지식을 선택하는 문제에서 두 가지 극단적인 대답은 피해야 합니다. 보수 진영의 극단적인 입장은 기존 학교 교육과정을 그대로 따르는 것입니다: 교육과정에는 이미 아이들이 배울 수 있는 것보다 더 많은 내용이 들어 있으며, 개혁가들은 새로운 과목을 제안하여 상황을 악화시키기보다 현재 있는 것을 더 잘 가르치는 것이 나을 것입니다. 하지만 제 생각에 교육과정에 포함된 인간 지식의 비율은 전체의 100만분의 1에도 미치지 못하며 이 비중 또한 빠르게 줄어들고 있습니다. 제 머릿속에선 이와 같은 질문이 계속 떠나지 않습니다: 왜 100만분의 일인가? 어쨌든 많은 사람들이 기존의 100만분의 1(10억분의 1 혹은 그 얼마라도)을 연마하느라 바쁘기 때문에 그 외의 것을 탐구하려는 사람이 거의 없습니다.

근본적인 해답은 다음 세대가 이러한 편향성에 매몰되지 않도록 모든 지식을 공개하는 것입니다. 저는 제니퍼와 지식 기기에 대한 토론에서 사실적 지식에 대한 장기적인 접근 방식에 대해 이와 같은 제안을 한 적이 있습니다. 예, 저는 아이들이 아프리카와 티베트뿐만 아니라 미국과 유럽, 기린과 코끼리는 물론 고양이와 개, 샤카와 딩간과 그 후손, 조지 왕과 그의 후손에 대한 지식에 자유롭게 접근할 수 있어야 하고 언젠가는 그렇게 될 것이라고 생각합니다.

제가 그런 지식 기기를 만들 수 있다면 그렇게 하겠습니다. 하지만 이 기기는 한 사람이 만들 수 있는 것이 아닙니다. 지식 기기에 접근할 수 있는 유일한 방법은 체계적인 사고를 통하는 것입니다. 저에게 중요한 질문은 지식 기기의 궁극적인 발전으로 이어질 필연적인 사회적 과정을 가속화하기 위해 지금 할 수 있는 것은 무엇인가, 그리고 그것이 등장했을 때 우리 모두를 놀라게 할 더 나은 아이디어가 나올 수 있는가 하는 것입니다. 제 대답은 한 사람이 직접 활용할 수 있는 인간 지식의 10억분의 1에 해당하는 사이버네틱스를 선택한 저의 기준을 명확하게 설명하기 위해 노력하는 것입니다.

그중 한 가지 기준이 주목받고 있습니다: 훨씬 더 넓은 영역으로 가는 문을 열고 사람들에게 더 많은 선택의 자유를 주는 데 특히 효과적인 10억분의 1이 있을까? 어떤 개념이 이러한 역할을 할 수 있는지 확인하려면 그 개념이 적합성과 생산성의 특성을 가지고 있는지 살펴봐야 합니다. 이러한 개념의 의미는 피드백이 왜 두 가지 측면에서 모두 수학적으로 강력한 아이디어로 인정받을 수 있는지에 대한 논의에서 드러날 것입니다.

이 개념의 적합성에 대한 증거는 이미 대규모로 이런 일이 일어났다는 것입니다. 야생화에 관한 책에서는 "재배에서 탈출(escaping from cultivation)" 및 "귀화(naturalized)"라는 어휘를 사용합니다. 피드백(feedback)이라는 단어가 라디오 엔지니어와 같은 사람들의 난해한 언어에서 탈출한 경로를 추적하는 것은 어렵지 않습니다. 원래 피드백은 출력의 일부를 입력에 "다시 공급(feeding back)"하여 증폭기를 안정화하는 기술을 설명하는 데 사용되었습니다. 1940년대에 이르러 피드백의 개념은 이 장의 주제가 될 형태로 발전하여 여러 공학 분야와 생리학에서도 중요한 개념으로 인식되기 시작했습니다.

이 초기 형태의 사이버네틱스(1948년까지는 사이버네틱스라고 불리지 않았습니다)에 대한 열띤 반응은 공학이나 생리학에 관심이 없던 많은 사람들을 끌어들였습니다. 그중 가장 영향력 있는 사람은 인류학자 그레고리 베이트슨(Gregory Bateson)으로, 그는 이러한 아이디어가 인간 행동을 이해하는 데 중요할 것이라고 생각했습니다. 베이트슨은 1960년대에 심리학계의 중심 인물이 되었고, 이 채널을 통해 사이버네틱스의 아이디어이자 용어인 피드백은 기술적인 것과는 거리가 먼, 실제로는 반기술적인 대중문화로 퍼져나갔습니다. 이렇게 이 단어의 기술적 기원은 대중들에게서 잊히게 되었고, 이 점은 지인들에게 피드백이라는 단어의 의미를 묻는 비공식 설문조사를 실시했을 때 더욱 분명해졌습니다.

대부분의 사람들은 이 설문조사에서 인간 관계에서의 반응성에 대해 이야기했습니다. 한 교사는 학급에서의 '피드백'의 필요성에 대해 이야기했습니다. 가족 치료 경험이 있는 한 친구는 한 사람의 분노가 다른 사람의 분노를 악화시키는 행동을 유발할 때 관계 악화의 소용돌이가 어떻게 발생하는지에 대해 이야기했습니다. 이 친구가 사용한 단어의 의미가 앞선 교사의 의미보다 기술적 기원에 더 가깝지만, 제 친구는 그러한 연관성을 전혀 알지 못했고 확성기의 마이크를 스피커 근처에 놓고 볼륨을 높여서 분노의 나선형 축적을 물리적으로 모델링 할 수 있다는 사실에 상당히 놀랐습니다: 마이크에 속삭이는

작은 소리는 확성기에서 나오는 소리를 만들어내어 마이크에 '피드백'
됩니다. 피드백되는 소리가 원래의 속삭임보다 조금이라도 더 커지면
자기 영속적이고 자기 증강적인 프로세스가 만들어지고 곧 방 안은
귀를 찢는 소음으로 가득 차게 됩니다. 이러한 현상을 "긍정적 피드
백"이라고 하는데, 예를 들어 분노 수준이나 소리 수준과 같은 시스템
의 상태가 그 상태를 증강시키는 효과를 생성할 때마다 긍정적 피드
백이 발생하고, 긍정적 피드백은 한번 발생하면 분노나 소리 또는 그
것이 무엇이든 그 대상이 꺾이거나 차단될 때까지 커지게 됩니다.

이 개념이 적절하다는 또 다른 징후는 유머에 쉽게 적용될 수 있
다는 점입니다. 제 학생 중 한 명이 이 징후를 확인할 수 있는 실제
사건을 들려주었습니다. A와 B라는 커플이 전기 담요가 있는 침대를
공유한다고 가정해 봅시다. 이 경우 담요는 두 침목에 별도의 다이얼
을 제공하여 침대의 양쪽에서 개별적으로 온도를 조절할 수 있도록
했습니다. 적어도 이것이 의도된 사용법이었습니다. 한번은 다이얼이
교차되어 왼쪽에 있는 A가 오른쪽 히터를 제어하는 다이얼을 잡았고
B는 반대쪽을 잡았습니다. 추위를 느낀 A는 잠에서 깨어난 후 더 많
은 열이 나오기를 기대하며 다이얼을 올렸습니다. 하지만 B 쪽에서
더 많은 열이 발생했고, 더위를 느낀 B는 온도를 낮췄습니다. A는 더
추워져서 온도를 더 크게 올렸습니다. 그래서 B는 더 더워져서 온도
를 더 낮췄습니다. 이제 A는 온몸이 떨려와 온도를 최대로 올렸습니
다. 그 결과 B 쪽의 온도는 올라가고 A의 온도는 더 낮아졌습니다.
이전에는 몰랐던 긍정적인 피드백에 대해 A와 B는 이 문제를 해결한
후 확실히 알게 되었습니다.

더 유용하고 흥미로운 부정적인 피드백은 그 반대의 역할을 합니

다. 가장 간단한 모델은 난방과 에어컨을 제어하는 온도 조절기입니다. 다이얼의 초깃값은 70으로 설정합니다. 방이 뜨거워지면, 즉 70이 넘으면 온도 조절기가 에어컨을 틉니다. 고온 상태는 열을 감소시키는 효과를 생성하고 저온 상태는 추위를 감소시키는 효과를 생성하기 때문에 부정적 피드백이라고 합니다. 어떤 의미에서 이보다 더 간단한 메커니즘은 없습니다. 그러나 많은 사람들이 마치 생명체를 연상시키는 시스템의 작동 양상에 깊은 인상을 받았습니다: 온도 조절기는 마치 목적이 있는 것처럼, 마치 스스로 온도를 70도라는 설정된 수준으로 유지하기로 결정한 것처럼 작동합니다.

어떤 사람들은 온도 조절기에 정말 목적이나 목표가 있는지에 대해 철학적 토론을 벌이기도 합니다. 어떤 식으로든 궁극적인 진리를 추구하려는 정신으로 이런 논의를 한다면 다소 쓸데없는 말장난처럼 느껴질 수도 있지만, 인식론적 – 심리적 원리를 추구하는 사람들에게는 가치 있는 논의가 될 것입니다. 그러나 중요한 것은 이 원리가 마치 목표를 따르는 것처럼 작동하는 기계를 설계하는 데 사용될 수 있다는 실용적인 발견이 현대 기술의 기본이라는 것입니다. 온도 조절기가 집 안의 온도를 일정하게 유지하려는 목표를 가지고 있다는 사실은 저를 특별히 자극하지 않습니다. 그런 것들이 어떻게 작동하는지에 대해 아무리 많이 알고 있어도, 손뼉을 치면 레고 자동차가 손전등을 따라가거나 제 쪽으로 돌아오는 것을 보면 여전히 놀랍습니다. 제 반응이 형이상학의 잔재일까요? 그 작은 것이 왠지 모르게 어리숙해 보이기 때문일까요? 그것은 살아 있지 않지만, 저를 비롯한 많은 사람들을 흥분시킬 만큼 생명체와 충분히 유사합니다. 이유가 무엇이든, 그것을 다루는 것은 흥미롭고 그것을 만드는 것은 중요한 지식을 접할 수 있는 흥미로운 방법이 됩니다.

이 원리가 더욱 놀라운 것은 이 원리가 생성적이라는 점입니다: 많은 상황을 이해하는 데 사용할 수 있으며, 일부는 매우 놀라운 방식으로 이해할 수 있습니다. 지적인 농담과 코믹하거나 역설적인 상황이 풍부합니다.

우리는 이미 이중 전기 담요로 한 가지 코믹한 상황을 겪었습니다. 같은 맥락에서 "얼음 조각으로 어떻게 방을 데울 수 있을까요?"라는 까다로운 질문이 있습니다. 가스를 20도로 가열했을 때의 부피 계산을 반복하는 것보다 훨씬 좋은 퀴즈입니다. 정답은 "온도 조절기에 올려놓는다"입니다! 그러면 어떻게 될까요? 온도 조절기가 방이 춥다고 판단하여 난방을 켜는 것이죠. 얼음이 있는 한 난방은 완전히 폭발적으로 작동합니다. 방은 난방 시스템이 만들 수 있는 만큼 뜨거워질 것입니다.

우리의 체온은 실내를 쾌적하게 유지하는 단순한 온도 조절 장치보다 더 복잡한 온도 조절 장치에 의해 유지됩니다. 하지만 그 원리는 동일합니다. 어떻게든 시스템은 온도가 설정된 수준(이 경우 화씨 약 97도)보다 높은지 또는 낮은지 알아야 합니다. 온도가 설정된 수준보다 낮으면 피부 근처의 혈관을 떨게 하고 수축시키는 등 온도를 높이는 과정이 시작됩니다. 근육의 움직임은 열을 발생시키고 혈관 수축은 열 손실을 줄입니다. 체온이 설정값보다 높으면 헐떡거림, 발한, 표재성 혈관 확장 등 체온을 낮추는 과정이 시작됩니다.

이 정도는 쉽게 이해할 수 있습니다. 하지만 여기에 트릭 질문이 있습니다. 열이 나면 발열과 함께 몸이 떨리는 경우가 많습니다. 하지만 떨림은 추위에 대한 반응인데, 왜 더울 때 몸이 떨리는 걸까요?

이 질문은 흥미로운 역설의 좋은 예입니다. 답은 덥다는 것과 춥다는 것이 상대적이라는 점에 있습니다. 열이 나면 몸의 온도는 정상 체온보다 높아집니다. 그러면 우리 몸은 새로운 설정 온도를 유지하기 위해 체온을 조절하는 정상적인 메커니즘을 작동합니다. 온도 조절기 설정 자체가 올라가 설정 온도와 비교하면 더운 게 아니게 됩니다.

신체가 피드백 메커니즘을 위해 "목표 수준"을 설정하는 것으로 설명되는 또 다른 현상은 체중 감량을 시도하는 다이어트를 좌절시키는 현상입니다. 신체는 에너지가 소실되는 속도를 조절하여 특정 체중 수준을 유지하려고 "시도"하는 것으로 보입니다. 이 체중 수준이 본인이 원하는 체중 수준이 아닌 경우, 체중을 관리하는 피드백 메커니즘의 목표와 본인의 목표 사이에 의지의 충돌이 발생합니다. 체중이 피드백 시스템에 설정된 수준 아래로 떨어지면 메커니즘은 체중을 늘리거나 적어도 감소 속도를 늦추기 위해 프로세스를 시작합니다.

한 번에 모든 것을 이야기할 수는 없으므로 터치 센서 거북이를 처음 사용하려고 했을 때 겪었던 어려움에 대해 간략히 설명해보려 합니다. 약 20년 전 우리는 파일럿 실험을 통해 이러한 아이디어가 어린이들에게 접근 가능하다는 것을 보여주었습니다. 초등학교 5학년 학생들은 피드백이 필요한 과제를 수행할 수 있었지만, 대부분의 아이들에게 이러한 과제는 과제 수준에 머물렀고, 그래픽 활동이 스스로 생명을 얻는 방식과는 현저한 대조를 이루었습니다.

문제를 해결하기 위한 저의 첫 번째 시도는 비록 막다른 골목으로 이어졌지만 교육 개발자가 난관에 무릎을 꿇는 대응을 보여주기에 언급할 가치가 있습니다. 또한 이 문제는 그래픽에 대한 경험을 통해 이미 학습한 내용의 중요성을 파악하는 것이 얼마나 어려웠는지 보여줍니다. 우리의 문제는 첫 번째 로고(Logo) 수업에서 직면했던 문제와 매우 비슷해 보였습니다. 이 관찰은 다음과 같은 방식으로 막다른 골목으로 이어졌습니다. 당시에는 거북이를 만들어 문제를 해결했으니 이 문제도 더 많은 생물을 만들어서 해결해야 합니다. 그러면 아이들에게 더 많은 선택권을 주고 더 많은 열정을 불러일으킬 수 있을 거라고 생각했습니다. 그 결과 다양한 컴퓨터로 제어할 수 있는 새로운 물체를 만들었는데, 그중 가장 기억에 남는 것은 공압 벌레(pneumatic worm)와 나무 인형(wooden puppet)이었습니다. 우리와 몇몇 아이들은 즐거워했지만 이는 중요한 문제가 아니었습니다.

진짜 문제는 제가 여전히 "어떻게 하면 아이들이 무언가를 하게 할 수 있을까"라는 관점에서 생각한다는 것이었습니다. 어떻게 하면 아이들이 수학을 좋아하고, 글을 멋지게 쓰고, 프로그래밍을 즐기고, 고차원적인 사고력을 발휘하게 할 수 있을까 하는 교육자의 본능적인 사고방식이죠. 로고(Logo) 그래픽이 성공할 수 있었던 것은 아이들이 얻은 성과 때문이 아니라 로고(Logo) 그래픽이 주는 힘 때문이었다는 것을 직감적으로 이해하기까지 오랜 시간이 걸렸습니다. 그림은 이미 그들의 문화에 뿌리를 둔 것이었고, 컴퓨터를 통해 아이들은 이미 자신의 것이었던 것을 새로운("더 나은") 방향으로 가져간 것입니다. 화면에서 이미지를 다루는 것은 이미 그들의 삶에서 중요한 부분이었으며, 그래픽 터틀은 이러한 이미지와 관계를 맺는 새로운 방법을 제공했습니다. 그러나 사이버네틱스 거북이를 프로그래밍하여 동작을 표현하는 것은 대부분의 어린이들의 삶에 뿌리를 둔 방식이 아니었습니다.

그럼에도 불구하고 저는 사이버네틱스가 아이들이 좋아하고 혜택을 받을 수 있는 세상이라는 직감이 들었습니다. 저는 이 문제를 계속 고민했습니다. 해결책이 나왔을 때 개념은 간단했지만 구현하는 데 오랜 시간이 걸렸고 작업은 느리게 진행되었습니다. 결론은 아이들을 사이버네틱 거북이 세계로 유인하는 것을 포기하고 대신 사이버네틱스를 아이들의 세계로 끌어들이는 것이었습니다. 1980년대 중반에 구체화된 이 아이디어는 레고와의 협업으로 이어졌습니다. 아이들은 조립하는 것을 좋아하므로 조립 세트를 선택했고 거기에 사이버네틱 모델을 만드는 데 필요한 모든 것을 추가하기로 했습니다. 모터와 센서가 달린 거북이를 만들고 이를 안내하는 로고(Logo) 프로그램을 작성할 수 있어야 하며, 용이나 트럭 또는 기상 침대를 만들고 싶을 때 선택할 옵션도 필요했습니다. 상상력과 기술력에 따라 활용 범위가 달라지도록 말이죠. 이 개념의 초기 실험에서는 모터와 센서를 인터페이스 박스를 통해 컴퓨터에 연결해야 했습니다. 그러다 최근에는 모델 자체에 들어갈 수 있을 정도로 작은 컴퓨터를 개발했습니다. 이제 지능이 외부의 컴퓨터가 아니라 모델 자체에 탑재되었기 때문에 차이는 상당해졌습니다. 게다가 이제 모델은 자율적으로 작동할 수 있습니다. 탯줄 없이도 먼 거리를 이동할 수 있게 된 것이죠. 모든 것이 더 현실적으로 발전했습니다.

그러나 레고-로고(Lego-Logo)가 아이들의 삶에서 '진짜'가 되기 위한 가장 큰 변화는 레고 활동이 학교를 벗어나 가정으로 옮겨갈 때 일어날 것입니다. 미래를 그려보면 아이들이 지금 자동차나 집, 기차 선로 회로를 만드는 것처럼 사이버네틱 구조물을 능숙하게 만들며 성장할 것이 분명해 보입니다. 그때서야 비로소 사이버네틱적 사고는 진정한 문화의 일부가 될 것입니다.

이 사실은 부모와 교사들이 레고-로고(Lego-Logo)에 대해 가장 자주 묻는 두 가지 질문에 답하는 데 큰 도움이 됩니다: 아이들이 레고-로고(Lego-Logo)를 통해 무엇을 배울 수 있을까요? 그리고 여자아이보다 남자아이에게 더 유리하지 않을까요? 제 생각에 두 질문에 대한 답은 대부분의 질문자가 생각하는 것과는 다소 다릅니다. 첫 번째 질문은 학교 교육과정의 어떤 부분을 배우는지에 관한 것이지만, 저는 아이들과 기술의 관계, 학습에 대한 생각, 자아감 등의 문제를 가장 중요하게 생각합니다. 성별 문제에 관해서는 성별이 활동에 어떤 영향을 미칠 것인가보다는 장기적으로 컴퓨팅 활동이 성별에 어떤 영향을 미칠 것인가에 대해 더 많이 생각하고 있습니다. 성별은 주로 생물학적 문제가 아니라 사회적 구성 요소이기 때문에 아이들의 삶에서 제가 예상하는 변화의 정도는 분명히 어떤 식으로든 다른 구성으로 이어질 것입니다. 제가 중요하게 생각하는 것은 미래의 컴퓨터 문화를 형성하는 데 여성이 참여하는 것입니다.

그러나 성찰을 유도하는 정신으로 이러한 발언을 한 후, 저는 레고-로고(Lego-Logo)를 통한 매우 구체적인 학습의 예를 들면서 더 즉각적인 종류의 질문으로 전환합니다. 레고로 물건을 만들다 보면 학생들은 조만간 기어의 필요성에 직면하게 됩니다. 이들의 작품은 학교 과학 및 수학과 겹치는 소재와 규칙을 사용하는 형식적인 스타일 대신 사물을 사용하는 구체적인 스타일을 이러한 과목에 적용하는 대안적인 스타일의 좋은 예를 제공합니다.

조립 세트의 모터는 낮은 토크로 고속으로 회전합니다. 이 모터를 바퀴에 직접 부착하여 만든 자동차는 매우 빠르게 달릴 수 있지만 동력이 너무 약해서 경사나 장애물이 조금만 있어도 멈출 수 있습니다. 레고 자동차의 문제에 대한 해결책은 실제 자동차 디자이너가 채택한 것과 동일합니다: 기어를 사용하는 것입니다. 하지만 기어를 효과적으로 사용하려면 어린이가 기어비에 대해 이해해야 합니다. 이는 다시 힘, 토크(물리학자가 회전의 '힘'을 측정하는 척도), 기계적 이점과 같은 아이디어의 집합을 가져옵니다.

초등학생 연령대의 어린이가 배우는 최첨단 지식인 이 지식의 한 측면은 이성적 또는 상대적인 측면입니다. 작은 기어가 큰 기어를 구동하는 경우, 큰 기어는 더 천천히 더 큰 토크로 회전합니다. 중요한 것은 두 기어의 절대적인 크기가 아니라 상대적인 크기입니다. 그러나 이 나이의 많은 아이들, 주로 남자아이들은 "큰 기어는 느리고 강하다", "작은 기어는 빠르고 약하다"와 같은 일련의 규칙을 따르는 것처럼 한쪽 기어의 크기만 중요한 것처럼 추론하는 경향이 있습니다(다음 페이지 그림 참조). 상대적인 크기에 대한 개념이 없으면 이러한 규칙은 실패합니다. 다른 아이들, 주로 여자아이들은 설명할 때 표현력이 떨어지고 신체적인 표현을 더 많이 합니다. 이들은 사물을 파악하는 방법을 설명하기 위해 몸을 꿈틀거리고 비틀면서 정답을 얻으려고 노력합니다.

지적 발달을 점점 더 정교한 규칙의 습득으로 보는 이론가들은 아이들이 만든 규칙이 아직 충분하지 않으면 문제에 부딪힌다고 말합니다. 구체적인 사고라는 개념을 통해 우리는 다른 종류의 이론을 고려할 수 있습니다. 우리의 관찰에 따르면 잘하는 아이들은 더 나은 규칙을 가지고 있었다기보다는 사물을 속성보다는 관계의 관점에서 보는 경향이 있었습니다. 그들은 "시스템 내부"에서 자신을 상상할 수 있는 추론 스타일을 가지고 있었습니다. 그들은 기어와의 관계를 통해 문제를 생각하는 데 도움을 받았습니다.

이 '내면으로부터의 추론'이 모든 기어 문제에 적합한 것은 아니지만, 우리 프로젝트에서 아이들이 직면한 종류의 문제에는 적절할 뿐만 아니라 너무 단순한 규칙 집합으로 인해 발생하는 오류를 훨씬 덜 발생시켰습니다.

바퀴가 빨라지면서 약해집니다.

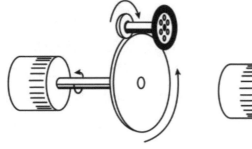

바퀴가 빠르고 약합니다.

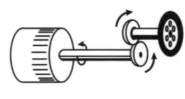

바퀴가 빠르고 약합니다.

바퀴가 느려지면서 강해졌습니다.

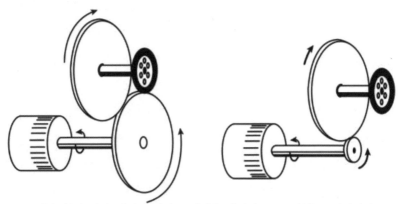

모터와 차량 바퀴 사이의 기어 트레인을 개략적으로 표현한 도식입니다.

관계적이고 구체적인 사고가 유리합니다: 규칙이 정확하지 않더라도 문제가 되지 않습니다. 이 모든 것이 아직은 추측에 불과하지만, 여기에는 남학생보다 여학생이 더 쉽게 접근할 수 있는 물리 과학 지식이 있을 수 있음을 암시합니다.

저는 브리콜라주(bricolage)를 사전에 계획된 것이 아니라 협상적이라고 할 수 있는, 워렌 맥컬록(Warren McCulloch)이 위계적(hierarchical)이라기보다는 '동시지배적(heterarchical)'이라고 부르는 작업 조직 스타일로 정의했습니다. 아이들과 장비의 예는 많은 브리콜뢰르(bricoleur) 프로그래머가 보여주는 또 다른 특성을 소개하는 역할을 하는데, 터클과 저는 이를 '근접성(proximality)' 또는 대상과의 친밀성이라고 불렀습니다. 케빈과 같은 프로그래머는 제프와 같은 사람보다 계산 대상에 더 가깝습니다. 기어를 가지고 "내면에서 추리"하는 아이들처럼, 케빈은 심리적으로 자신을 스크린 거북이와 같은 공간에 놓습니다. 그는 자신의 우주선을 실체적이고 감각적이며 촉각적인 것으로 경험합니다. 그는 스프라이트와 함께 우주선 아래에서 콜라주 속 오브제처럼 그들과 함께 놀고 있습니다. 케빈은 손과 몸의 제스처를 통해 스프라이트와 함께 움직이거나 스프라이트 사이에서 움직이는 모습을 보여주며 이 오브제들에 대해 이야기합니다. 그는 이들에 대해 말할 때 "나는 여기로 움직인다"와 같은 언어를 사용합니다.

저는 여아에게 더 특징적인 행동의 성별과의 상관관계를 과장하지 않기 위해, '내면으로부터의 추론'을 설명하기 위해 남자아이인 케빈을 선택했습니다. 제가 강조하고 싶은 일반적인 아이디어는 성별, 기술, 하드 과학 간의 관계가 어린이가 물리적 계산 개체를 친밀하게 다룰 수 있는 맥락에서 새로운 측면을 취한다는 것입니다. 이는 사이버네틱스가 어린이들에게 새로운 지적 영역을 열어줄 새로운 과목이라는 또 다른 주장을 가능하게 합니다.

다음으로 사이버네틱스와 같은 일반적인 영역에서 좀 더 정교한 개념으로 넘어가 보겠습니다. 우선, 제 동료인 미쉘 레스닉(Mitchel Resnick)이 스타 로고(*Logo)라고 부르는 로고(Logo) 버전을 사용하여 보고한 실험을 생각해 보겠습니다. 이 로고(Logo)는 무엇보다도 매우 많은 수의 거북이를 허용합니다. 박사 학위 논문에서 레스닉은 사람들이 분산된 상호작용에서 설명을 찾기보다는 지시 에이전트를 가정하는 '중앙 집중식 사고방식(centralized mindset)'에 대해 이야기합니다.

최근 운전면허를 취득한 두 명의 고등학생은 스타 로고(*Logo)를 사용하여 고속도로에서 자동차가 움직이는 모습을 보여주기로 결정했습니다. 학생들은 먼저 자동차를 상징하는 거북이 수십 마리를 만든 다음 각 자동차에 대한 아주 간단한 프로그램을 작성했습니다. 이 프로그램은 두 가지 간단한 규칙으로 구성되었습니다. 자동차가 앞에 다른 자동차를 감지하면 속도를 줄였습니다. 다른 차를 감지하지 못하면 속도를 높였습니다. 학생들은 이 간단한 프로그램에서 별다른 일이 일어날 것이라고 예상하지 못했지만, 실제로 실행해보니 자동차들이 실제와 같은 교통 체증으로 뭉쳐 있었습니다. 학생들은 간단한 프로그램에서 복잡한 패턴이 형성되는 것을 보고 놀랐습니다. 실제로 이 프로그램은 자기 조직화의 놀라운 예를 보여주었습니다: 자동차들은 중앙 집중식 제어 없이도 스스로 패턴을 형성하는 것처럼 보였습니다. 교통 체증은 개별 자동차 간의 상호작용에서 비롯된 것이지만 학생들은 "원인"이 있을 것이라고 생각했습니다.

이 같은 아이디어는 과학의 모든 영역에서 발견됩니다. 생물학에서 개미는 먹이를 찾기 위해 스스로 길을 만들고, 새는 이동을 위해 무리를 이루며, 더 긴 스케일에서는 유전자가 스스로를 조직하여 새로운 생물을 만들어냅니다. 학생들이 직접 프로그램을 작성했기 때문에 교통 체증의 자기 조직화 특성을 잘 이해했다는 점은 주목할 만합니다. 패키지 시뮬레이션을 사용했다면 교통 체증의 근간이 되는 프로그램의 우아하고 단순함을 알 수 없었을 것입니다.

학생들이 교통 체증을 지켜보기 시작했을 때 또 다른 놀라움을 경험했습니다: 교통 체증이 뒤로 이동한 것입니다. 학생들은 이 행동이 직관적이지 않다고 생각했습니다. 교통 체증 안에 있는 모든 차량이 앞으로 나아가고 있는데 어떻게 교통 체증이 뒤로 움직일 수 있을까요? 이 행동은 중요한 아이디어를 강조했습니다: 긴급한 구조는 종종 그것을 구성하는 요소와 매우 다르게 행동한다는 것입니다. 이 아이디어는 교통 체증뿐만 아니라 파도 등 훨씬 더 광범위한 현상에도 적용됩니다. 파도에 대한 아이디어는 초보 학생들이 이해하기 어려운 것으로 악명이 높습니다. 그 이유 중 하나는 파동이 종종 동기부여가 없는 맥락(예: 줄을 따라 움직이는 것)이나 어려운 수학적 형식(미분 방정식)으로 제시되기 때문입니다. 특히 학생들이 최근에 운전면허를 취득한 상태였기 때문에 스타 로고(*Logo) 교통 프로그램은 이러한 문제에 대해 훨씬 더 의미 있는 소개를 제공했습니다. 게다가 파동은 간단한 컴퓨터 프로그램인 접근 가능한 공식 시스템에 의해 생성되었습니다. 또한 학생들이 직접 프로그램을 작성했기 때문에 프로그램을 조작하여 다양한 파동 현상을 탐구할 수 있었습니다.

교통 체증과 기어의 예는 사이버네틱스 아이디어가 고급 및 기초 수준 모두에서 생물학뿐만 아니라 물리 과학의 개념과 어떻게 연결되는지 보여줍니다. 이러한 방식으로 사이버네틱스는 적절성과 풍부한 과학적 연결성을 모두 갖추고 있습니다. 사이버네틱스는 고전 과학과의 연관성 외에도 흔히 '시스템 이론'으로 알려진 또 다른 현대 지식 영역과 밀접한 관련이 있으며, 이는 다시 경제학, 생태학, 진화 연구에서 두드러진 사고방식과 밀접하게 연결되어 있습니다. 교통 상황을 프로그래밍하고 이해하는 데 사용된 것과 같은 종류의 사고는 예를 들어 포식자와 먹이인 두 종의 동물, 두 번째 동물 종에게 먹히는 식물 등 여러 종류의 물체가 있는 상황에도 똑같이 쉽게 적용할 수 있습니다. 중학생이라면 단위 시간당 각 동물이 먹는 양과 세 종의 번식 및 사망 빈도를 지정하여 두 동물과 식물의 개체 수가 있는 마이크로월드를 몇 시간 만에 설정할 수 있습니다.

이런 종류의 작업이 프로그래밍의 개념에 미치는 영향에 대해 말씀드리며 마무리하겠습니다. 컴퓨터는 더도 말고 덜도 말고 시키는 대로만 한다는 것은 19세기 레이디 러브레이스(Lady Lovelace)가 남긴 격언입니다. 그러나 이 말에 내재된 깊은 모호성은 앞서 언급한 기하학적 프로그램을 따라 움직이는 거북이와 사이버네틱 프로그램을 따라 움직이는 거북이를 비교해보면 분명해집니다. 거북이는 '지시'를 받은 대로 정확하게 행동하고 있을까요? '지시'가 실제로 프로그램에 명시직으로 작싱된 것을 의미한다면, 기하학적 거북이는 상자 주위를 돌도록 '지시'를 받았다고 말할 수 있습니다. 그러나 사이버네틱 거북이가 지시받은 것은 매우 다르게 보이며, 실제로 프로그램이 상자를 돌도록 결정하기 위해서는 약간의 사고가 필요할 수 있습니다. 거북이가 들은 내용과 프로그래머가 관심을 갖는 거북이 행동의 측면 사이에는 거리가 있습니다. 다른 경우에는 프로그램과 결과 사이의 거리가 훨씬 더 클 수 있습니다. 로고(Logo)를 많이 해본 사람이라면 익숙한 예로 REPEAT 360 [FORWARD 1 RIGHT 1]을 수행하여 원을 그리는 프로그램을 들 수 있습니다. 거북이에게 원을 그리라고 했나요? 그렇다고 답한다면 아주 이상한 방식으로 지시를 받았다고 봐야 합니다.

앞서 '추측 항법(dead reckoning) 또는 청사진 프로그래밍(blueprint programming)'과 '파일럿 항법(pilotage) 또는 창발적 프로그래밍(emergent programming)'을 구분하였습니다. 다음 장에서는 청사진 프로그래밍과 창발적 프로그래밍의 언어를 사용하여 경제학 및 기타 "체계적" 상황에 대해 이야기하겠습니다. 이 장에서 논의된 프로그래밍의 방식에 대한 경험을 통해 젊은 인재들이 다음 장에서 제시될 문제에 대처하는 자세를 갖추게 될 것이라고 생각합니다.

10

• • •

앞으로의 과업

　　누구나 때때로 그렇듯이 학교가 너무 확고하게 고정되어 있어 결코 변할 수 없다는 생각에 압도당할 때, 최근까지 불가능하다고 여겨졌던 전 세계의 정치적 변화를 생각해 보는 것이 도움이 될 것입니다. 우리가 소비에트 블록이라고 부르던 곳에서 일어난 일들이 가장 극적이지만 남아프리카, 칠레, 중앙아메리카의 발전도 같은 부류에 속합니다.

　　베를린 장벽을 무너뜨리는 군중의 모습이나 프레데릭 데 클레르크(Frederick de Klerk)와 협상 테이블에 앉은 넬슨 만델라(Nelson Mandela)의 모습은 "그럴 리 없다"고 말하는 모든 경향에 강력한 해독제가 됩니다. 그러나 이러한 일들이 실제로 일어난 방식은 냉정하면서도 가슴 벅찹니다. 자세히 들여다보면 크고 안정적이고 뿌리 깊은 사회 구조를 바꾸는 데 따르는 고통과 어려움에 대한 많은 교훈을 얻을 수 있습니다. 그중 가장 중요한 것 중 하나는 시스템이 문제의 깊이와 근본적인 변화의 필요성을 인식하지 못하도록 스스로를 방어하는 방식에 관한 것입니다.

　　변화의 상징이 된 미하일 고르바초프(Mikhail Gorbachev)는 역사상 가장 흥미로운 변화에 대한 저항의 사례 중 하나이기도 합니다. 그는 이전에는 상상할 수 없었던 개혁을 추진하면서도 체제의 근간이 된 이념에 계속 충성을 다했고, 자신도 버림받을 위기에 처했을 때가 되어서야 공산당을 포기했습니다. 그의 슬로건인 페레스트로이카(perestroika, 말 그대로 '구조조정'을 뜻함)는 심각한 위기에 처한 체제의 토대를 의심하지 않고 개혁을 위해 고군분투하는 정책의 대명사가 되었습니다. 교육 분야에서 '구조조정(restructuring)'에 대해 큰 소리로 이야기하는 대부분의 사람들이 거의 같은 맥락으로 보이지만, 고르바초프처럼 자신의 영역에서 개혁을 추진할 용기를 가진 사람은 거의 없다는 것은 이쯤 되면 분명해졌을 것입니다. 이들에게는 "구조조정"이라는 표현보다 "시스템 흔들기(jiggering the system)"라는 표현이 더 적절할지도 모릅니다.

페레스트로이카(perestroika)와 교육 개혁의 비유는 이러한 변화와 변화에 대한 저항의 일반적인 특징을 강조하는 데 그치더라도 충분히 유익한 정보가 될 것입니다. 하지만 여기엔 더 많은 것이 있습니다. 앞서 개발한 시스템 역학 언어를 사용하면 구소련과 학교의 문제를 긴밀하게 프로그램된 시스템과 급작스럽게 프로그램된 시스템 간의 충돌이라는 측면에서 설명할 수 있습니다.

계획 경제를 정당화하기 위해 사용된 주요 논거 중 하나는 고도로 계획되고 엄격하게 프로그램된 경제 시스템이 무수히 많은 개별적이고 조정되지 않은 결정을 통해 운영되는 시스템보다 반드시 더 효율적이라는 것입니다. 소련에서는 이러한 철학적 입장이 국가계획위원회(Gosplan: 소련에 설립된 중앙 경제 계획 기구로서 중앙집권적이고 계획된 경제 모델의 전형적인 예로 정부가 경제 활동을 철저하게 통제하고 조정하는 시스템)라는 방대한 조직으로 이어져 전체 경제를 최대한 긴밀하게 프로그래밍하는 것이 임무였습니다. 모든 제품의 모든 세부 사항이 마스터 플랜에 포함되었습니다. 예를 들어, 이 계획에는 소련 전체에서 얼마나 많은 못을 생산할지, 어디서 생산할지, 어떻게 유통할지, 어떤 가격에 판매할지 등이 명시되어 있었습니다. 기획자들은 못을 사용하는 각 제품의 생산량도 결정했기 때문에 얼마나 많은 못을 만들어야 하는지 알 수 있었습니다. 못에 대한 계획은 다른 모든 것에도 적용되어 (이론적으로는) 낭비가 없는 완전히 합리적인 경제를 만들었고, 이는 모든 톰, 딕, 해리가 못을 만들거나 만들지 않을 수 있는 자본주의 시장 경제의 혼돈보다 훨씬 더 합리적이었다고 주장했습니다.

앞서 교육용 '대성당 모델'의 사례에서도 이와 같은 논의를 접한 적이 있습니다. 위대한 고딕 양식의 대성당(또는 다른 대형 건물)을 건설하는 것은 엄격한 프로그래밍이 필요한 과정입니다. 인부들이 돌을 조각하고 배치하는 독립적인 행동을 취하는 것만으로 대성당이 탄생한다는 것은 그럴듯하지 않습니다. 숙련된 건축가의 신중한 계획이 분명히 필요합니다. 교육 분야의 대성당 모델은 지식 구조를 구축하는 데에도 동일한 원리를 적용합니다. 교육과정 설계자는 아이들의 머릿속에 '지식 벽돌'을 배치하기 위한 계획, 즉 치밀한 프로그램을 지정하는 '지식 건축가'의 역할을 맡게 됩니다. 이것은 경제학에 대한 국가계획위원회적 접근법(Gosplan)에 대한 주장과 크게 다르지 않습니다.

이 책에서 저는 구체적인 사례와 추상적인 논증을 통해 국가계획위원회적 접근법(Gosplan) 또는 대성당 모델이 제시하는 엄격한 프로그래밍에 대한 교수학습방법이 교육에 대한 일반적인 접근 방식으로서 잘못되었다는 것을 보여 주었습니다. 앞서 청사진 프로그래밍 (Blueprint programming: 사전에 세부적인 계획과 명확한 지침을 바탕으로 작업을 수행하는 프로그래밍 접근 방식)과 창발적 프로그래밍(Emergent prgramming: 초기 계획 없이 간단한 규칙과 상호작용을 통해 시스템이 자연스럽게 복잡한 행동을 나타내도록 하는 유연하고 적응적인 프로그래밍 접근 방식을 의미)에 대한 논의는 단순한 물리적 상황에서도 정밀한 청사진 프로그래밍의 장점에 대한 주장이 보편적으로 타당하지 않다는 것을 보여줌으로써 이러한 입장을 간접적으로 뒷받침했습니다. 거북이가 직사각형 상자를 돌도록 프로그래밍하는 것과 같은 간단한 작업은 창발적 방식을 사용하면 쉽게 수행할 수 있는 반면, 청사진 방식으로는 달성하기 어렵거나 심지어 불가능했습니다. 소비에트식 계획 경제의 실패는 이 방법이 궁극적으로 우월하다는 생각의 관에 못을 하나 더 박았습니다. 청사진의 일부 요소가 필수적인 중요한 사례는 프로젝트 수행 방식에 대한 모델이 아니라 가끔 예외적인 경우입니다.

소련의 실패를 계획 경제가 작동하지 않았다는 것에 대한 증명이라고 주장할 수는 없습니다. 왜냐하면 소련의 특성 실행은 다른 많은 사회 파괴적인 정책과 연관되어 있었기 때문입니다. 그러나 시스템 운영의 특정 결함은 궁극적인 합리성에 대한 논거에 구멍이 있음을 시사합니다. 다음과 같이 고질화된 일종의 상황을 도식화하여 생각해 보세요.

일리야노바 공장은 100톤의 못을 생산할 계획이었습니다. 어떤 부장은 대형 못을 만들겠다는 아이디어를 내고 150톤을 생산하여 아무도 그렇게 큰 못을 사용할 수 없음에도 불구하고 계획의 150% 달성에 대한 보상으로 보너스를 받았습니다. 담당 부장의 아이디어가 기발한 사기(brilliantly fraudulent)인지 어리석게도 진실한지(foolishly sincere)는 중요하지 않으며, 모든 못 공장이 계획을 달성할 수 있고 동시에 국가적으로 못이 부족할 수 있다는 사실에서 제도의 불합리성(absurdity)이 드러납니다.

물론 어떤 시스템에서도 사기나 어리석은 결정을 내리는 사람들이 있습니다. 계획 경제와 시장 경제의 관련 차이점은 다른 사람들이 개입할 수 있는 여지가 있다는 것입니다: 못 생산자가 수요가 있는 못을 공급하지 않으면 조만간 누군가가 새로운 못 공장을 만들어 돈을 벌 수 있다는 것을 깨닫게 될 것입니다. 따라서 이니셔티브는 시스템에 널리 배포되고 이전 장에서 논의한 원칙에 따라 작동하는 수많은 크고 작은 피드백 루프의 작동을 통해 계속 유지됩니다. 창발적으로 프로그래밍된 시스템(emergently programmed systems)의 전형적인 특징은 예상했던 것에서 벗어난다고 해서 전체가 무너지는 것이 아니라 적응적 반응을 유발한다는 것입니다.

저는 우리가 실제로 완전히 합리적인 경제 시스템에서 살고 있다고 주장하고 싶지 않습니다. 많은 사람들에게 빈곤, 편견, 관료주의의 제약은 자유 시장이라는 개념을 조롱거리로 만들고 있습니다. 경제적으로 강력한 사람들도 합리성의 한계에 의해 제약을 받습니다. 예를 들어, 미국 기업이 회사의 실제 건전성을 보는 대신 분기별 이익에 중점을 두는 것은 성공을 못으로 세는 것과 비슷한 요소를 도입합니다. 또한 소련 체제가 합리적인 이니셔티브를 위한 기회를 전혀 제공하지 않았다고 주장하고 싶지 않습니다. 소련 체제가 그토록 오래 살아남았다는 사실은 소련 체제가 자신의 자기파괴적 이상에 온전히 부합하지 않았다는 것을 시사합니다. 따라서 이 비교는 특별히 무엇이 우월하다는 흑백논리가 아닙니다.

제가 주장하고 싶은 것은 우리의 경제 시스템은 결함을 갖고 있음에도 기능의 임계값을 넘어섰지만 소련의 경제 시스템은 그렇지 못했으나 우리의 교육 시스템은 소련의 경제 시스템과 유사해 보입니다. 우리의 교육 시스템은 근본적으로 계획 경제만큼이나 유사한 모습으로 나타나고 있기 때문입니다. 복잡한 시스템이 변화하는 환경에서도 효율적으로 기능하는 데 요구되는 부분 적응 능력이 없으며, 그러한 시스템이 진화하기 위해서는 두 배의 노력이 필요한 까닭입니다.

이것이 무엇을 의미하는지 체계적인 사고에 실패한 교육 개혁안을 살펴보면 더 구체적으로 이해할 수 있습니다. 조지 부시(George Bush)가 "교육 대통령"이 되겠다는 선거 공약을 실천하기 위해 발표한 "미국 2000"이라는 거창한 제목의 계획이 좋은 예입니다. 저의 논의는 부시에 대한 당파적 공격이 아니라, 사고의 결함(the flows in thinking)이 어느 정도 심각한 형태로 만연해 있는지 보여주기 위한 것입니다.

부시 계획은 법령에 의해 문제를 "해결"하는 소련 스타일을 매우 연상케 했습니다. 부시는 세기말까지 미국 학생들이 세계 최고가 될 것이라고 발표했습니다. 이를 달성하기 위한 그의 제안의 핵심은 전국적인 시험 시스템을 도입하는 것이었습니다. 이렇게 되면 미국인들은 더 이상 과학 지식에 대한 국제 조사에서 17위를 차지한 자녀의 점수를 읽고 당황하거나 1992년 일본 정치인이 미국 노동자들이 게으르고 무지하다는 발언에 진실이 있는지 궁금해할 필요가 없을 것이라고 그는 희망하는 것 같았습니다. 그는 소련 선전가들이 못의 생산량을 지적하듯이 우리 학교의 시험 점수에서 생산성을 지적할 수 있습니다.

시험 점수로 교육적 성공을 정의하는 것은 사용한 못이 아니라 만든 못을 세는 것과 크게 다르지 않습니다. 부시의 교육 계획에는 근본적인 메커니즘 수준에서 현재 상황에 무엇이 잘못되었는지에 대한 구체적인 이론에 대한 힌트가 없었습니다. 그의 해결책은 관료주의적 사고로 모든 상황에 대해 명령을 내리고 통제를 강화하는 것과 같은 무차별적으로 제안하는 해결책이었습니다. 시험 결과가 낮다는 것은 사람들이 게으르다는 것을 의미할 뿐이며, 좋은 테스트 시스템은 그들을 노출시킨다는 것입니다.

하지만 레고 집에 번쩍이는 불빛을 설치한 소녀 마리아를 예로 들어보면 더 잘 알 수 있습니다. 마리아는 국제 시험에서 미국이 낮은 평가를 받는 데 기여한 전형적인 인물입니다. 지금도 그럴 가능성이 높습니다: 레고-로고(Lego-Logo)에 대한 그녀의 고립된 경험이 과학과 기술에 대한 취향과 직관적인 감각을 키울 수 있는 힌트를 제공하는 것 이상의 역할을 했을 가능성은 거의 없습니다. 물론 그 경험이 미래의 발전을 위한 씨앗을 심었을 수도 있지만, 설사 그렇다 하더라도 그 변화가 국가 과학 지식 시험에서 더 높은 점수로 나타날지는 확신할 수 없습니다. 어쨌든 이 경험의 좋은 점은 국가 시험의 유무와는 거의 상관이 없으며, 과학과 건강한 개인적 관계를 발전시킬 수 있는 특별한 기회를 제공했다는 점과 관련이 있습니다.

실제로 부시가 염두에 둔 것 같은 종류의 테스트가 마리아에게 어떤 영향을 미쳤다면 그것은 부정적일 것입니다. 여기에는 적어도 세 가지 다른 메커니즘이 작용했을 것입니다. 이질적으로 느껴지는 실험 대상에 대한 긴장감은 마리아 같은 소녀가 과학에 대한 작은 흥미를 꺼뜨리는 가장 확실한 방법입니다. 보다 실질적인 차원에서 보면, 시험은 마리아에게 과학을 의식처럼 암기해야 하는 사실의 목록이라는 매우 잘못되고 혐오스러운 이미지를 강화할 수 있습니다. 게다가 마리아만 이런 영향을 받는 것은 아닙니다: 시험에 대한 긴장감으로 인해 교사는 과학의 시험 가능한 측면을 제외한 다른 부분에 시간을 할애하는 것을 꺼리게 될 수 있습니다.

그러나 마리아를 비롯한 수백만 명의 사람들이 과학에 관심을 갖게 하는 것은 과학을 개인적으로 활용할 수 있는 더 넓은 기회를 제공하는 것입니다. 이러한 새로운 기회가 개발됨에 따라 학생, 학부모, 교사가 자신의 실력을 파악할 수 있는 수단을 개발하는 것이 중요할 것입니다. 아마도 이것을 '시험(testing)'이라고 부를 수 있겠지만, 그 단어의 의미가 너무 나쁘기 때문에 더 나은 단어를 만들어야 할 것입니다. 그러나 뭐라고 부르든 이러한 피드백 메커니즘은 학습에 대한 새로운 접근 방식을 선도하는 것이 아니라 그 뒤를 따르는 것이어야 합니다. 기존의 학습 모델을 기반으로 한 평가 시스템은 기껏해야 그러한 모델을 강화하고 새로운 방향의 개발을 저해할 뿐입니다.

성공하지 못한다면 교육 개혁에 대해 생각할 필요조차 없으므로 미국이 시스템 이론에 기반한 과학 교육 접근법을 개발하거나 각 어린이가 개인적으로 선택한 전통 과학 분야 하나에 깊이 관여할 수 있도록 하는 데 전 세계를 선도한다고 가정해 보겠습니다. 또한 한두 국가가 우리와 함께하거나 앞서가더라도 대부분의 국가가 뒤처져 기존의 길을 계속 걷는다고 가정해 보겠습니다. 이런 상황에서 우리 아이들은 구식 시험으로 국제 경쟁에서 낮은 순위를 기록할 수도 있습니다: 과거를 답습하거나 다른 나라의 시험을 모방하는 시험은 다른 나라의 속도에 맞춰 앞으로 나아가는 데 방해가 될 것입니다. 사실, 변화가 일어나기 위해서는 임계치에 도달해야 하므로 전혀 움직이지 않는 것이 더 나을 수도 있습니다. 따라서 일류가 되는 방법은 따라잡는 것이 아니라 새로운 방향을 선도하는 것입니다.

이는 일이 얼마나 잘 진행되고 있는지에 대한 지표 시스템의 필요성을 부정하는 것이 아닙니다. 부시의 계획에 문제가 있는 것은 이 테스트가 자기 교정 메커니즘의 일부가 아니라는 점입니다. 예를 들어 빛을 찾는 거북이를 생각해 보세요. 이 실험은 본질적으로 의도된 상태로부터의 편차를 나타내는 지표를 의미하는 부정적인 피드백의 원리를 사용했습니다. 실제로 창발적 프로그래밍을 위해 거북이를 설계할 때 핵심 아이디어는 적절한 지표를 선택하는 것이었습니다. 본문에서 논의된 디자인은 빛으로부터의 실제 거리를 나타내는 더 명확한 지표를 거부하고 왼쪽 또는 오른쪽으로 편차를 나타내는 덜 "정확한" 지표를 선호했습니다. 이 지표는 얼마나 발전했는지는 반영하지 않았지만, 더 발전하기 위해 나아가야 할 방향을 보여줬습니다. 마찬가지로 마리아를 지켜보는 교사라면 누구나 이러한 지표에 쉽게 접근할 수 있고, 단순히 학생이 얼마나 많은 과학 지식을 알고 있는지를 측정하는 것보다 훨씬 더 유용하게 활용할 수 있을 것입니다. 교사는 마리아가 특정 기술 작업에 몰두하고 있다는 것을 확인하고 그 방향으로 더 나아가도록 격려해야 한다는 결론을 내릴 수 있습니다. 실제로 마리아는 스스로 이런 결론을 내릴 수 있었습니다. 교육적 결함은 나아갈 방향에 대한 지표가 부족해서가 아니라 학교가 한 가지 방향만을 제시하고 그것을 강요했기 때문에 발생한 것입니다. 개인적인 경험을 한 후 그녀는 교육과정의 비인격성으로 돌아갔습니다.

마찬가지로 못 공장의 경우, 명령 시스템(command system)과 시장 시스템(market system) 모두 못 생산량이라는 지표를 평가에 사용합니다. 어떠한 경우에는 계획에 대한 적합성을 측정하는 테스트를 통해 비정상적이지 않은 상황에서 평가가 어떻게 작동하는지 확인했습니다. 다른 경우의 평가는 못 가격에 대한 것인데, 못 가격이 상승하면 부족에 대응하여 생산자가 더 많은 못을 만들거나 잠재적 생산자가 못 사업에 참여하도록 독려합니다.

요컨대, 시험에 대한 생각은 우리 교육 시스템의 진짜 문제, 즉 적절한 시험에 대한 합리적인 대응을 할 수 있는 유연성이 부족하다는 점을 지적합니다. 문제는 학교의 획일성에서 벗어나는 것입니다.

여기서도 부시 행정부가 제안한 계획은 이 문제에 대해 생각하지 않는 방법에 대한 통찰력을 제공합니다. 물론 부시와 그의 참모들은 자본주의와 자유 기업 철학을 입에 달고 살았기 때문에 그들의 계획이 선택과 경쟁, 주도권을 위한 기회에 대한 이야기로 가득 찬 것은 놀라운 일이 아닙니다. 그러나 그들은 그것이 무엇이든 간에 현상 유지를 위해 더 깊이 헌신했습니다. 결국 이들의 선택에 대한 이야기는 검은색만 있으면 어떤 색이든 가질 수 있다는 헨리 포드(Henry Ford)의 모델 T에 대한 프레젠테이션을 연상시키게 되었습니다. 그들은 조직, 인식론, 사회적 관계에서 위계질서에 대한 그들의 헌신으로 인해 교육의 변화 가능성에 더욱 눈을 멀게 했습니다. 하지만 위계질서에 의문을 제기하는 것이 교육 변화 문제의 핵심(crux)입니다.

부시 대통령의 현실 문제에 눈먼 모습은 실험 학교를 지원하기 위해 각 의회 지구에 백만 달러의 보조금을 지급하겠다는 제안에서 드러났습니다. 언뜻 보기에는 다양성을 촉진하기 위한 것으로 보이지만, 선정된 학교가 교육 기관의 입맛에 맞는 학교일 것이고, 어떤 경우에도 새로운 것을 시도할 만큼 충분한 자금이 지원되지 않을 것이라는 것은 예측할 수 있는 일입니다.

같은 비용이 들고 실제로 효과가 있을 수 있는 여러 가지 계획을 위해 실험 학교를 위한 50개의 제안을 선정하고 각각에 1천만 달러의 보조금을 제공하는 경쟁이며, 심사위원들은 다양성을 장려하라는 명령을 받았습니다. 심사위원단은 교육 기관이 주도할 수밖에 없으므로 처음 10~20개는 우리가 알고 있는 학교의 작은 변형이 될 것으로 예상했습니다. 그러나 심사위원들이 50번째 선택지에 도달하기 훨씬 전에, 요청받은 다양성 때문에 실제로 다른 계획을 고려해야 했습니다. 이러한 변형은 부시 계획의 약점을 드러내기 위한 사고 실험(thought experiment)일 뿐입니다. 제가 생각하는 교실혁명(educational megachange)의 길과는 거리가 멀어 보입니다. 오히려 일반 대중(grass root)에게 훨씬 더 가까이서 시작해야 할 것입니다.

변화의 구체적인 이미지를 만들기 위해 이 책을 읽고 자신의 교실에서 델마의 사례를 따르기로 결심한 초등학교 교사 마사를 상상해 보세요. 그녀의 첫 번째 문제는 장비를 구하는 것입니다. 10년 전만 해도 이것은 재정적으로 큰 문제였을 것입니다. 델마의 경우 참여 교사에게 컴퓨터를 제공하는 프로그램이 있었고, 다른 교사들은 보조금 제안서를 작성하거나 학교 행정부를 설득하거나 학부모에게 호소했습니다. 하지만 마사에게는 학교의 '면역 반응'이 다른 종류의 문제를 일으켰습니다. 학교가 이미 컴퓨터에 많은 투자를 했고 훈련과 연습, "컴퓨터 활용 능력(computer literacy)"을 위한 다른 용도로 컴퓨터를 사용하고 있기 때문에 컴퓨터를 구하기가 어려웠습니다.

하지만 마사가 장비 문제를 해결하고 실제 행동으로 옮길 준비가 되었다고 가정해 봅시다. 이제 그녀는 학생들을 지도하는 데 자신감을 가질 수 있을 만큼 충분한 컴퓨터 문화를 습득해야 하는 또 다른 문제에 직면하게 됩니다. 델마 세대의 많은 교사들은 단순히 컴퓨터에 대한 기술적 지식을 제공하는 데 그치지 않고, 교실에서 이루어지는 수업의 장면에서 드러나는 학습적인 정신(mathetic spirit)을 가르치는 것을 목표로 하는 프로그램에 참여했습니다. 마사는 이러한 학습 경험을 반복하기가 쉽지 않을 것입니다. 마사는 적합한 프로그램을 찾는 데 어려움을 겪을 것입니다. 프로그램을 찾는다 해도 학교 관리자에게 프로그램에 참여하는 데 필요한 자유 시간이 주어져야 한다고 설득하는 데 어려움을 겪을 것입니다. 관리자는 학교 시스템 또는 컴퓨터 공급업체가 "컴퓨터 사용"에 관한 세미나를 제공한다는 사실에 주목할 것입니다. 오후 몇 시간 동안 교사들은 컴퓨터 활용 능력의 필수 사항을 배웁니다. 굳이 3주 과정의 교육을 받을 필요는 없습니다. 게다가 학교에는 전임 컴퓨터 교사가 있습니다. 관리자들은 처음에는 컴퓨터 사용보다 더 많은 일을 하고 싶다는 마사의 설명을 이해하지 못합니다. 하지만 마사가 아이들이 새로운 방식으로 수학을 배우기를 바란다는 생각을 전달하는 데 성공하면 새로운 장애물에 부딪히게 됩니다. 학교는 이미 아이들이 수학을 배우는 방법을 결정했고, XYZ 수학 시리즈를 채택했으며, 교육구에서 수학 코디네이터를 고용하여 문제를 논의하고 있으며, 그녀가 독자적으로 새로운 시도를 할 수 없다는 말을 들었습니다.

이러한 반대의 목소리는 마사가 학교 내에서 이니셔티브를 시작하려고 시도할 때 겪게 될 문제의 일부에 불과합니다. 주목할 점은 그녀와 같은 많은 사람들이 실제로 교실에 새로운 방법을 도입할 수 있다는 사실이지만, 이는 배려심 많은 교사들이 스스로에게서 발견하는 놀라운 에너지의 상당 부분을 시스템과의 싸움으로 낭비하는 대가를 치르는 것입니다. 이 에너지를 보다 효과적으로 유도(channeling)하고자 하는 것이 제가 던지는 질문의 핵심입니다: 무엇을 할 수 있을까요? 저는 여기서 청사진 프로그래밍으로 답을 제시할 의도가 없으며, 변화를 위한 계획에는 수요자에게 공급자('구루')의 입장이 되어보도록 하는 생각을 수용하도록 하거나 한 가지 방법만 있다고 생각하지 않습니다. 여기서 제가 하고자 하는 것은 가능한 한 마사의 입장에 서서 마사 자신이 할 수 있는 것처럼 구체적인 계획의 한 가지 예를 생각해 보는 것입니다.

마사는 한 번에 하나씩 장애물을 해결하는 것보다 더 나은 계획이 있어야 한다는 결론에 도달했습니다. 40명의 교사와 3명의 관리자로 구성된 학교에서 그녀가 고립된 개인으로 있는 한, 이러한 문제는 계속 반복해서 발생할 것입니다. 그녀는 다른 방법이 없다면 계속해서 문제를 해결할 수 있을 것이라고 생각했지만, 이제 좀 더 체계적인 접근 방식을 찾기로 결정했습니다. 그녀는 세 가지 모델을 찾아보았습니다. 마인드스톰 프로젝트를 모델로 삼은 첫 번째 접근 방식은 학교를 '전환(convert)'하여 사고방식과 조직 형태를 재구성하는 것으로, 반드시 자신의 개인적인 비전과 완전히 일치할 필요는 없지만 충분히 믿을 수 있는 과정을 위한 공간을 제공하는 것입니다. 코스타리카의 컴퓨터 프로젝트와 같은 모델을 기반으로 한 두 번째 접근 방식은 학교의 경계를 넘어서는 커뮤니티(community)를 만드는 것입니다. 세 번째 접근 방식은 '작은 학교(little school)' 모델로, 미국에서는 대안 학교라고 부를 수 있는 학교 설립에 진지한 의지를 보이는 시민 그룹에

정부 자금을 제공하는 덴마크의 관행에서 유래한 이름입니다.

　마사는 덴마크의 흥미로운 작은 학교에 대해 읽었지만, 집에서 더 가까운 모델에 대해 더 자세히 알아볼 수 있었습니다. 1968년 뉴욕시는 지역 내 초등학교와 중학교에 대해 상당한 자율성을 부여하는 학군을 설정하여 학교 시스템의 공식적인 분권화를 실시했습니다. 이러한 분권화는 그 자체로 '형식적인' 분권화에 머물렀고 중앙집권적 관료 체제를 재편하는 것으로 생각했기 때문에 중앙집권적 조직과의 진정한 단절에서 얻을 수 있는 이점을 전혀 얻지 못했습니다: 교육구(districts)들은 스스로를 중앙집권적 권위에 도전하는 존재로 보지 않았고, 자신들의 영역에 대한 중앙집권적 권위를 획득하는 것으로 여겼습니다. 최근에는 일부 교육구에서 진정한 분권화를 향해 한 걸음 더 나아가는 정책을 채택했습니다. 일반적으로 6명에서 10명 사이의 교사 그룹이 교육구 교육위원회가 승인한 가이드라인 내에서 자체 교육 정책을 수립할 수 있는 권한을 가진 별도의 학교 설립 제안서를 제출할 수 있는 절차를 마련한 것이죠.

　작은 학교는 아직 교실혁명(Megachange)의 예가 아닙니다. 하지만 마사는 교실혁명(Megachange)을 직접 달성할 수 있는 방법을 찾고 있지 않습니다. 그녀는 교실혁명(Megachange) 학습 환경의 개발이 유기적인 방식으로 천천히 성장하는 사회적 과정이어야 한다는 것을 알고 있습니다. 즉, 마사와 소수의 동료들이 혼자서 만들어낼 수 있는 것보다 훨씬 더 많은 문학, 농담, 학습 대상과 학습 방법에 대한 새로운 사고방식으로 가득 찬 진정으로 다른 학습 문화의 성장을 수반할 것입니다. 그녀가 해결하고자 하는 문제는 교실혁명(Megachange)과는 다른 차원에 있습니다: 그녀는 혼자서 교실혁명(Megachange)의 발명을 하는 것이 아니라 교실혁명(Megachange)의 출현에 참여할 수 있는 방법을 찾고 있습니다. 그녀는 교사로서 만족스러운 삶을 영위할 수 있는 방법을 찾고 있으며, 이는 새로운 학습 방식을 개발하는 데 동참하는 것을 의미합니다.

코스타리카에 대해 이야기하면서 저는 벨 후크스(Bell Hooks)가 아프리카계 미국인 여성의 경험에서 비슷한 상황에 대해 쓴 '정체성 회복(the recovery of identity)'이라는 글에서 로고(Logo)가 매개체가 된 방식에 주목했습니다. 컴퓨터 작업은 작은 '저개발' 국가의 사람들이 미래의 도구에 대한 권리를 주장할 수 있는 방법이 되었고, 교사들이 복잡하고 현대적이며 기술적인 것에 대한 숙달을 배제하는 직업의 정의를 거부할 수 있는 방법이 되었으며, 여성들이 다른 사람들만큼이나 스스로에게 기술이 남성만이 소유할 수 있는 어떤 것이 아니라고 선언할 수 있는 방법이 되었습니다. 미국에서도 여성들이 비슷한 정신으로 로고(Logo)를 사용하는 것을 보았습니다. '특수 교육' 학급의 아이들이 학교에서 자신을 무능하다고 분류하는 것에 맞서 자신의 진정한 정체성을 주장하기 위해 전투적으로 사용하는 것을 보았습니다. 이러한 각각의 사례는 전투적인 정신으로 만들어진 작은 학교가 정체성을 주장하기 위해 기술을 동원할 수 있는 방법을 제시합니다.

지적 스타일에 대해 논의하면서 저는 브리콜뢰르(bricoleur)가 평소에는 이름도 없던 특정한 종류의 정체성, 즉 열등하다고 느꼈던 인식론적 정체성을 어떻게 회복할 수 있었는지, 그리고 그것이 지적 힘과 자부심의 원천이 되고 있음을 발견할 수 있었는지에 주목했습니다. 저는 많은 대안 학교가 예술이나 글쓰기, 과학과 같은 관심 영역으로 자신을 정의하는 반면, 인식론적 선호로 자신을 명시적으로 정의하는 학교는 거의 없다는 사실을 반성하게 되었습니다.

제가 아는 가장 가까운 접근 방식은 아프리카 중심주의 학교입니다. 물론 이 경우에는 인식론 이상의 가치관, 민족적 정체성, 정치적 입장 등이 포함되어 있습니다. 제가 가장 잘 아는 학교는 보스턴의 페이지 아카데미(Paige Academy)로, 주변 커뮤니티와의 연계를 통해 더 많은 차원을 추가합니다.

이 정신은 계속 이어갈 수 있지만, 작은 학교가 더 깊고 의식적인 구체적인 정체성을 부여할 수 있다는 점을 강조하기에 충분할 것입니다. 이 책에서 제가 말한 모든 것은 아이들과 교사뿐만 아니라 학습에 대한 새로운 아이디어가 함께 발전할 수 있는 풍부한 지적 환경을 조성할 수 있다는 것으로 수렴됩니다. 이러한 학습 방식의 돌연변이와 혼성화의 생태 속에서만 진정으로 새로운 성숙한 문화가 출현할 수 있습니다. 다윈이 우리에게 이해하도록 가르쳤듯이 생물학적 진화(biological evolution)와 다른 많은 창발적 절차(emergent processes)로 설명되는 두 가지 핵심 아이디어는 변이(variation)와 선택(selection)입니다. 지금은 그 과정이 다윈이 상상했던 것보다 더 복잡하다는 것을 알고 있지만, 생물학적 진화는 여전히 다양성을 위한 충분한 기회에 의존하는 것으로 여겨지고 있습니다. 저는 작은 학교가 교육의 진화를 위해 다양성을 창출할 수 있는 가장 강력하고 필수적인 경로라고 생각합니다.

교육계의 일반적인 통념은 다양성의 필요성에는 동의하지만 이를 제공하기 위해 다른 출처를 찾습니다. 예를 들어, '엄격한 연구자'라고 부르는 많은 사람들은 다양성과 선택의 적절한 장소는 실험실에 있다고 말합니다. 이들의 모델에 따르면 연구자들은 다양한 아이디어를 많이 개발하고 엄격하게 테스트한 후 가장 좋은 것을 선별하여 학교에 보급해야 합니다.

제 생각에 이것은 교육적인 변장을 한 고스플랜(Gosplan)에 불과합니다. 주방을 위한 새로운 장치를 발명하고 천만 명의 사람들이 그 장치를 원한다는 것을 보여줄 수 있다고 상상해 보세요. 후원자가 되려는 사람들의 러시를 이겨낼 수 없을 것입니다! 여러분의 기기는 곧 세상에 출시될 것입니다. 이제 2천만 명 또는 3천만 명, 즉 전국 모든 지역에서 5명 중 1명에게 어필할 수 있는 교육에 대한 아이디어가 있다고 상상해 보세요. 경제 경쟁의 많은 영역에서 이는 대부분의 기업가들이 꿈꾸는 것 이상의 시장 점유율을 나타내겠지만, 교육청에 단 한 건의 '판매'를 창출하기에는 여전히 충분하지 않을 수 있습니다.

수요와 공급이 존재하지만 충족할 수 없는 어처구니없는 상황은 학교의 획일성(uniformity)에서 비롯됩니다. 대부분의 국가에서 획일성은 국가적 차원에서 작동합니다: 따라서 교육부가 새로운 아이디어 채택을 결정해야 합니다. 미국에는 각 도시가 자체적으로 결정할 수 있는 분산형 시스템이 있습니다. 따라서 특정 도시의 사회 및 계층 구성에 맞는 교육 형태와 같은 다양성이 더 쉽게 존재할 수 있습니다. 그러나 근본적인 교육 문제에 대한 다양성은 국가 수준에서와 마찬가지로 마을이나 학교 수준에서도 과반수 동의가 필요하기 때문에 효과적으로 막혀 있습니다. 작은 학교 개념의 중요성은 다양성과 선택의 원칙을 작동시킬 수 있는 가장 강력한 전략을 제공한다는 데 있습니다.

엄격한 연구자는 이 주장의 포퓰리즘 어조에 반대할 것입니다. 개별적인 기호에 따라 식품 가공기나 마늘 다지기를 사는 것은 적절할 수 있지만, 교육은 훨씬 더 진지한 문제입니다. 모든 어린이는 최고를 받을 자격이 있습니다. 과학을 사용하여 무엇이 최선인지 알아내고 모든 사람이 입증된 방법을 채택해야 합니다. 개인적인 판단은 적절하지 않습니다.

이 반대 의견은 기술주의 교육 모델의 핵심에 있는 가정에 근거하고 있습니다: 특정 절차가 최선이며, 관련된 사람들에게 그 절차를 수행하도록 명령할 수 있다는 것입니다. 그러나 학습을 위한 '최선의 방법'이 있다고 하더라도 사람들(교사, 학부모, 학습자)이 그것을 믿어야만 최선이거나 약간 좋은 방법일 수 있습니다. 관료주의자는 명령을 내림으로써 사람들이 무언가를 믿게 만들 수 있다고 생각합니다. 합리주의자는 설득력 있는 논거를 제시함으로써 사람들이 무언가를 믿게 만들 수 있다고 믿습니다. 하지만 그럴 수 없다면 어떨까요? 교사와 부모, 심지어 아이들이 다른 생각을 계속 고집한다면 어떻게 해야 할까요? 그렇다면 우리는 관료적으로 시스템을 운영하기 위해 힘을 사용하거나 모두가 믿을 수 있는 공통분모로 축소할 수 있습니다. 전체주의 교육(totalitarian education)이나 사소한 교육(trivialized education)이 될 것입니다. 사실 마사와 같은 교사들의 저항이 없었다면 학교는 선택의 여지도 없이 두 가지 모두를 달성했을 것이고, 때로는 마사의 저항에도 불구하고 그렇게 했을 것입니다.

작은 학교 아이디어의 가장 큰 특징은 교사, 학부모, 어린이 등 같은 생각을 가진 사람들이 진정한 개인적 신념을 바탕으로 함께 행동할 수 있다는 것입니다. 모든 사람에게 공통의 사고방식을 강요하는 대신, 공통의 사고방식을 가진 사람들이 함께 모일 수 있게 합니다. 저는 작은 학교가 학습 방법의 진화를 위한 가장 적합한 실험실이라고 보는 엄격한 연구자의 관점에서도 이것이 합리적이라고 주장하고 싶습니다. 특히 이 책에서 가장 관심을 덜 기울인 어린이 학습 환경의 구성 요소, 즉 부모에 대해서는 더욱 그렇습니다.

마사와 그녀의 팀이 정말로 새로운 아이디어를 탐구하려고 한다면 학부모의 학습에 대한 생각과 상반되는 방식으로 행동할 가능성이 높습니다. 이는 작은 학교가 하는 일의 효과를 약화시킬 수 있는 부분이지만, 학부모가 학교에서 하는 일을 이해한다면 가정에서 지지적인 토론을 통해 그 효과를 크게 강화할 수 있습니다. 따라서 학부모와 학교의 일치도 학교의 발전 방향에 중요한 요소입니다.

1960년대에 시작된 '새로운 수학' 운동은 학부모의 부정적 반응이 미치는 영향에 대한 유익한 예를 보여주었습니다. 소련의 첫 지구 위성 발사는 소련의 과학 기술 우위에 대한 공포를 불러 일으켰고 이는 결국 전 세계로 확산된 미국 학교의 교육과정 개혁 운동을 촉발시켰습니다. 이 개혁의 핵심 요소는 초등학교 수학 교육에 대한 새로운 접근 방식이었습니다. 수학자, 심리학자, 교사들로 구성된 팀이 새로운 접근법을 개발하기 위해 모였습니다. 수학자들의 영향을 받아 그들은 전통적인 수학 교육이 암기식 학습(rote learning)에 지나치게 중점을 두었다고 (올바르게) 판단했지만, 그 해결책은 아이들에게 수학의 '논리'를 가르치는 것이라고 주장했습니다. 이 주장은 여러 가지 면에서 심각한 결함이 있었는데, 그중 가장 즉각적으로 관련된 것은 대다수의 학부모를 포함한 일반 대중이 이 새로운 수학에 대해 거의 이해하지 못하고 공감하지도 못한다는 점입니다. 많은 부모들이 자녀가 하는 것을 보고 조롱하는 반응을 보였는데, 이는 학습을 지원하는 좋은 방법이 아니었습니다. 또한 부모가 자녀의 행동을 적극적으로 놀리지 않더라도 수학을 이해하지 못해도 괜찮다는 인식이 아이들 사이에 퍼졌고, 심지어 부모가 이해하지 못하는 것을 자랑스러워하는 것처럼 보이기까지 했습니다.

수학에 대한 학부모의 반응의 중요성은 교육 변화의 사회적, 문화적 측면의 복잡성과 섬세함을 강조합니다. 또한 교육자들이 이 문제를 얼마나 소홀히 다뤄왔는지를 잘 보여줍니다: 새로운 수학 운동은 학부모들의 마음을 사로잡지 못했을 뿐만 아니라, 운동의 선동가들은 이를 관련 요소로 고려하지도 않았습니다. 새로운 교육과정을 설계하고 채택하기 전의 토론에서는 어떤 종류의 수학이 "좋은 수학"인지에 대한 수학자들의 의견과 어린이가 배울 수 있는 수학에 대한 심리학자들의 의견에 많은 관심을 기울였습니다. 토론에서는 학습의 문화적 측면에는 전혀 관심을 기울이지 않았으며, 기존 수학이나 새로운 수학이 지배적인 문화와 어떤 관계가 있는지에 대한 질문은 고려하지 않았습니다.

그렇게 했다면 여러 가지 결과가 나올 수 있었을 것입니다. 최소한 부모가 무슨 일이 일어나고 있는지 이해하도록 돕는 데 더 많은 주의를 기울였을 것입니다. 이 경우 어떤 일이 일어났을지 예측하기는 어렵습니다. 분명 새로운 접근 방식에 대한 반응은 다소 더 열광적이었을 것입니다. 제 생각에는 문화와 새로운 수학 사이의 갈등이 너무 깊었기 때문에 좋은 홍보로 극복할 수 있는 수준은 아니었을 것입니다. 더 중요한 결과는 혁신가들이 더 나은 문화적 공감을 얻기 위해 교육과정을 재설계해야 할 필요성을 이해하게 되었을 수도 있습니다. 그러나 어느 경우든 새로운 수학의 이야기는 마사와 그녀의 노력을 지원하려는 사람들에게 교훈을 줍니다: 학습 환경을 설계할 때는 문화적 환경도 고려해야 하며, 이를 실행할 때는 학습 환경이 운영될 커뮤니티의 참여를 위해 진지한 노력을 기울여야 한다는 것입니다.

1960년대에 수학 개혁에 대한 어떤 접근 방식이 효과적일 수 있었는지 잘 모르겠습니다. 다행히도 마사는 문화적으로 종합적인 학습 환경을 개발할 수 있는 다양한 요인이 더 풍부한 기회를 제공하는 시대에 살고 있습니다. 마사에게 모델을 제공할 수 있는 작은 학교에서 수학을 더 잘 다룰 수 있는 몇 가지 방법을 검토하는 것은 일반적인 문제에 대해 유익합니다.

뻔한 이야기를 반복하는 데 지치지 않으려면, 다른 것은 아무것도 바뀌지 않았더라도 특정 교육 철학에 우호적인 학부모들이 스스로 학교를 선택하게 된다면 작은 학교라는 단순한 사실만으로도 결정적인 차이를 만들 수 있습니다. 이 경우 학교는 회의적이고 불신적인 학부모 단체와 싸우는 대신, 학부모들이 학교를 선택하는 과정에서 보여준 헌신적인 노력으로 이득을 볼 수 있습니다. 새로운 수학 운동 당시에도 대안 학교는 이러한 요소를 활용하여 더 나은 지적 분위기를 조성할 수 있었고, 실제로 일부 학교는 그렇게 했습니다. 하지만 오늘날의 작은 학교는 이러한 이점을 훨씬 더 활용할 수 있습니다. 새로운 수학에서 이루어진 특별한 혁신은 다양한 방식으로 고립되었습니다. 특히 수학에 국한되어 과학에 약간의 파급 효과가 있었으며, 수학은 그 특성상 소수의 사람들에게만 매력적이었습니다.

컴퓨터 활용을 통해 수학에 대한 접근 방식을 구축함으로써 현대의 작은 학교는 이러한 고립에서 벗어날 수 있는 기회를 얻게 됩니다. "진정한" 교육적 가치와는 별개로, 수학을 컴퓨터와 연관시키는 것은 "집합 이론"이라는 알 수 없는 난해한 것과 연관시키는 것보다 훨씬 더 긍정적인 반응을 이끌어낼 가능성이 높습니다. 일반적인 부모의 반응은 아이가 집에 와서 "수학에서 집합 이론을 했어"라고 말하는 것보다 "컴퓨터로 수학을 했어"라고 말하는 것이 훨씬 더 긍정적일 것입니다. 컴퓨터를 이렇게 받아들이는 것은 악용될 여지가 있습니다: 모든 종류의 피상적인 활동이 "컴퓨터 학습(computer learning)"으로 포장됩니다. 그러나 열악한 교육 방법이 컴퓨터라는 옷을 입을 수 있다는 사실이 아이들이 컴퓨터에 대해 배우는 것에 대한 호의적인 태도가 부모가 교육적으로 건전한 일을 이해하는 다리로 사용될 수 있다는 사실을 결코 감소시키지 않습니다. 부모는 듣는 경향이 있습니다. 또한 컴퓨터는 "수학적"이라는 인식이 대중의 마음속에 자리 잡고 있기 때문에 컴퓨터에 대한 학습이 수학에 대한 학습으로 이어진다고 믿는 경향이 있습니다. 사람들은 이것이 무엇을 의미하는지 잘 모를 수도 있지만, 수학과 컴퓨터의 연관성을 통해 수학에 대한 긍정적인 태도를 확립하는 것만으로도 충분합니다.

계산을 통한 수학에 대한 새로운 접근 방식은 다른 방식으로도 고립을 줄입니다. 이 책에서 반복해서 보여 드렸듯이 수학은 부모가 이해하고 관심을 가질 수 있는 다른 많은 관심 영역과 연결되어 있기 때문입니다. 여기에는 무용, 로봇 공학, 글쓰기, 사회학과 같은 특정 과목이 포함되지만, 더 중요한 것은 양성평등, 아프리카 중심주의(및 다른 종류의 다문화) 또는 환경적 연관성을 통해 부모에게 어필할 수 있는 인식론적 입장이 포함될 수 있다는 점입니다. 따라서 작은 학교는 원칙적으로 다양한 범위에서 학부모와 대화를 시도할 수 있는 근거가 있습니다.

물론 대화의 기초가 원칙적으로 존재하는 것과 풍부한 형태로 확립되는 것 사이에는 큰 단계가 있습니다. 저는 이것이 쉽다거나 심지어 제가 그 방법을 알고 있다고 제안하려는 것이 아닙니다. 제 요점은 단순히 교육적 변화를 추구하기 위해 더 많은 대중을 동원할 수 있는 매우 새로운 기회가 존재한다는 것입니다. 그리고 그 자체로 연결 문제에 대한 원칙적인 입장에 기반을 둔 역동적인 작은 학교가 번거로운(cumbersome) 전통 학교보다 훨씬 더 나은 위치에 있다는 것은 매우 분명해 보입니다.

기술이 새로운 학습 맥락을 향한 다양한 이니셔티브에 보다 유리한 환경을 제공하는 데 기여할 또 다른 방법은 전자 통신을 이용하는 것입니다. 지금보다 훨씬 더 많은 작은 학교가 존재하고, 그 혁신이 더 대담하고 다양하더라도 상호작용하는 시스템의 일부가 아니라면 진화하는 생태계를 구성하지 못할 것입니다. 더 나은 커뮤니케이션 기술의 발전은 학교의 명령 체계가 주도 체계로 전환하는 데 크게 기여했습니다.

새로운 커뮤니케이션 기술은 일부 독자들이 작은 학교라는 개념에 반대하는 이유에 대한 해답을 제시하기도 합니다. 작은 학교는 고립주의를 조장하여 기존보다 더 큰 지역사회의 분열을 조장하는 것처럼 보일 수 있습니다. 하지만 제니퍼가 아프리카의 기린을 방문했던 가상현실과 비슷한 가상현실 속 학교를 전자적으로 방문할 수 있다고 상상해 보세요. 전 세계의 학교들이 프로젝트를 위해 협력하는 모습을 상상해 보세요. 이러한 이미지는 과거에 알려진 그 어떤 것보다 훨씬 더 많은 학교 간의 접촉 기회를 시사합니다. 공동체 의식을 키우기 위해 더 이상 수천 명의 아이들을 한 건물에, 한 관리하에 모을 필요가 없습니다.

이는 결국 시간이 지남에 따라 소규모 학교의 기능이 변화할 가능성이 높다는 것을 의미합니다. 대규모 학교는 교실혁명(Megachange)의 격랑 속에서 움직이기(maneuver)에는 너무 번거롭습니다. 제 비전은 작은 학교 운동이 전체 어린이의 10%를 끌어들여 새로운 학습 방식을 향한 길을 개척하지만, 촉매적이고 탐구적인 기능이 다하면 더이상 존재하지 않게 되는 상황과 모순되지 않습니다. 하지만 장기적으로는 대규모 학교가 전혀 필요 없게 될 가능성이 높기 때문에 이것이 가장 가능성 있는 시나리오라고 생각하지는 않습니다.

큰 학교가 작은 학교에 비해 어떤 이점이 있나요? 과거에 존재했던 몇 가지 장점은 사라질 운명에 처해 있습니다. 가장 눈에 띄는 것은 대형 도서관을 마련할 수 있는 능력입니다. 어차피 좋은 도서관을 갖춘 학교는 거의 없지만, 전자 시대에는 모든 학교, 아니 모든 가정에서 독자가 안락의자나 놀이방에서 움직이지 않고도 참고서, 백과사전 등은 물론 전 세계의 문학 작품을 멀리서도 접할 수 있게 될 것입니다. 마찬가지로 커뮤니케이션 기술은 같은 관심사를 가진 다른 사람들을 만날 수 있는 기회를 확대할 것입니다. 큰 학교에서는 학생 개개인이 관심을 가질 수 있는 분야의 선생님을 만날 기회가 더 많다는 다소 환상적인 믿음조차도 원거리에서 전문가와 연락할 수 있는 가능성으로 인해 약화될 수 있습니다.

작은 학교에 대한 접근 방식을 포기할 만큼은 아니지만 저를 괴롭히는 주장은 딱 한 가지 있습니다. 이러한 주장은 엘리트주의와 착취로부터 아이들을 보호하는 문제를 중심으로 전개됩니다. 원칙적으로 전통적인 공립학교는 모든 사람에게 동등한 기회를 보장할 수 있는 잠재력을 가지고 있습니다. 원칙적으로 공립학교를 더 작은 단위로 쪼개는 아이디어는 어린이를 보호할 수 있는 잠재력은 아니더라도 적어도 어린이를 보호하려는 전통적인 방식을 약화시킵니다.

마지막 분석에서 이러한 주장에 대한 저의 대답은 공립학교가 가장 도움이 필요한 사람들을 적절히 보호하지 못한 채 관료화의 대가를 치르고 있다는 것입니다. 이런 의미에서 이 대답에 크게 이의를 제기할 사람은 없습니다. 이 상황은 다시 한번 소련 경제에 대한 비유를 떠올리게 합니다. 소련은 모든 국민에게 일자리와 어느 정도의 사회보장을 제공한다고 자랑하곤 했습니다. 소련은 모든 사람을 보호한다고 선언했습니다. 그러나 실제로는 보호가 아니라 보호의 환상에 대한 끔찍한 대가를 치렀습니다. 저는 학교의 사회적 역할을 옹호할 수 있다고 생각하지 않습니다. 학교는 자신이 주장하는 기능을 수행하지 않으며 점점 더 줄어들 것입니다.

아동에 대한 사회적 보호 기능은 분명히 필요합니다. 미래를 내다볼 때 어떤 사람들에게는 지식에 접근할 수 있는 훌륭한 네트워크가 있는 반면 다른 사람들은 배제되거나 교육이 과거보다 더 편협과 증오의 온상이 되는 것을 본다면 가슴이 아플 것입니다. 전망이 너무 암울해서 민주주의와 문화적 다양성을 위한 현상 유지를 포기하는 대가로 단순히 지적인 이점을 얻는 것을 받아들이기 꺼려집니다. 하지만 평등이라는 허울 좋은 명분을 위해 실질적인 이점을 포기하는 것은 받아들일 준비가 되어 있지 않습니다. 제가 생각하는 유일한 합리적인 선택은 교육적 다양성을 원하는 모든 사람에게 그 혜택을 확대하는 것뿐만 아니라 원하지 않는 사람들도 정보에 입각한 선택을 할 수 있도록 헌신적인 노력을 기울여 교육적 다양성을 장려하는 데 앞장서는 것입니다.

● ● ●

역자 소개

▌신승기

서울교육대학교 컴퓨터교육과 교수
skshin@snue.ac.kr

학력
University of Georgia, Ph.D.

주요경력
現)서울교육대학교 컴퓨터교육과 교수
現)서울교육대학교 교육전문대학원 인공지능교육전공 교수
現)서울교육대학교 교육전문대학원 인공지능미래교육전공 교수
前)미국 애리조나주립대학교 컴퓨터교육전공 교수
前)미국 칼빈슨 정부연구소 연구원

▌김윤정

서울특별시교육청 초등학교 교사
ky905981@gmail.com

학력
서울교육대학교 초등교육과 학사
서울교육대학교 교육전문대학원 초등컴퓨터교육전공 석사과정

The Children's Machine: Rethinking School In The Age Of The Computer

초판발행	2025년 1월 2일
지은이	Seymour A Papert
옮긴이	신승기 · 김윤정
펴낸이	노 현
편 집	김다혜
기획/마케팅	조정빈
표지디자인	Ben Story
제 작	고철민 · 김원표
펴낸곳	㈜ 피와이메이트
	서울특별시 금천구 가산디지털2로 53, 한라시그마밸리 210호(가산동)
	등록 2014. 2. 12. 제2018-000080호
전 화	02)733-6771
f a x	02)736-4818
e-mail	pys@pybook.co.kr
homepage	www.pybook.co.kr
ISBN	979-11-7279-012-7 93370

* 파본은 구입하신 곳에서 교환해 드립니다. 본서의 무단복제행위를 금합니다.

정 가   19,000원

박영스토리는 박영사와 함께하는 브랜드입니다.